Prof. Otto Betz & Prof. Rainer Riesner
Verschwörung um Qumran?

Prof. Otto Betz & Prof. Rainer Riesner

VERSCHWÖRUNG UM QUMRAN?

Jesus, die Schriftrollen und der Vatikan

MOEWIG

VPM Verlagsunion Pabel Moewig KG, Rastatt
Ungekürzte Lizenzausgabe des Buches
„Jesus, Qumran und der Vatikan"
mit freundlicher Genehmigung © Brunnen Verlag Gießen
Printed in Germany 1999
ISBN: 3-8118-1493-1

Inhalt

Vorwort

Die jüdischen Schriftrollen, die man in den Jahren zwischen 1947 und 1956 bei Qumran nahe dem Nordwestufer des Toten Meeres entdeckt hat, waren ein Jahrhundertfund. Im Blick auf die Bibelwissenschaft handelt es sich um die vielleicht wichtigste archäologische Entdeckung überhaupt. Es ist verständlich, daß daran von Anfang an weit über den kirchlichen Bereich hinaus ein außergewöhnliches Interesse bestand.

Zwei Entwicklungen haben in den letzten fünf Jahren erneut die Aufmerksamkeit einer breiten Öffentlichkeit erregt. Es gab zum einen heftigen Streit um die Publikation von bisher unveröffentlichten Rollenfragmenten. Darüber hinaus erscheinen seit dem Jahr 1991 in dichter Folge Zeitungsartikel, Illustrierten-Berichte und nicht zuletzt Bücher. Viele dieser Veröffentlichungen beanspruchen, sensationelle Enthüllungen und Erkenntnisse zum Thema Qumran, Jesus und die Urgemeinde zu bieten.

Das vorliegende Buch bringt einige notwendige Klarstellungen zu Behauptungen, die in zum Teil unverantwortlicher Weise propagiert werden. Unsere Sprache ist deshalb durchaus deutlich. Auf grobe Klötze gehören gelegentlich spitze Keile. Die Qumran-Forschung führt auf die Höhen, aber auch in die Tiefen des Wissenschaftsbetriebs. Manches würde man lieber aus Rücksicht auf beteiligte Personen verschweigen, aber die Wahrheit läßt sich auf Dauer nicht unter Verschluß halten.

Wir reden als Wissenschaftler, die zwei verschiedenen Generationen der Qumran-Forschung angehören. »Verschwörung um Qumran?« wendet sich dennoch an alle Interessierten und setzt deshalb keine speziellen Vorkenntnisse voraus. Besonders in den Kapiteln 3, 5 und 6 wird der Leser allerdings in die Schwierigkeiten mit hineingenommen, sehr bruchstückhafte alte Texte zusammenzusetzen, zu lesen und zu verstehen. Hier dürften auch Fachkollegen auf einige neue Vorschläge stoßen. Wer, etwa als Theologiestudent, tiefer in die Fragestellungen eindringen will, findet in den Anmerkungen genügend Literaturhinweise zur Nacharbeit. Auch der interessierte Leser, der nicht Theologe oder Historiker ist, kann sich anhand der erläuterten Literaturliste am Schluß weiter orientieren.

Die Kapitel 3, 5 bis 7 sowie 9 stammen im wesentlichen aus der Feder von Otto Betz, die übrigen Abschnitte hat Rainer Riesner verfaßt. Alle Kapitel wurden aber gegengelesen, so daß wir sie gemeinsam verantworten. Wir freuen uns, daß mit diesem Buch ein Stück Arbeitsgemeinschaft dokumentiert wird, die Mitte der siebziger Jahre zwischen Doktorand und Doktorvater begann. Danken möchten wir Professor James H. Charlesworth (Princeton Theological Seminary), Professor Heinz-Wolfgang Kuhn (Universität München) und Carsten Peter Thiede MA (Deutsches Institut für Bildung und Wissen, Paderborn) für die Beschaffung von in- und ausländischen Presseberichten. Herr Rainer Straub besorgte wichtige Verlagsinformationen. Von unseren wissenschaftlichen Hilfskräften Ulrich Bauersfeld, Guido Heft und Till Roth wurden wir auf verschiedene Weise tatkräftig unterstützt. Stud. theol. Christoph Schilling und unsere Frauen Isolde Betz und Cornelia Riesner haben die Korrekturen mitgelesen.

Otto Betz / Rainer Riesner

1. Hat der Vatikan die Veröffentlichung der Qumran-Rollen unterdrückt?

»Verschlußsache Jesus« – Qumran – ein Jahrhundertfund – Die Herausgabe der Qumran-Schriften – Spitzenforscher und ihre persönlichen Krisen – Neu aufgewärmte Deutungen und Auseinandersetzungen – Professoren, Fernsehmoderatoren und Journalisten.

»Verschlußsache Jesus«

Einer der Bestseller im 1992 von den Kirchen ausgerufenen »Jahr mit der Bibel« war das Buch »Verschlußsache Jesus«. Verfasser sind der amerikanische Journalist Michael Baigent und der Brite Richard Leigh.[1] Die deutsche Übersetzung kam mit großem Werbeeinsatz im September 1991 auf den Markt. Sofort nach der Frankfurter Buchmesse im folgenden Oktober wurde die »Verschlußsache Jesus« zu einem Verkaufsschlager und hielt rund ein Jahr lang Platz Nummer eins der Sachbuch-Bestsellerlisten.[2] Über 500 000 Exemplare wurden bis heute allein in Deutschland verkauft. Anders als oft bei theologischen Büchern über Jesus und die Urkirche kann man hier sicher sein, daß die meisten gekauften Exemplare auch gelesen werden. Der Inhalt des Buches wurde zu einem »Dauerbrenner« bei Gesprächen in privatem Kreis wie bei unzähligen Vorträgen in Kirchengemeinden, in Volkshochschulen und Akademien. Wer zum Thema

»Jesus und die Schriftrollen von Qumran« spricht, kann nach wie vor mit einem vollen Haus rechnen.

Die beiden Autoren haben einmal mehr gezeigt, wie man mit einem Gespür für das, was heute »ankommt«, und mit journalistischem Geschick einen hunderttausendfachen Verkaufserfolg landen kann. Baigent und Leigh verknüpfen drei Themen, von denen jedes für sich schon bestsellerträchtig ist. Sie versprechen neue Informationen über die Schriftrollen von Qumran, dazu die Aufdeckung einer Verschwörung im Vatikan und schließlich ein revolutionär anderes Bild des Urchristentums. Auf dem Buchumschlag heißt es reißerisch: »Michael Baigent und Richard Leigh enthüllen in diesem Buch zum ersten Mal, welch brisantes Material zurückgehalten wird – bislang unbekannte Texte über die Urchristen ...«

Baigent und Leigh gehen davon aus, daß die Evangelien erdichtete Darstellungen des Lebens Jesu sind, die erst aus dem 2. Jahrhundert n.Chr. stammen. Die Apostelgeschichte sei – den beiden Verfassern zufolge – nicht geschrieben worden, um die Anfänge des Christentums zu erhellen, sondern um sie zu verschleiern. Deshalb müsse man aus der Apostelgeschichte immer ziemlich genau das Gegenteil von dem herauslesen, was man geschrieben vor sich hat. Und das hieße dann: Die Urchristen waren keineswegs fromm und friedfertig, sondern Teil der jüdischen Aufstandsbewegung gegen die römische Besatzungsmacht. Mit Berufung auf noch nicht veröffentlichte Qumran-Schriften zeichnen Baigent/Leigh in ihrem Buch ein wahres Horror-Gemälde von der Geschichte des frühen Christentums. So behaupten sie: Während wir über Jesus so gut wie nichts Greifbares wüßten, sei mit dem »Lehrer der Gerechtigkeit« der Qumran-Texte der Herrenbruder Jakobus gemeint. Er war nach Baigent/Leigh im 1. Jahrhundert n.Chr. Anführer der jüdischen Freiheitsbewegung. Jakobus residierte in Qumran und wurde dort sogar zum Gegenhohenpriester ausgerufen. Der angepaßte jüdische Hohe Rat versuchte mit Gewalt, die Aufrührer zu unterdrücken. Dabei tat sich besonders ein Jude namens Saulus hervor, den wir besser unter dem Namen Paulus kennen. Paulus alias Saulus erkannte bald, daß es die Aufstandsbewegung nur stärken kann, wenn man Märtyrer schafft. Dagegen wäre es wirksamer, die machtvolle Bewegung von innen her zu zersetzen. Paulus täuschte deshalb eine Bekehrung vor und konnte sich bis in den innersten Führungszirkel einschleichen. Jakobus machte ihn sogar zu einer Art Außenminister. Paulus sollte in der Diaspora Juden für den messianischen Befreiungskampf rekrutieren, tat aber etwas völlig anderes. Er verfälschte die Hinrichtung des Revolutionärs Jesus zu einem religiösen Sühnetod und erhob den aufständischen Juden zum göttlichen Wesen. Mit dieser neuen Religion gelang es Paulus, die Diaspora-Juden ruhig zu stellen und der Aufstandsbewegung zu entfremden. Ganz im Sinne der Römer wurden sie zu braven Bürgern und vor allem zu pünktlichen Steuerzahlern.

Allerdings schöpfte Jakobus schließlich doch Verdacht. Der informelle Mitarbeiter und Offizier im besonderen Kircheneinsatz, Paulus, drohte aufzufliegen. Aber die römischen Behörden wußten Rat. In Vorwegnahme von Methoden moderner Staatssicherheitsdienste inszenierten sie zum Schein eine Verhaftung des Paulus, die höchst effektvoll im Jerusalemer Tempel vorgenommen wurde. Paulus machte man öffentlich den Prozeß, und er wurde angeblich sogar hingerichtet. In Wahrheit verschaffte ihm die römische Staatssicherheit eine neue Identität. Ausreichend Stoff für einen weiteren Bestseller wäre also durchaus vorhanden.

Baigent und Leigh schreiben, wie wir noch sehen werden, als öffentliche Propagandisten des amerikanischen Professors Robert H. Eisenman. Wenn er mit seiner Darstellung des Urchristentums recht hätte, dann wäre das alarmierend nicht bloß für die katholische Kirche, sondern für die Christenheit überhaupt. Man kann deshalb verstehen, warum Nichtchristen mit Genugtuung und Christen mit Verunsicherung auf das Buch »Verschlußsache Jesus« reagieren.

Viele fragen sich: Haben Baigent/Leigh nicht recht mit ihrem Vorwurf, Qumran-Texte würden von christlichen Wissenschaftlern unter Verschluß gehalten? Wenn so etwas in den Qumran-Rollen steht, wie die amerikanischen Journalisten behaupten, hätte dann der Vatikan nicht wirklich ein verständliches Motiv, die Veröffentlichung zu unterdrücken? Unsere ersten Fragen lauten deshalb: Wie wurden die Qumran-Rollen gefunden, und wie geht ihre Veröffentlichung vonstatten? Gibt es Hinweise dafür, daß bis heute wichtige Texte der Öffentlichkeit mit Absicht vorenthalten werden?

Qumran – ein Jahrhundertfund

Nach der wahrscheinlichsten Version entdeckte Mohammed ed-Dhib, ein junger Beduine vom Stamm der Ta'amire, Anfang 1947 die ersten Schriftrollen.[3] Er fand sie in einer Höhle ca. 1 Kilometer von Chirbet Qumran entfernt (Abb. 1). Qumran liegt in der Nähe vom Nordwestufer des Toten Meers und ist schon seit der Mitte des letzten Jahrhunderts als Ruinenstätte bekannt.[4] Im April 1947 wurden Erzbischof Athanasius Jeschue Samuel von der syrisch-orthodoxen Kirche in Jerusalem einige Rollen zum Kauf angeboten. Etwa um die gleiche Zeit erfuhr der Professor an der Hebräischen Universität Eliezer L. Sukenik, der Vater des berühmten Archäologen und weniger erfolgreichen Politikers Yigael Yadin, von der Existenz des Fundes. Am 25. November 1947 kam es mit denkbar knapper Mehrheit zum Teilungsbeschluß der Vereinten Nationen für Palästina, dem sofort schwere arabische Unruhen folgten.[5] Auf verschlungenen Wegen gelang es Sukenik trotzdem, noch vier Tage nach der UNO-Entscheidung einen Teil der Rollen für die Hebräische Universität zu erwerben. Dabei handelte es sich um eine unvollständige Jesaja-Rolle, eine Rolle mit bisher unbekannten Dankliedern und eine Schrift über den endzeitlichen Krieg zwischen den Anhängern und Gegnern Gottes, die »Söhne des Lichts« bzw. »Söhne der Finsternis« genannt werden.

Im Besitz des syrischen Erzbischofs befanden sich fünf Rollen: eine vollständige Abschrift des Propheten Jesaja, ein Kommentar zum Propheten Habakuk, ein Handbuch der Unterweisung (bestehend aus zwei Rollenteilen) und eine weitere Rolle, die nicht sofort geöffnet werden konnte. Wie sich später herausstellte, enthielt sie eine stark ausschmückende Nacherzählung des 1. Buches Mose. Diese Texte wurden im St. Markus-Kloster innerhalb des Christenviertels der Altstadt von Jerusalem aufbewahrt. Im Februar 1948 wandte sich Bischof Samuel wegen der Schriften an die »American School of

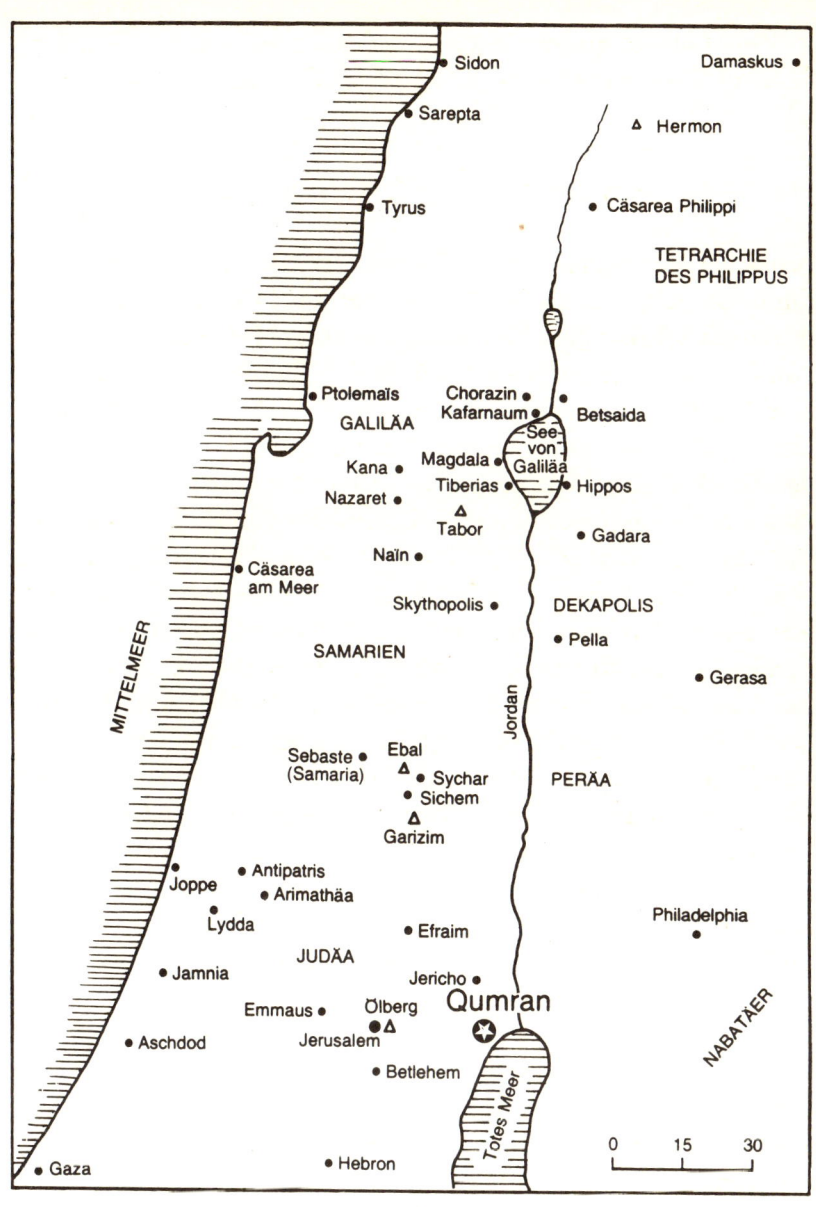

Abb. 1. Palästina in neutestamentlicher Zeit.

Oriental Research« in Jerusalem. Der stellvertretende Leiter des Instituts, John C. Trever, erkannte schnell, daß es sich unter anderem um eine Rolle mit Texten aus dem Propheten Jesaja handelte, die älter sein mußte als alle bisher bekannten vollständigen Abschriften. Die »American School« erhielt vom Bischof die Erlaubnis, die Rollen zu fotografieren. Samuel stand zu dieser Zeit mit der Hebräischen Universität über den Verkauf der Rollen in Verhandlungen. Aber das Ende des britischen Mandats und die Ausrufung des Staates Israel am 15. Mai 1948 unterbrachen die Kontakte. Wegen der unsicheren Lage reiste der Bischof – mit den Rollen im Gepäck – in die Vereinigten Staaten, konnte aber wegen horrender Preisforderungen keinen Käufer finden. Aufgrund einer Kleinanzeige im »Wall Street Journal« und mit Hilfe eines Mittelsmannes wurden dann die Rollen im Juli 1954 für 300 000 Dollar insgeheim nach Israel verkauft. In einer Rundfunkansprache teilte Ministerpräsident David Ben-Gurion im Februar 1955 den Kauf der Öffentlichkeit mit.

Im November 1948 hatte der für die Altertümer in Jordanien zuständige Gerald L. Harding von den Funden erfahren. Nach dem Ende des israelischen Unabhängigkeitskrieges annektierte Jordanien das Nordwestufer des Toten Meeres. Eine Expedition unter Captain Akkasch el-Zebn von der Arabischen Legion stieß am 28. Januar 1949 auf die Höhle, aus der die Schriftenfunde stammten. Schon im Februar und März wurde die Höhle archäologisch untersucht. Dazu zog man auch den französischen Dominikanerpater Roland de Vaux heran, der Direktor der berühmten »École Biblique de Jérusalem« war. Unter seiner Leitung wurde von Forschern dieser Schule unter anderem die »Jerusalemer Bibel« herausgegeben, die auch vielen deutschen Bibellesern bekannt ist.[6] Die »École Biblique« befindet sich in Ost-Jerusalem, das damals zu Jordanien gehörte. Innerhalb des kleinen Landes war sie die einzige kompetente Institution mit genügend archäologisch geschulten und erfahrenen Mitarbeitern, um ein Vorhaben von der sich abzeichnenden Größe zu bewältigen. Von 1952 bis

Abb. 2. Fundorte von Schriften in der Wüste Juda.

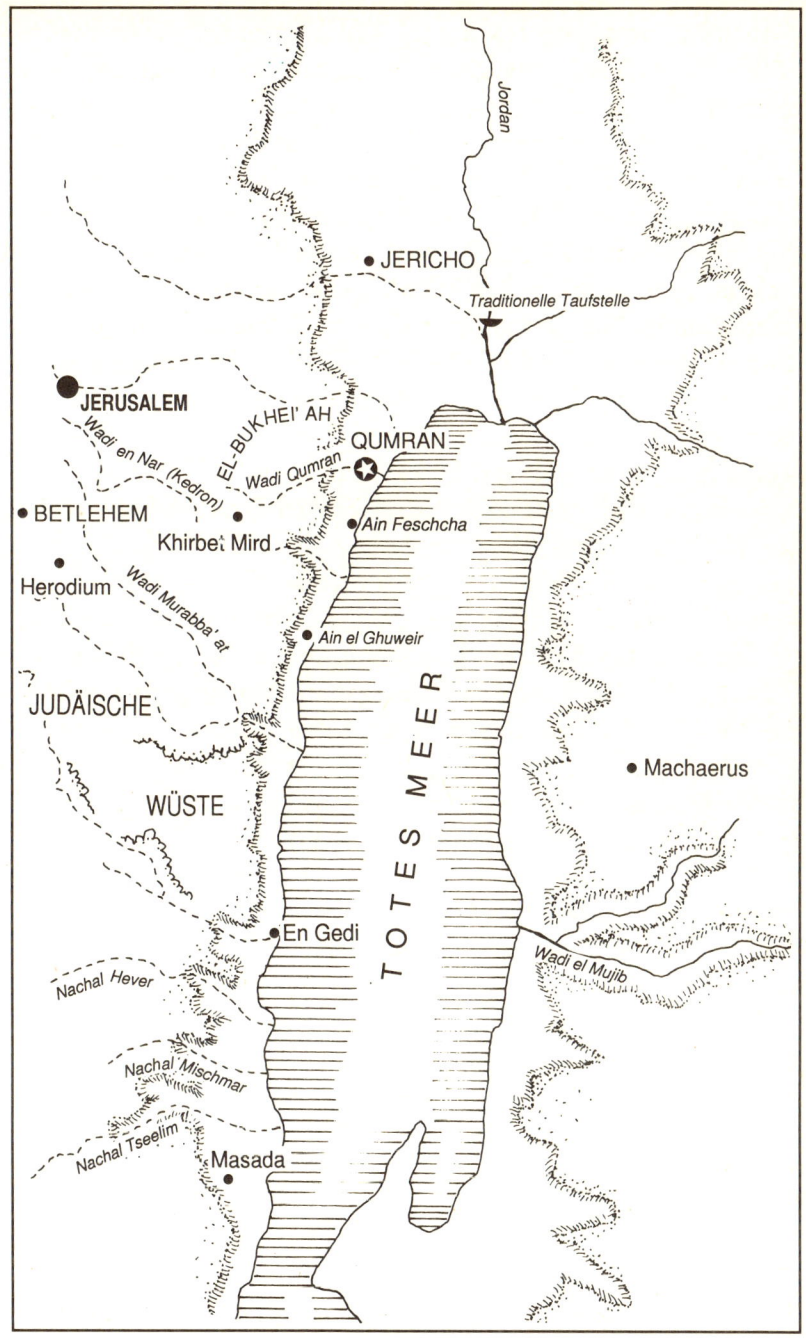

JERICHO

Traditionelle Taufstelle

JERUSALEM

EL-BUKHEI' AH

QUMRAN

Wadi en Nar (Kedron)

Wadi Qumran

BETLEHEM

Ain Feschcha

Khirbet Mird

Herodium

Wadi Murabba' at

Ain el Ghuweir

JUDÄISCHE

T O T E S   M E E R

WÜSTE

Machaerus

En Gedi

Nachal Hever

Wadi el Mujib

Nachal Mischmar

Nachal Tseelim

Masada

1956 wurde dann unter Leitung von Harding und de Vaux die Siedlung Chirbet Qumran ausgegraben. Darüber berichtete de Vaux fortlaufend in der international angesehenen Fachzeitschrift »Revue Biblique«. 1961 wurde ein vorläufiger Grabungsbericht mit zahlreichen Fotos und Plänen veröffentlicht.[7]

Nicht weit von Höhle 1 entfernt fanden Beduinen 1952 eine weitere Höhle mit allerdings nur geringen Schriftenresten (Abb. 3). Im selben Jahr spürten die Archäologen selbst die dritte Höhle auf, in der vor allem die beiden berühmten Kupferrollen lagen. In unmittelbarer Nähe von Qumran entdeckten die Beduinen sodann eine vierte Höhle mit reichen, wenngleich stark fragmentarischen Funden, schließlich noch zwei weitere Verstecke mit wenigen Schriftfetzen (Höhle 5 und 6). 1955 wurden von den Ta'amire noch vier weitere Höhlen mit Schriften aufgefunden (Höhlen 7 bis 10). 1956 stießen die Beduinen 2 Kilometer nördlich von Qumran auf ein Versteck, in dem wiederum einige vollständige Rollen lagen (Höhle 11).

Somit sind bis heute in der unmittelbaren Umgebung von Qumran elf Höhlen mit Schriftfunden bekannt. Diese Höhlen werden mit 1Q bis 11Q bezeichnet, um sie von anderen Verstecken mit Schriftfunden am Westufer des Toten Meers wie Wadi Murabba'at, Chirbet Mird, Nachal Hever und Nachal Tse'elim zu unterscheiden (Abb. 2). Nach der Höhlenbezeichnung folgt bei den Abkürzungen der Qumran-Texte der Titel einer Schrift, also zum Beispiel 1QH (H für Loblieder von hebräisch *hodajoth*), 1QM (M Kriegsrolle von hebräisch *milchamah* »Krieg«). 1QS 3,6 besagt: Es handelt sich um die sechste Zeile in der dritten Kolumne (Spalte) der Gemeinderegel (S von hebräisch *serek ha-jachad* »Regel der Einung«) aus Höhle 1.

Abb. 3. Umgebung von Qumran mit Schriften-Höhlen 1-11 (nach G. Kroll).

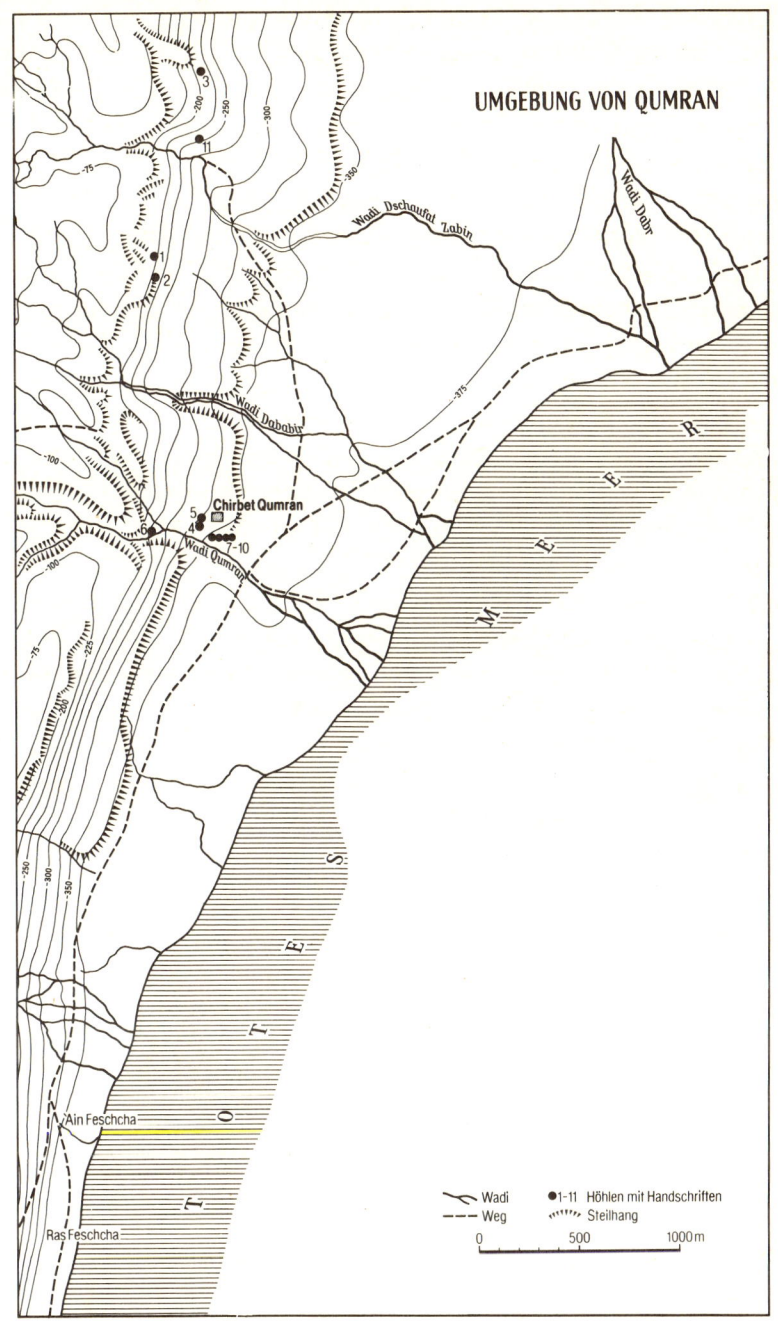

UMGEBUNG VON QUMRAN

Wadi Dschaufat Zabin

Wadi Dabr

Wadi Dababin

Chirbet Qumran

Wadi Qumran

T O T E S   M E E R

'Ain Feschcha

Ras Feschcha

⌇⌇ Wadi	●1-11	Höhlen mit Handschriften
--- Weg	⌇⌇⌇	Steilhang

0   500   1000 m

Die Herausgabe der Qumran-Schriften

Die Veröffentlichung der Rollen erfolgte im Vergleich zu anderen archäologischen Entdeckungen zuerst ausgesprochen zügig. Noch im Jahr 1948 publizierten die Forscher der Amerikanischen Orientschule Teile der Funde.[8] Schon 1951 lagen der Öffentlichkeit die Fotografien der Rollen vor, die sich damals noch im Besitz des syrischen Erzbischofs Samuel befanden.[9] Die Aufnahmen zeichnen sich durch eine für die damalige Zeit gute Qualität aus. Auch sonst kann die Textedition der amerikanischen Forscher als wertvolle Arbeit gelten. Nur wenig später folgte eine Publikation der Israelis. Nach dem Tod von Professor Sukenik gab Nahman Avigad im Jahr 1954 die in jüdischem Besitz befindlichen Rollen bis auf die noch nicht geöffnete Genesis-Paraphrase heraus.[10] Sukenik selbst hatte schon 1948 und 1949 Teile der Schriften veröffentlicht.[11]

Die Funde, die sich unter der Aufsicht der jordanischen Altertümerbehörde im Rockefeller-Museum von Ost-Jerusalem befanden, wurden einem internationalen Forscherteam zur Erforschung und Veröffentlichung übergeben. Dieses Team stand unter der Leitung von Roland de Vaux, einem international respektierten Alttestamentler und Archäologen, und umfaßte Forscher aus verschiedenen Ländern und mit völlig unterschiedlicher geistiger Ausrichtung. Unter den ursprünglich acht Beauftragten befanden sich neben Roland de Vaux mit Józef T. Milik (Polen), Jean Starcky (Frankreich) und Patrick W. Skehan (USA) drei Katholiken. Drei weitere Mitglieder waren Protestanten wie Claus-Hunno Hunzinger (Deutschland) und Frank M. Cross (USA) oder Anglikaner wie John Strugnell (USA). Als weiterer Herausgeber, der noch von sich reden machen sollte, fungierte der englische Atheist John M. Allegro. Besonders im Blick auf Allegro kann also keine Rede davon sein, daß hier eine Gruppe von vatikanhörigen Forschern zusammengestellt wurde. Daran ändert auch nichts, daß Hunzinger nach einiger Zeit durch Pater Maurice Baillet ersetzt wurde und Strugnell später zum Katholizismus konvertierte.

Die beiden Autoren von »Verschlußsache Jesus« verstehen es geschickt, bei nichtinformierten Lesern dumpfe Emotionen zu wek-

ken. Weil die Dominikaner im 13. Jahrhundert der Orden der Inqui-
sition waren, suggerieren die Autoren einem skandalhungrigen Publikum, daß es heute noch genauso sei. Demnach könnte man z. B.
ebensogut alle heutigen Chemiker als Scharlatane verdächtigen, nur
weil ihre Vorgänger als Alchemisten begannen. Die »École Biblique«
wird von Baigent/Leigh als eine Institution dargestellt, welche die
Aufgabe hat, seit dem Antimodernistenstreit zu Beginn des 20. Jahrhunderts die Freiheit der katholischen Bibelwissenschaft zu unterdrücken. Wer die Geschichte der katholischen Exegese in unserem
Jahrhundert kennt, weiß, daß dies ein kompletter Unsinn ist. Die
»École Biblique« stand vielmehr an der Spitze derjenigen katholischen Exegeten, die eine freie Anwendung von historisch-kritischen
Methoden forderten. Aufgrund dieser Haltung bekam der Gründer
der »École Biblique«, Marie-Joseph Lagrange, große Schwierigkeiten und entging nur knapp einer kirchlichen Verurteilung. Die Bibelschule war mehr als einmal von der Schließung bedroht.
Auch das Forscherteam unter Roland de Vaux leistete zuerst sehr
schnelle Arbeit. Neben einer Reihe vorläufiger Veröffentlichungen
von Texten wurde in einem renommierten Oxforder Verlag eine Serie
begründet, in der die endgültigen Publikationen der Texte erschienen. Sie trägt den Titel »Discoveries in the Judaean Desert (of
Jordan)«. 1955 erschien der erste Band mit den Funden aus der
1. Höhle.[12] 1957 veröffentlichte Józef T. Milik einen informativen
Zwischenbericht über den Stand der Arbeiten.[13] 1962 wurden sämtliche Funde aus den sogenannten »kleinen Höhlen« (2-3Q, 6-10Q)
veröffentlicht[14] und 1965 auch die große Psalmen-Rolle aus der 11.
Höhle. Diese enthält am Schluß auch einige apokryphe Psalmen, die
man schon aus der Überlieferung der syrischen Kirche kannte und
die von dem evangelischen Alttestamentler Martin Noth als ursprünglich hebräische Kompositionen erkannt worden waren.[15]
Schwierig gestaltete sich die Arbeit an den stark fragmentarischen
Texten aus der 4. Höhle. 1968 publizierte John M. Allegro die ihm
anvertrauten Texte,[16] erntete dafür aber heftige Kritik, da seine Ausgabe viele Fehler enthielt, offensichtlich eine Folge der in zu großer
Hast und sehr nachlässig vorgenommenen Edition. Eine kritische
Besprechung dieser Ausgabe veröffentlichte im Auftrag der übrigen

Forscher des internationalen Teams John Strugnell. Es kommt nicht oft vor, daß eine Rezension fast so umfangreich wie das besprochene Buch selbst ist.[17] Der Würzburger Neutestamentler Karlheinz Müller urteilte: »Überhaupt ist DJD V die schlechteste und unzuverlässigste Q[umran]-Edition, die seit dem Beginn der Funde dem Leser zugemutet wurde.«[18] Bis zum Jahr 1982 waren innerhalb der Oxford-Serie zwei weitere Bände mit Texten aus 4Q hinzugekommen.[19] Eine Reihe von Einzelveröffentlichungen außerhalb der Serie machten weitere Qumran-Texte zugänglich. So war schon 1956 die Paraphrase des 1. Buches Mose aus Höhle 1, das sogenannte Genesis-Apokryphon (1QGenAp), in Israel herausgegeben worden;[20] 1977 publizierte Józef T. Milik unter Mitwirkung von Matthew Black die in Höhle 4 gefundenen Fragmente des apokryphen Buchs Henoch.[21] Aus der 11. Höhle stammen unter anderem ein Targum (aramäische Übersetzung) des Buches Hiob,[22] eine Abschrift des 3. Buches Mose in althebräischer Schrift[23] sowie Hymnen für die Sabbatopfer.[24] Besonders spektakulär war die Veröffentlichung der längsten Qumran-Rolle von über 8 Metern, der sogenannten »Tempelrolle«, im Jahr 1977 durch Yigael Yadin.[25]

Die Entdeckung der »Tempelrolle«, die ebenfalls aus der 11. Höhle stammt, war ein Abenteuer für sich. Ein Antiquitätenhändler in Betlehem, Iskander Schahin (genannt Kando), hielt diese Rolle in einer Schuhschachtel unter einigen Fußbodenfliesen seines Hauses versteckt. Schon im August 1960 hatte Yigael Yadin dazu einen Hinweis von einem amerikanischen Geistlichen erhalten, dessen Namen er nie preisgab. Inzwischen wurde die Identität von Reverend Joe Uhrig, der den Führer der amerikanischen »Moral Majority«, Jerry Falwell, ins Tele-Evangelisten-Geschäft brachte, gegenüber der »Biblical Archaeology Review« gelüftet.[26] Als während des Sechs-Tage-Krieges am 7. Juni 1967 Alt-Jerusalem und Betlehem in israelische Hand fielen, ließ Yadin durch den israelischen Militärgeheimdienst die Tempelrolle sicherstellen.

Als die englisch-amerikanische Originalausgabe des Werkes »Verschlußsache Jesus« im September 1991 unter dem Titel »The Dead Sea Scrolls Deception«, d.h. »Der Betrug an den Schriftrollen vom Toten Meer«, erschien, waren etwa 80 Prozent des Textbestandes der

Qumranfunde veröffentlicht.[27] Deshalb ist es eine grobe Irreführung der Leser, wenn im Klappentext des Buches gesagt wird: »75 Prozent der rund 800 in althebräisch und aramäisch abgefaßten Manuskripte (werden) der Öffentlichkeit vorenthalten.« Diese Prozentzahl ist nur zu erreichen, wenn die über 8 Meter lange Tempelrolle genauso bewertet wird wie ein briefmarkengroßes Schnipsel, das allein von einer anderen Rolle übrig geblieben ist. Ein seriöser Vergleich wird nur die Textmenge berücksichtigen. Und dazu ist zu sagen: Bei Erscheinen des Buches von Baigent und Leigh im Herbst 1991 waren ca. 20 Prozent der Texte noch nicht veröffentlicht, und zwar nur solche aus den Höhlen 4 und 11. Dieser Umstand läßt sich durchaus, rund vierzig Jahre nach der Auffindung, mit den Worten des bekannten Oxforder Qumran-Forschers Geza Vermes als ein »wissenschaftlicher Skandal par excellence« bezeichnen.[28] Aber die zögerliche Publikation der restlichen Manuskripte hatte andere Gründe als den eines Vatikan-Komplotts.

Spitzenforscher und ihre persönlichen Krisen

Die langsame Herausgabe der Funde aus der 4. Höhle hängt zum einen mit ihrem überaus fragmentarischen Zustand zusammen. Viele Bruchstücke sind nicht größer als ein Fünfmarkstück oder eine Briefmarke. Solche Fragmente sinnvoll zusammenzusetzen, ist eine anstrengende und entsagungsvolle Arbeit. Dennoch ist die Schwierigkeit des Textmaterials noch keine hinreichende Erklärung für die schleppende Publikation der restlichen Texte. Eine Antwort, die weiterführt, liegt in den auch heute noch zu berücksichtigenden Eigenheiten der archäologischen Wissenschaft. So gilt ein Fund bis zur offiziellen Veröffentlichung geradezu als persönliches Eigentum des Ausgräbers. Es ist daher leider überhaupt nicht ungewöhnlich, wenn die Veröffentlichung selbst wichtiger Funde Jahrzehnte dauert. Berühmte Wissenschaftler sind über solch einer Publikation gestorben und nahmen unersetzliches Wissen mit ins Grab. So kannte Yigael Yadin vermutlich den Ort, an dem sich das Keilschriftarchiv der kanaanäischen Stadt Hazor in Nord-Galiläa befand. Nach dem plötzlichen Tod des Gelehrten hoffen nun seine Nachfolger, diesen Ort durch aufwendige Suchverfahren zu ermitteln.

Erst in neuerer Zeit beginnt sich das Klima in der Archäologie zu ändern. Immer mehr Wissenschaftler fordern, wichtige Funde sofort durch Fotos der Öffentlichkeit zugänglich zu machen, zumal wenn es sich um schriftliches Material handelt. Den Ausgräbern bliebe dann immer noch das Recht der endgültigen Veröffentlichung vorbehalten. Dann könnten sie bei ihrer Textedition auch schon die Diskussionen in der Fachwelt, die es über die Funde in der Zwischenzeit gegeben hat, berücksichtigen. Eine berechtigte Forderung, die eine offene demokratische Gesellschaft mit ihrem Ideal von der Freiheit der Wissenschaft stellt, lautet: Kulturgüter sind ein allgemeiner geistiger Besitz der ganzen Menschheit. Sie müssen daher allen Interessierten wenigstens in gedruckter Form so schnell wie möglich zugänglich gemacht werden.

Ein weiterer Grund für Verzögerungen bei der Herausgabe aller Qumran-Texte lag darin, daß einige Mitglieder des Jerusalemer Forscherteams reguläre Lehrstühle an ausländischen Universitäten innehatten und sich deshalb nur während eines beschränkten Teils ihrer Semesterferien der Arbeit an den Schriftrollen widmen konnten. So hat Frank M. Cross von der Harvard-Universität keine einzige der ihm übergebenen alttestamentlichen Rollen selbst veröffentlicht. Dies mit finsteren Machenschaften des Vatikans zu begründen, ist nun wirklich absurd. Nur zurückhaltend begannen Cross und andere Universitätsprofessoren, eigene Doktoranden mit der Herausgabe zu betrauen. Auf diese Weise blieben die Veröffentlichungen wenigstens »in der Familie«. Immerhin gaben einige der Herausgeber, je länger sich die Zeit bis zur Veröffentlichung hinzog, anderen Fachkollegen auf Wunsch immer wieder einmal Auskunft über Texte, die sie interessierten. Keineswegs glich das unterirdische Magazin des Rockefeller-Museums dem berüchtigten Bibliotheksturm in Umberto Ecos Roman »Der Name der Rose«. Auch einer der beiden Verfasser des vorliegenden Buches (R. Riesner) bekam bei Besuchen unveröffentlichte Texte gezeigt, durfte allerdings nicht mit ihnen arbeiten.

Wenn israelische Wissenschaftler von der Erforschung der Funde im

Rockefeller-Museum ausgeschlossen blieben, so hing dies mit der politischen Situation zusammen, der gegenüber natürlich auch die Herausgeber machtlos waren. Bis Juni 1967 stand Ost-Jerusalem unter jordanischer Herrschaft. Nicht allen waren diese politischen Zusammenhänge bewußt. So erzählt der israelische Qumran-Forscher Shemaryahu Talmon folgende skurrile Geschichte. Auf einem Kongreß im Jahr 1956 wurde er »auf dem Weg zum Mittagessen von (einem) Kollegen scharf angegriffen: Wie ist denn das möglich, da sitzt ihr in Jerusalem herum und wollt den Leuten [im Rockefeller-Museum] nicht [bei der Textherausgabe] helfen? – Der arme Herr hatte niemals etwas davon gehört, daß Jerusalem eine geteilte Stadt war. Und als ich ihm sagte: Sehen Sie, wir können ja nicht ran, wir möchten gern, da sagte er zu mir: Ja, warum gehen Sie denn nicht hinauf in die Altstadt? Nach dem Sechs-Tage-Krieg habe ich ihm ein Telegramm geschickt: Wir sind Ihrem Rat gefolgt!«[29]

Im Sechs-Tage-Krieg von 1967 nahmen die Israelis bei ihrem von Norden kommenden Sturmangriff auch das riesige, festungsartige Rockefeller-Museum ein. Darüber existieren dramatische Filmaufnahmen eines Kameramanns, der sich direkt hinter der ersten Sturmlinie aufhielt. Das israelische »Department of Antiquities«, das bald danach seinen Sitz ins Rockefeller-Museum verlegte, änderte aber vorerst nichts an der Zusammensetzung und Arbeitsweise der internationalen Forschergruppe, um zu den schon vorhandenen außenpolitischen Problemen nicht noch andere hinzuzubekommen. So lösten zum Beispiel die Ausgrabungen an der westlichen und südlichen Tempelmauer (ab 1968) eine internationale Pressekampagne aus, die zu einer Verurteilung Israels durch die UNESCO führte. Dabei wäre ein Eingreifen der israelischen Behörden zur Herausgabe der Qumran-Texte durchaus berechtigt gewesen. Inzwischen war es nämlich im Leben einiger der beteiligten Forscher zu folgenreichen persönlichen Krisen gekommen.[30]

Józef T. Milik verließ völlig unerwartet seinen Orden und schied einige Jahre aus der Arbeit aus, bis er wieder in Paris Fuß faßte. Der zeitweilige Ausfall von Milik wog für das Team besonders schwer, weil er eine geradezu geniale Gabe besitzt, auch kleinste Textfragmente richtig zusammenzufügen. Auch John Strugnell bekam die abgeschiedene, einseitige Arbeit an den Qumran-Fragmenten nicht. Es war eine ziemlich unverständliche und auch gegenüber seiner Person unglückliche Entscheidung, ihn nach dem Tod von Pierre Benoit, dem Nachfolger von Roland de Vaux († 1971), im Jahr 1987 zum Leiter des Herausgeberteams zu bestellen. 1990 wurde er dann in seiner Funktion abgelöst. Doch damit haben wir den Ereignissen schon vorausgegriffen.

Die Entwicklung eines anderen Wissenschaftlers verlief ebenfalls tragisch: Der Agnostiker John M. Allegro widmete sich in seinen Veröffentlichungen immer abstruseren Themen. So verhalf vor allem das Nachrichtenmagazin »Der Spiegel«[31] im deutschsprachigen Raum seinem Werk »Der Geheimkult des heiligen Pilzes«[32] zu großer Bekanntheit. Darin vertrat Allegro die fixe Idee, auch das Christentum gehe auf Halluzinationen zurück, die durch einen bestimmten Giftpilz hervorgerufen würden. Es ergibt sich fast von selbst, daß in Allegros Phantasievorstellungen auch wieder die Qumran-Schriften eine Schlüsselrolle spielten. Inzwischen hatte im Westen die Sex-Welle eingesetzt. In diesem Kontext würzte Allegro sein späteres Werk »The Dead Sea Scrolls and the Christian Myth« (1979) mit entsprechenden Passagen. Einen Schwerpunkt seines Interesses bildete das zölibatäre Leben der Qumran-Mönche, das er eingehend ausleuchtete. Nach Magen Broshi, dem Kurator des »Shrine of the Book« im Israel-Museum, liest sich daher das Stichwortverzeichnis dieses Allegro-Machwerks wie das Sachregister zu einem Sexual-Handbuch.[33] Vielleicht ist Allegros persönliche Tragödie auch damit zu erklären, daß er wegen seiner Mitarbeit an der Erforschung der Qumran-Rollen zeitlebens seinen jüdischen Vater verleugnen mußte. Es wäre nicht das erste Mal, daß die Pest des Antisemitismus bei ihren Opfern zu schweren Persönlichkeitsveränderungen geführt hätte.

Neu aufgewärmte Deutungen und Auseinandersetzungen

Bei den in dem Buch »Verschlußsache Jesus« aufgestellten Behauptungen handelt es sich in vielen Fällen um etwas modern aufpolierte Auseinandersetzungen, wie sie hauptsächlich in den ersten zehn Jahren nach Bekanntwerden von Texten aus den Schriftrollen ausgefochten wurden. Damals ging es vor allem um drei Fragen: 1. Wie alt sind die Qumran-Schriften? 2. Welcher jüdischen Gruppe können sie zugeschrieben werden? 3. Was für eine Bedeutung haben die Funde für das Verständnis des Neuen Testaments und des Urchristentums? Außer acht bleiben muß in unserem Zusammenhang die vierte wichtige Fragestellung: Was lehren uns die Qumran-Rollen über die Entstehung und die Überlieferung des Alten Testaments?

Schon im April 1948 datierten die Forscher der »American School of Oriental Research« die vollständig erhaltene Jesaja-Handschrift ins 1. vorchristliche Jahrhundert und verbreiteten dies in einer Pressemeldung.[34] Damit war diese Rolle um tausend Jahre älter als alle anderen vollständigen Abschriften des Propheten Jesaja. Kurz darauf sprach sich Professor Sukenik ebenfalls für ein Alter der Handschriften von rund zweitausend Jahren aus. Doch stieß diese Datierung im selben Jahr auch auf Kritik, die vor allem von dem amerikanisch-jüdischen Professor Solomon Zeitlin kam[35], der bis zu seinem Lebensende eine mittelalterliche Fälschung der Rollen behauptete. Zeitlin beharrte mit imponierendem Starrsinn auf seiner Meinung, war aber doch so fair, in der von ihm herausgegebenen Zeitschrift »Jewish Quarterly Review« auch gegenteilige Meinungen zu Wort kommen zu lassen. Während zu Beginn der fünfziger Jahre neben Zeitlin noch einige andere Forscher eine spätere Datierung vertraten, war sich die Fachwelt am Ende dieses Jahrzehnts über die Frühdatierung einig. Vier verschiedene Arten von Begründungen führten zu dieser übereinstimmenden Beurteilung. Durch Schriftvergleiche ließ sich das Alter der Manuskripte auf die Zeit zwischen dem 3. vor- und dem 1. nachchristlichen Jahrhundert bestimmen. Die in der Nähe liegende Siedlung Qumran war mindestens seit dem 1. Jh. v.Chr. an bewohnt und wurde offenbar 68 n.Chr. im Jüdischen Krieg gegen die Römer zerstört. Anspielungen in verschiedenen Schriftrollen lassen sich mit Ereignissen des 2. vor- bis 1. nachchristlichen Jahrhunderts verbinden. Schließlich erbrachte die damals brandneue Radiokarbon-Methode eine Datierung der Leinwand, in die einige Schriftrollen eingeschlagen waren, auf zwischen 200 v.Chr. und 200 n.Chr. Dieser Test wurde durch Willard F. Libby vorgenommen, der für das von ihm entwickelte Verfahren später den Nobelpreis erhielt.[36] Ein merkwürdiges Nachhutgefecht in der Datierungsfrage lieferte dann zu Beginn der neunziger Jahre Robert H. Eisenman (S. 95).

Auch für die These, die Qumran-Rollen hingen direkt mit dem Urchristentum zusammen, haben Baigent/Leigh und der hinter ihnen stehende Robert Eisenman geistige Vorfahren, die sie allerdings zum Teil verschweigen. So vertrat der englische Forscher Jacob L. Teicher gleich nach der Entdeckung der Rollen die Ansicht, es handle sich um Dokumente der Ebioniten, einer judenchristlichen Sekte.[37] Es waren gerade auch jüdische Wissenschaftler wie Hans-Joachim Schoeps, die dieser Meinung entschieden entgegentraten.[38] In der Tat hat man bis heute in keiner der Rollen, auf die sich Baigent/Leigh oder Eisenman berufen, die Namen Jesus, Jakobus oder gar Paulus gefunden. Schon bald nach der Entdeckung setzte sich in Kreisen der Forschung fast allgemein die Überzeugung durch, daß es sich bei den Siedlern von Qumran und den Besitzern der Schriftrollen um Angehörige der jüdischen Sondergruppe der Essener handelte. Doch darauf soll später noch ausführlicher eingegangen werden (Kap. 3).

Etwas launig bemerkte Millar Burrows, der zum Team der »American School of Oriental Research« gehörte: Die Schriftrollen von Qumran wurden zweimal entdeckt: 1947 in Palästina und 1955 in den Vereinigten Staaten.[39] Bis dahin hatte ein breiteres Publikum in den USA von den Rollen nicht sonderlich viel Notiz genommen. Das änderte sich schlagartig, als der Journalist Edmund Wilson, der gern für Aufsehen sorgte, 1955 in der Zeitschrift »The New Yorker« einen langen Artikel veröffentlichte,[40] der wenig später in etwas erweiterter Form auch als Buch erschien.[41] Wilson stellte die These auf, daß eigentlich alle wichtigen christlichen Lehren bereits in Qumran vorweggenommen seien, die größtenteils christlichen Qumran-Forscher aber diese Tatsache zu verschleiern versuchten.

Diese Behauptung Wilsons bedeutete schon 1955 eine Unverschämtheit, woran sich auch dadurch nichts änderte, daß der unitarische Geistliche A. Powell Davies diese Ansicht in noch gröberer Form vortrug.[42] Von allem Anfang an hatten Forscher auf inhaltliche und formale Parallelen zwischen manchen Qumran-Schriften und dem Neuen Testament aufmerksam gemacht. Unter den anderthalbtausend (!) Titeln, die eine von Christoph Burchard zusammengestellte Bibliographie aus dem Jahr 1957 bereits nennt, befinden sich nicht wenige Werke zu diesem Thema.[43] Ab 1950 veröffentlichte zum Beispiel der evangelische Neutestamentler Karl-Georg Kuhn Aufsätze zur Fragestellung Qumran und das Urchristentum.[44] Vor allem der französische Jesuit und spätere Kardinal Jean Daniélou stellte entsprechende Vergleiche an.[45] Auch andere Autoren wie der Evangelische Georg Molin[46] und der Katholik Kurt Schubert[47] sahen relativ enge Beziehungen zwischen Qumran-Texten und dem Neuen Testament. Es ist deshalb bestenfalls mit Ignoranz zu entschuldigen, wenn behauptet wird, speziell die katholische Kirche versuche, die neuen Erkenntnisse unter Verschluß zu halten.

Der schon erwähnte amerikanische Journalist Wilson stützte sich auf Behauptungen des französischen Forschers André Dupont-Sommer und popularisierte sie.[48] Dieser vertrat, wenn auch vorsichtiger als Wilson, folgende Ansicht: In einigen Qumran-Texten sei davon die Rede, daß der mehrfach erwähnte, geheimnisvolle »Lehrer der Gerechtigkeit« gekreuzigt wurde und dessen Anhänger dann seine Auferstehung und Wiederkunft erwartet hätten. Ähnliche Behauptungen veröffentlichte auch John M. Allegro[49], der sich bald darauf vollends mit dem Jerusalemer Herausgeberteam überwarf. Allegro hatte sich in Manchester Zugang zu den geöffneten Kupferrollen aus der 3. Höhle (3Q15) verschafft und kurz vor der offiziellen Ausgabe einen nichtautorisierten Text veröffentlicht.[50] Es ist das Gegenteil der Wahrheit, wenn Baigent/Leigh zu diesem Vorgang schreiben: »Diese Arbeit [das Öffnen der Kupferrollen] wurde schließlich in Manchester unter der Aufsicht von John Allegro vorgenommen ...«[51] Zudem veranstaltete Allegro eine sowohl unerlaubte als auch unwissenschaftliche Ausgrabungskampagne, um die in der Kupferrolle aufgeführten Schätze zu finden. Die reichlich verunglückte Edition der von ihm offiziell betreuten Qumran-Texte hatten wir schon oben erwähnt. Über diesen gleichsam atemlos operierenden Forscher ging in der Folgezeit das spöttische Bonmot eines Kollegen um: »Piano, Allegro, piano!«

Schon im Jahr 1957 war Allegro von der Universität Manchester entlassen worden.[52] Die Folge waren Sensationsveröffentlichungen, mit denen er sich über Wasser halten mußte. Allegro versuchte sich sogar als Bühnenautor.[53] 1966 wurde in England sein Stück »The Lively Oracles« (Die anfeuernden Orakel) uraufgeführt. Das Stück beginnt damit, daß eine Universitätsassistentin unter reichlich Dampf die zusammengeklebten Teile einer Qumran-Rolle auflöst. Der herbeigeeilte Professor liest kurz die Texte und bricht in den Ruf aus: »Das wird die katholische Kirche erschüttern!« Professor Lanson alias John Allegro entnimmt der aramäischen Rolle, daß Jesus den Jünger Petrus nicht *kajpha'* (Fels) genannt habe, wie das Matthäus-Evangelium berichtet (Kap. 16,18), sondern bloß *gajpha'* (Untersucher). Damit sei das ganze Papsttum widerlegt. Doch die katholische Assistentin liebt zwar ihren Professor, beichtet aber alles sofort einem Priester. Durch ihn bekommt der Vatikan Wind von der Sache, und Mittelsmänner versuchen, den Professor zu überreden, doch wieder *kajpha'* »der Fels« zu lesen. Aber Lanson/Allegro bleibt standhaft. Doch als er bei einer Pressekonferenz das Geheimnis lüften will, ist der Safe, in dem er die Qumran-Rolle aufbewahrte, leer. Der Professor stößt die Worte hervor: »Man unterdrückt die Worte Jesu ...«

Die ganze Handlung liest sich wie das Drehbuch zur »Verschlußsache Jesus«. Die erste Verlagswerbung für dieses Werk hatte die Schlagzeile: »Die Wahrheit über das frühe Christentum – vom Vatikan unterdrückt.« Angekündigt wurde: »Diese Dokumente (die unveröffentlichten Qumran-Texte) enthüllen, daß die Anfänge des Christentums falsch überliefert worden sind. Es finden sich überdies Passagen des Neuen Testaments, die von den uns vertrauten Versionen verblüffend abweichen.« Selbst der wohlmeinendste Leser konnte diese Aussage nur so verstehen, daß sich unter den nicht publizierten Fragmenten auch neutestamentliche Bruchstücke befinden, auf deren Veröffentlichung wir allerdings bis heute vergeblich warten. Die Anzeige schloß gleichwohl mit den Worten: »Neue Entdeckungen sind zu erwarten, die die römische Kirche erschüttern werden.« Erschüttert ist vor allem der kritische Beobachter, und er beginnt die Zeitgenossen zu verstehen, für die Werbung und Lüge austauschbare Begriffe darstellen. Nebenbei sei bemerkt, daß bei dieser Anzeige die Umschlagseite des Buches mit hebräischen Buchstaben, die auf dem Kopf standen, abgebildet war. Vielleicht ist das ja auch die einzige Methode, um aus den Qumran-Texten das herauszulesen, was Baigent/Leigh enthüllen!

Man muß es den beiden Abschreiber-Autoren positiv anrechnen, daß sie in ihrer »Verschlußsache Jesus« wenigstens die Namen von Dupont-Sommer und Allegro nicht verschwiegen haben. Allerdings behaupten die beiden Verfasser immer noch, christliche Forscher würden die Parallelen zwischen Qumran und dem Neuen Testament herunterspielen.[54] Was bei Wilson im Jahr 1955 nur eine Unverschämtheit bedeutet, ist im Jahr 1991 eine geradezu böswillige Unterstellung. Die Leser von Baigent / Leigh erfahren auch nicht, daß Allegro immerhin so ehrlich war zuzugeben, daß seine Deutungen sich nicht auf vollständig erhaltene Texte stützten, sondern auf die äußerst umstrittene Ergänzung von Lücken. Die besondere Methode, gewagte Behauptungen vor allem auf das zu gründen, was im Text nicht enthalten ist, werden wir im Zusammenhang mit dem neuen Buch von Robert Eisenman und Michael Wise »Jesus und die Urchristen. Die Qumran-Rollen entschlüsselt« (1993) noch eingehender kennenlernen (Kap. 6).

Professoren, Fernsehmoderatoren und Journalisten

Bei einem Kongreß in Cambridge im Jahr 1979 hatte einer der Autoren des vorliegenden Buches (R. Riesner) eine denkwürdige Begegnung mit Professor Robert H. Eisenman von der California State University. Thema der Zusammenkunft war die synoptische Frage, das heißt die Übereinstimmungen und Abweichungen der Evangelien nach Matthäus, Markus und Lukas. Als Eisenman das Wort erhielt, begann er eine Rede, mit der er das Christentum als Produkt seelischer Fehlentwicklungen erklären wollte. Darauf wurde ihm vom Diskussionsleiter, Professor William R. Farmer, das Wort entzogen. Damals konnte noch niemand ahnen, daß Eisenmans große Stunde als kontroverser Qumran-Forscher noch bevorstand. In der ersten Hälfte der achtziger Jahre vertrat er in zwei Untersuchungen folgende These, die dann von Baigent/Leigh so wirkungsvoll verbreitet wurde: Aus den Qumran-Schriften ergebe sich, daß die Urchristen unter Führung des Herrenbruders Jakobus ein Teil der jüdischen Aufstandsbewegung gegen Rom waren.[55] Die Fachwelt blieb völlig unbeeindruckt. Auch Professor Geza Vermes, der von Baigent/Leigh als angeblicher Kronzeuge für eine Verschwörung der Schriftrollenherausgeber bevorzugt herangezogen wird, äußerte sich mit mildem Spott: »Vielleicht können Leser, die sich weniger mit diesen Dingen befassen als der Rezensent, mehr mit Professor Eisenmans überladenen Argumenten anfangen.«[56]

Der Fachwelt sollte das Lachen allerdings noch vergehen. Während sich Scharen von Qumran-Wissenschaftlern den Kopf über einzelne Buchstaben zerbrachen und Hunderte von Artikeln in Fachzeitschriften veröffentlichten, die nur von Kollegen gelesen werden, begann Robert Eisenman seinen Publicity-Feldzug. In Leserbriefen deutete er dunkel an, die zögerliche Herausgabe der 4Q-Fragmente könne mit der Einflußnahme des Vatikans zusammenhängen.[57] Seinen erfolgreichsten Coup landete er jedoch, als er die Journalisten Michael Baigent und Richard Leigh als Propagandisten für seine Sache gewann. Was Eisenman aus Sorge um den letzten Rest seiner wissenschaftlichen Reputation nicht öffentlich zu behaupten wagte, schrieben die zwei Journalisten ohne Skrupel nieder, gemäß der Devise: »Ist der Ruf erst ruiniert, schreibt sich's gänzlich ungeniert.« In ihren Büchern (zusammen mit Henry Lincoln) »Der heilige Gral und seine Erben. Ursprung und Gegenwart eines geheimen Ordens« (1984) sowie »Das Vermächtnis des Messias. Auftrag und geheimes Wirken der Bruderschaft vom Heiligen Gral« (1987) hatten sie behauptet, daß noch heute leibliche Nachfahren Jesu in Europa leben, die sich auf die Übernahme der Weltherrschaft vorbereiten.

Wenn die historische Wissenschaft diese Bücher mit Verachtung strafte, so konnte dies doch nicht verhindern, daß »Der Heilige Gral und seine Erben« ein Bestseller wurde.[58]

Bei ihrem neuesten Publikumserfolg »Verschlußsache Jesus« genossen Baigent/Leigh nicht allein die Unterstützung von Professor Eisenman. Am Schluß ihres Buches danken sie »Ann Evans, die es mitangeregt hat und nun ihrer neuen Berufung als Medium des rastlosen Schattens von Jehan l'Ascuiz [einem verstorbenen altfranzösischen Dichter] nachgeht«. Neben dieser okkulten Helferin wird auch eine höchst irdische Protektion erwähnt: »Rod Collins ... ein Banker, wie ihn sich jeder Autor nur wünschen kann.«[59] Es wäre aufschlußreich, einmal dem eigentlichen Interesse nachzugehen, das der Unterstützung eines Buches wie »Verschlußsache Jesus« zugrunde liegt, das durchaus auch ein Flop hätte werden können. Ohne erhebliche finanzielle Hilfe wäre die internationale Werbekampagne, die erst zum großen Erfolg des Buches führte, kaum möglich gewesen.

Das neu ausgebrochene Qumran-Fieber wird im deutschen Sprachraum auch aus anderen Ansteckungsquellen genährt. Während der hitzigen Nato-Nachrüstungsdebatte veröffentlichte der Fernsehjournalist Franz Alt sein Buch »Frieden ist möglich. Die Politik der Bergpredigt«, das zu einem ausgesprochenen »Renner« wurde. In diesem selbst für einen Bestseller auffallend holprigen und gedankenarmen Buch zitiert Alt zwar fast keine Texte aus der Bergpredigt (Matthäusevangelium 5-7), beruft sich dafür aber auf das sogenannte »Friedensevangelium der Essener«[60]. Bei dieser zum Teil etwas unappetitlichen Schrift handelt es sich um eine dreiste Fälschung, die Edmond B. Székely in den Geheimarchiven des Vatikans entdeckt haben will.[61] So bleibt nur zu hoffen, daß die Beiträge von Franz Alt im Fernseh-Magazin »Report« besser recherchiert waren. Von seinem geistigen Mentor, dem früheren katholischen Priester Karl Herbst,[62] hat Alt die Ansicht übernommen, Jesus habe die Kreuzigung überlebt.[63] Im selben Sinn äußerten sich Elmar R. Gruber und Holger Kersten und brachten dabei die Essener ins Spiel. Ihr Buch »Das Jesus-Komplott« (1992) scheint allerdings im Rummel um die »Verschlußsache Jesus« ziemlich unterzugehen. Erfolgreicher war mit ähnlichen Behauptungen drei Jahre vorher Gerald Messadié in seinem Werk »Ein Mann namens Jesus« (1989). Dieser Roman erschien wie der erste Schüttelfrost vor dem eigentlichen Neuausbruch des Qumran-Fiebers. Auch auf die Behauptungen dieser Autoren soll noch kritisch eingegangen werden (S. 80ff).

Den bisherigen Tiefpunkt der reißerischen Qumran-Publikationen bilden die Verlautbarungen der australischen Professorin Barbara Thiering. Ihr Buch »Jesus and the Riddle of the Dead Sea Scrolls« (1992) liegt seit August 1993 unter dem Titel »Jesus aus Qumran. Sein Leben – neu geschrieben« bei Bertelsmann auch auf Deutsch vor. Doch wollen wir hier der Kriminal-Story von Frau Thiering nicht vorgreifen, da ihr weiter unten ein eigenes Kapitel gewidmet ist (Kap. 7). Auch andere Verlage springen auf den fahrenden Qumran-Zug auf. Es überrascht nicht, daß Pinchas Lapide die Gelegenheit nutzte und in gewohnter Regelmäßigkeit auch zu diesem Thema ein neues Buch vorlegte. Im Februar 1993 erschien von ihm »Paulus zwischen Damaskus und Qumran«. Im selben Monat griff dann auch noch der Walter-Verlag zu, der sonst eher durch die Herausgabe von Schriften Carl Gustav Jungs von sich reden macht. Der Rechtswissenschaftler Paul F. Rudolf gab extra seinen Beruf auf, um sich Themen der Religionswissenschaft zu widmen. Das Ergebnis ist ein voluminöser Band von nahezu vierhundert Seiten mit dem Titel »Jesus und Qumran. War der Nazarener ein Essener?«

Bevor wir uns der kritischen Einzelbesprechung von aufsehenerregenden Qumran-Büchern zuwenden, soll im nächsten Kapitel die Frage erörtert werden: Gibt es überhaupt noch unveröffentlichte Qumran-Texte? Dabei werden wir sehen, daß wenige Autoren mit solcher Entschiedenheit für die sofortige Veröffentlichung aller noch ausstehenden Qumran-Texte eingetreten sind wie der amerikanisch-jüdische Publizist Hershel Shanks. Er kann deshalb als unverdächtiger Zeuge bei der Frage gelten, ob der Vatikan die Veröffentlichung der Qumran-Schriften behindert oder gar unterdrückt hat. Shanks nannte die entsprechenden Unterstellungen von Robert Eisenman schlicht »Schwachsinn«[64]. Eine solche Äußerung kann den Verdacht ausräumen, die Kritik an Professor Eisenman würde nicht dem Qumran-Forscher, sondern eigentlich dem nichtreligiösen Juden gelten.

Kaum zurückhaltender äußerten sich über Baigent und Leigh israelische Qumran-Spezialisten, die heute an führender Stelle mit der Konservierung und Herausgabe der Rollen betraut sind. Magen Broshi nannte »Verschlußsache Jesus« »ein dummes Buch«[65], und Shemaryahu Talmon fand es »unanständig«[66]. Wenn man die Aussagen der beiden Forscher als interessengeleitet ansehen wollte, müßte man noch ein zusätzliches Komplott zwischen der römisch-katholischen Kirche und dem Staat Israel annehmen. Der Vatikan und Israel müßten sich gemeinsam verschworen haben, die Einzigartigkeit des Christentums zu retten. Mag sein, daß manchen eine solche Verschwörungstheorie plausibel erscheinen wird, wenn der Staat Israel und der Heilige Stuhl in absehbarer Zeit diplomatische Beziehungen aufnehmen. Das Credo einiger Gegner des Christentums lautet ja jetzt schon: Ich glaube es, weil es absurd ist! Leider ist diese Devise auch das wissenschaftliche Prinzip von Qumran-Reißern geworden.

2. Welche Qumran-Texte sind bis heute nicht veröffentlicht?

Der Kampf um freien Zugang – Dramatische Ereignisse im Herbst 1991 – Qumran und die Massenmedien – Qumran, die Kirchen und die Fachwissenschaft.

Der Kampf um freien Zugang

Immer wieder forderten einzelne Forscher eine schnellere Veröffentlichung der restlichen Qumran-Texte. Das Interesse einer größeren Öffentlichkeit erwachte allerdings erst durch das Engagement von Hershel Shanks, dem Herausgeber der in Washington erscheinenden Zweimonatszeitschrift »Biblical Archaeology Review« mit fast 200 000 (!) Abonnenten in den Vereinigten Staaten. Seit 1985 erschienen in nahezu jeder Ausgabe dieser Zeitschrift und ihrer Schwesterpublikation »Bible Review« Beiträge über Qumran.[1] Wichtig war weiter eine Resolution des Internationalen Qumran-Symposions in Mogilany (Polen) vom September 1989.[1a] Auch Robert Eisenman erreichte durch lobenswerte Hartnäckigkeit, daß die Frage der Qumran-Rollen sogar im israelischen Parlament, der Knesset, diskutiert wurde.[2] Nicht zuletzt durch die »Biblical Archaeology Review« wurde weltweit bekannt, daß John Strugnell dem Journalisten Avi Katzman von der israelischen Tageszeitung »Haaretz« in Jerusalem am 28. Oktober 1990 ein antijüdisches Interview gegeben hatte.[3] Es ist nicht auszuschließen, daß Strugnell dabei in eine gestellte Falle tappte.[4] Gleichwohl war es sachlich jedenfalls gerechtfertigt, ihn im Dezember 1990 abzuberufen[5] und durch Emmanuel Tov von der Hebräischen Universität als Hauptherausgeber zu ersetzen. Als Herausgeber von Texten blieb Strugnell aber weiter im Team. Die israelische Altertümerverwaltung hatte Professor Tov schon im

November 1990 zum stellvertretenden Herausgeber bestellt. Der Eklat von John Strugnell entbehrte insofern nicht der Tragik, als er es war, der als erster Herausgeber jüdische Forscher (Emmanuel Tov und Elisha Qimron) zur Mitarbeit an den unveröffentlichten Qumran-Rollen herangezogen hatte.

Der Absetzung von Strugnell folgten wichtige Schritte zur Reorganisation der Veröffentlichung.[6] Neben Professor Tov fungieren heute Eugène Ulrich (University of Notre Dame/USA) und Émile Puech (École Biblique de Jérusalem) als Hauptherausgeber. Die israelische Altertümerbehörde unter Ex-General Amir Drori setzte außerdem eine Kontrollgruppe ein, die für eine schnellere Publikation sorgen soll. Ihr gehören die Professoren Jonas C. Greenfield und Shemaryahu Talmon sowie der Kurator des »Shrine of the Book« (Israel-Museum) Magen Broshi an. Vor allem berief man eine Gruppe von rund fünfzig Bearbeitern aus der internationalen Forschergemeinschaft, je etwa zur Hälfte Juden und Nichtjuden. Dabei sollte allerdings das bisherige Verfahren beibehalten werden, daß andere Forscher vor der offiziellen Publikation normalerweise keinen Einblick in die Texte erhalten. Immerhin gehörte zu den positiven Forderungen der israelischen Altertümerbehörde an die neuen Herausgeber auch die Bedingung, bestimmte Fristen einzuhalten; der Abschluß der Edition soll bis 1997 erreicht werden.

Trotz besserer Planung bleibt eine Herausgabe aller Qumran-Texte vor dem Jahr 2000 dennoch ungewiß. Ermuntert von dem energischen Hershel Shanks, entschloß sich daher Professor Ben-Zion Wacholder vom »Hebrew Union College« in Cincinnati/USA zu einem drastischen Schritt. Schon seit den späten fünfziger Jahren gibt es eine Konkordanz, also ein Stichwortverzeichnis, der meisten unveröffentlichten Funde aus der 4. Höhle.[7] Im Jahr 1988 gelangten fünfundzwanzig (nach anderen Berichten dreißig) Exemplare dieses Verzeichnisses an die Öffentlichkeit. Auch das »Institut für Antikes Judentum und hellenistische Religionsgeschichte« in Verbindung mit der Evangelisch-Theologischen Fakultät Tübingen unter Leitung von Professor Martin Hengel konnte ein Exemplar erwerben. Damit war es grundsätzlich möglich, wenn auch auf mühevolle Weise, aus der Konkordanz Qumran-Texte wiederzugewinnen. So stellte der leider zu früh verstorbene Tübinger Alttestamentler Hans-Peter Rüger die hebräischen und aramäischen Bruchstücke des Buches Tobit für eine kritische Textausgabe wieder her. Auch einer der beiden Verfasser dieses Buches (O. Betz) kontrollierte und ergänzte mehrere seiner wissenschaftlichen Aufsätze mit Hilfe dieser Konkordanz.[8]

Professor Wacholder ging noch weiter. Da er schon auf die Siebzig zuging, mußte er fürchten, die abschließende Publikation der Qumran-Schriften nicht mehr zu erleben. So ließ er mit Hilfe des Computers systematisch Texte rekonstruieren. Anfang September 1991 erschien ein erster auf diese Weise erstellter Band.[9] Nach Aussage des Göttinger Qumran-Spezialisten Hartmut Stegemann, der im Rokkefeller-Museum mit den Originaldokumenten arbeitet, sind ca. 98 Prozent der Rekonstruktionen richtig.[10] Die Namen, die in den durch Wacholder veröffentlichten Fragmenten der sogenannten »Damaskusschrift« auftauchen, sind jedoch wiederum nicht besonders günstig für Robert Eisenmans Theorien. Es handelt sich dabei nicht um neutestamentliche Namen, sondern um hasmonäische Herrscher des 2. und 1. Jahrhunderts v.Chr. (S. 91). Der »computer coup« führte bis in die Weltpresse hinein zu erregten Debatten darüber, ob ein solcher Schritt moralisch erlaubt sei.[11] Doch schon nach wenigen Tagen erledigte sich diese Frage von selbst, denn innerhalb eines Vierteljahres, von September bis November 1991, überschlugen sich die Ereignisse geradezu.[12]

Dramatische Ereignisse im Herbst 1991

1980 waren sämtliche Funde im Rockefeller-Museum auf Initiative der prominenten Mäzenin Elizabeth Hay Bechtel in Mikrofilmen erfaßt worden, um für den Fall kriegerischer Auseinandersetzungen im Nahen Osten abgesichert zu sein. Mehrere Sets von Filmen wurden in verschiedenen Museen auf der ganzen Welt deponiert mit der Verpflichtung zur Geheimhaltung. Aufgrund eines Streites zwischen Frau Bechtel und dem ersten Leiter des von ihr gegründeten »Ancient Biblical Manuscript Center« in Claremont/Kalifornien,

James A. Sanders, kam es dazu, daß zwar Sanders die Verpflichtung gegenüber dem Rockefeller-Museum unterschrieb, nicht aber Frau Bechtel. Die Huntington Library bei Los Angeles, welche die Filme von Frau Bechtel übernahm, war somit nicht an die früheren Absprachen über die Geheimhaltung gebunden. Im Namen der Informations- und Wissenschaftsfreiheit kündigte der neue Direktor der Huntington Library, William Moffett, am 22. September 1991 an, allen interessierten Forschern Zugang zu den Fotografien zu gewähren. Nun brach in den USA ein regelrechtes, heilsames »Rollen-Fieber« aus. Die »New York Times« berichtete auf der ersten Seite,[13] und der bekannte Qumran-Forscher James H. Charlesworth von der Universität Princeton wurde zu einem gefragten Gesprächspartner im Fernsehen. CBN und »Good Morning America« rissen sich um Neuigkeiten. Moffetts Ankündigung fand auch in der deutschen Presse Aufmerksamkeit.[14]

Die israelische Altertümer-Verwaltung wollte ursprünglich gegen den freien Zugang zu den Mikrofilmen in der Huntington Library prozessieren.[15] Sehr bald sah man jedoch ein, daß juristisch kaum Aussichten für den Erfolg einer Klage bestanden. Man fürchtete vor allem zu Recht, daß die Öffentlichkeit eine neuerliche Einschränkung der Wissenschaftsfreiheit nicht hinnehmen würde. Das israelische »Department of Antiquities« verzichtete am 27. Oktober 1991 auf Maßnahmen gegen die Benutzung der Mikrofilme,[16] die heute außer in der Huntington Library auch am »Oxford Center for Postgraduate Hebrew Studies« (unter Geza Vermes), im »Ancient Biblical Manuscript Center« (Claremont/Kalifornien) und am »Hebrew Union College« (Cincinnati/USA, hier nur teilweise) zugänglich sind.[17] Bei diesem Hin und Her war der unglückliche Eindruck entstanden, die eigentlich Schuldigen säßen in der israelischen Altertümerbehörde, obwohl diese nur die Rechte von Forschern zu schützen suchte, über deren zögerliche Arbeitsweise man selbst unglücklich war. Die Wogen gingen hoch. So klagte ein bekannter israelischer Journalist die »New York Times« an, ihre anti-israelische Politik nun auch noch auf dem Gebiet der Qumran-Forschung fortzusetzen.[18]

Sobald deutlich wurde, daß keine rechtlichen Schritte gegen den freien Zugang zu den Dokumenten mehr drohten,[19] veröffentlichte am 19. November 1991 die von Hershel Shanks geleitete »Biblical Archaeology Society« eine zweibändige Faksimile-Ausgabe aller bisher noch nicht publizierten Fotografien auf insgesamt 1787 Fotoplatten,[20] für deren Entzifferung man allerdings oft eine gute Lupe braucht. Die Fotos in dieser Ausgabe stammen, wie ausdrücklich festgestellt wird, nicht aus der Huntington Library, vielmehr waren sie in den Jahren 1989 und 1990 Robert H. Eisenman zugespielt worden, der zusammen mit dem bekannten Gnosis-Forscher James A. Robinson als Herausgeber zeichnet. Aus dem Vorwort geht allerdings hervor, daß Robinson die speziellen Qumran-Theorien von Eisenman nicht teilt.[21] Auch diese Veröffentlichung fand in der Weltpresse stärksten Widerhall.[22]

Anschließend kam es zu einem für das Ethos der Wissenschaft eher peinlichen Zwischenspiel. In der Faksimile-Ausgabe wurde auch die Rekonstruktion eines Qumran-Textes veröffentlicht, der zu den interessantesten und kontroversesten gehört: ein in sechs (fragmentarisch erhaltenen) Kopien in Höhle 4 gefundener Brief mit der Abkürzung 4QMMT. Die veröffentlichte Rekonstruktion war an mehreren Stellen auf der ganzen Welt anonym aufgetaucht;[23] auch in Tübinger Oberseminaren wurde damit gearbeitet. Heute nimmt sie der brillante israelische Wissenschaftler Elisha Qimron für sich in Anspruch. Er rechnete auch aus, daß ihm durch die vorzeitige Veröffentlichung rund 350000 Dollar an Tantiemen verlorengegangen seien. Offensichtlich ist die historische Wissenschaft durchaus keine brotlose Kunst! Qimron erwirkte vor einem Jerusalemer Gericht eine einstweilige Verfügung[24] gegen die Verbreitung der Faksimile-Ausgabe, von der allerdings die meisten Exemplare schon verkauft waren. Eine zweite Auflage dieser Faksimile-Ausgabe erschien 1992, ohne den rekonstruierten Text, dafür aber mit einigen verbesserten Fotos. Insofern müssen die Käufer dieser Ausgabe Professor Qimron dankbar sein, daß er für die Schonung ihrer Augen gesorgt hat! Der Rechtsstreit geht jedoch weiter. Nachdem auch Robert H. Eisenman in die Anklage einbezogen wurde,[25] distanzierte er sich vom Vorgehen von Hershel Shanks.[26] Shanks reichte inzwischen eine Gegenklage ein, die aber im April 1993 von einem Jerusalemer Gericht abgewiesen wurde.[27] Die finanziellen Forderungen von Qimron wurden zwar nur mit 55 000 $ erfüllt, aber sein Copyright an der Textrekonstruktion bestätigt. Gegen dieses für die Wissenschaftsfreiheit möglicherweise folgenreiche Urteil erwägt Shanks in die Revision zu gehen.[28] Auch sonst erhitzt die Debatte um die Veröffentlichung der Schriftrollen weiterhin die Gemüter. So machte die Nachricht die Runde, daß bei einem Kongreß im Dezember 1992 in New York zwei Qumran-Forscher mit Fäusten aufeinander losgegangen seien. Die weltweit beachtete »Jerusalem Post« sah sich zu einem ausdrücklichen Dementi veranlaßt.[29]

Inzwischen können auch die Mikrofilme der Huntington Library erworben werden.[30] Seit Juni 1993 gibt es, von E. Tov im Auftrag der israelischen Altertümerbehörde herausgegeben, eine offizielle Microfiche-Ausgabe[31], die mittlerweile viele Universitäten besitzen. Damit ist das Monopol beim Zugang zu den Qumran-Rollen ein für allemal gebrochen, wodurch eine neue Phase der Erforschung der Qumran-Texte begonnen hat. Dabei stehen der weltweiten Forschergemeinschaft neben den Filmen und Faksimile-Ausgaben jetzt noch weitere wertvolle Hilfsmittel zur Verfügung: So existiert – endlich! – eine offizielle Liste aller noch nicht veröffentlichten Texte aus 4Q und 11Q mit Angabe der vorgesehenen Herausgeber und Erscheinungsorte.[32] Außerdem erarbeitet Stephen A. Reed einen Katalog, in dem alle Funde aus der Wüste Juda kurz beschrieben werden und die wichtigste Literatur aufgelistet ist.[33] Eine sehr umfassende Konkordanz wurde von James H. Charlesworth herausgegeben.[34]

Auf die Frage »Welche Qumran-Texte sind bis heute nicht veröffentlicht?«, muß man die Antwort geben: Im Prinzip keine mehr.[35] Jeder, der Hebräisch und Aramäisch versteht, kann sich an der Erforschung der letzten bisher unzugänglichen Qumran-Schriften beteiligen. Es besteht nunmehr die Möglichkeit, die Behauptungen von Baigent/Leigh und Eisenman über die Beziehungen zwischen Qumran und dem Urchristentum an den Texten selbst zu überprüfen. Anlaß dazu gibt eine weitere Veröffentlichung von Robert H. Eisenman. Unter der Herausgeberschaft von ihm und Michael Wise erschien eine Sammlung von 50 Qumran-Texten, die im Dezember

1992 (also gerade zu Weihnachten) in England vorlag und nach einigen Verzögerungen im Januar 1993 auch in Deutschland unter dem Titel »Jesus und die Urchristen – Die Qumran-Rollen entschlüsselt« auf den Markt kam.[36] »Die fünfzig Dokumente, die das Buch enthält, präsentieren nach unserem Urteil das Beste von dem, was es gibt«,[37] lautet das Urteil der Herausgeber, ohne daß sie ihre Kriterien für die Auswahl nennen. Etwa 50 Prozent der Texte waren allerdings schon vorher anderswo veröffentlicht, was der Leser erst beim genauen Hinsehen den Schlußanmerkungen entnehmen kann, ohne allerdings einen Überblick über alle vorhandenen Vorarbeiten zu erhalten. Besonderer Wert wird auf den Text 4Q448 gelegt, da es sich um ein Loblied auf König Jonatan (d.h. Alexander Jannai [103-76 v. Chr.]) handle, das den pro- und nicht anti-hasmonäischen Charakter der Qumran-Gruppe beweise.[38] Obwohl es sich dabei um eine spektakuläre Lesart der israelischen Handschriften-Expertin Ada Yardeni handelt,[39] wird ihr Name nicht genannt. Allerdings unterliegt die ganze Textrekonstruktion stärksten Bedenken. Aus einer mit Hilfe des Computers verbesserten Lesung schließt Geza Vermes, daß überhaupt kein Königsname genannt wird und es sich bei diesem Text um einen großartigen Hymnus auf die heilige Stadt Jerusalem handelt.[40]

Die Lektüre der Einführung des von Eisenman/Wise herausgegebenen Werkes entbehrt nicht der Peinlichkeiten.[41] Die Einführung ist gewissermaßen eine modernisierte Form der »Kriegsrolle«. Inmitten eines Heeres wissenschaftlicher Finsterlinge gibt es nur wenige »Söhne des Lichts«, die unter Robert Eisenmans Führung (Melchisedek?) den Kampf für die Erleuchtung der Welt führen. Er versteigt sich sogar zu der Behauptung, daß es – bevor er im Jahr 1986 seinen Kreuzzug begann –, nicht mehr als 15 bis 20 Qumran-Forscher auf der ganzen Welt gegeben habe.[42] Eisenmans These von der direkten Abstammung des Judenchristentums aus Qumran und Jakobus' des Herrenbruders als »Lehrer der Gerechtigkeit« (Kap. 5) wird zwar nicht unmittelbar vertreten, doch in den ausführlichen Einleitungen, die den Qumran-Texten vorangestellt sind, dem Leser mit großem Wortschwall auf bald jeder zweiten Seite suggeriert.[43] Immerhin läßt sich über viele der Rekonstruktions- und Übersetzungsvor-

44

schläge wissenschaftlich diskutieren, auch wenn eine Reihe von ihnen der Kritik nicht standhalten werden (Kap. 6).

Vorteilhaft wirkt sich bei den Rekonstruktionen und Übersetzungen des Buches ohne Zweifel die Mitarbeit von Michael Wise aus, einem Spezialisten für die aramäische Sprache. Gleichwohl bleibt seine Rolle bei dem ganzen Unternehmen etwas unklar. Wise begann seinen wissenschaftlichen Weg am konservativ-evangelikalen Trinity Theological Seminary in Deerfield/USA, promovierte dann bei dem umstrittenen Qumran-Forscher Norman Golb (S. 69f) über die Tempelrolle (11QMiqd)[44] und ist heute Professor für Aramäisch an der University of Chicago. Wise scheint viele Thesen von Eisenman nicht zu teilen, aber in welchem Umfang er ihm widerspricht, bleibt offen.[45] Einer zuverlässigen Quelle zufolge hat Eisenman Wise untersagt, im Vorwort der Textausgabe auf Differenzen hinzuweisen. Nach einem Artikel des »Time Magazine« hält Wise offensichtlich auch eine Interpretation der Qumran-Texte für möglich, die eine konservative theologische Sicht des Urchristentums stützt.[46] Nicht im Buch selbst, sondern erst auf Anfrage hin, gab Eisenman zu, daß die Zusammenstellung der hebräischen Texte im wesentlichen von Wise stammt, der Kommentar aber von ihm selbst verfaßt wurde.[47] In dem Buch »Jesus und die Urchristen« haben die Meinungsverschiedenheiten der Herausgeber zu einer etwas verwirrenden Unklarheit geführt: Was am Anfang eines Kommentars als die einzig richtige Interpretation vorgetragen wird (Eisenman), erscheint am Schluß nur noch als Möglichkeit (Wise?).

Qumran und die Massenmedien

Im Eifer der Lektüre des Buches »Verschlußsache Jesus« haben viele offenbar übersehen, daß mindestens ein wesentliches Bindeglied in dieser Detektiv-Story fehlt. Baigent und Leigh behaupten, daß die bisher unveröffentlichten Qumran-Texte von einem revolutionären Urchristentum sprechen. Aber die unveröffentlichten Texte waren doch geheim, so geheim, daß die beiden Journalisten sie auch nicht gesehen haben. Die Verschwörer hielten so eisern zusammen, daß

Baigent und Leigh offenbar nicht einmal von jemandem etwas über den ungefähren Inhalt in Erfahrung bringen konnten. Trotzdem kannten ihn die beiden auf irgendeine wundersame Weise. Wer für solchen Wunderglauben nicht zugänglich ist, der muß schlicht feststellen: Entgegen den auf dem Klappentext geweckten Erwartungen (»bislang unbekannte Texte über die Urchristen«) veröffentlichten Baigent und Leigh kein einziges neues Qumran-Dokument.

Vergegenwärtigt man sich nochmals die Chronik der Ereignisse im Herbst 1991, dann wird eines deutlich: Manchmal entscheiden wenige Tage darüber, ob eine neu aufgebrochene geistige Strömung sich durchsetzen kann oder eine Eintagsfliege bleibt. Wäre das Buch »Verschlußsache Jesus« vielleicht nur einen Monat später erschienen, hätte es kaum solche außergewöhnliche Beachtung gefunden. Es erhielt seine Brisanz dadurch, daß wichtige Texte tatsächlich noch unzugänglich waren, als es – Anfang September – herauskam. Von der zweiten September-Hälfte an folgten Schlag auf Schlag die Nachrichten über den für alle interessierten Forscher erzwungenen Zugang zu den Schriftrollen. Diese Neuigkeiten hätten einem erst im Oktober vorgelegenen Buch manches an Publicity gestohlen. Doch zu dieser Zeit stand »Verschlußsache Jesus« schon auf Platz eins der deutschen Bestsellerliste für Sachbücher. Aller Kritik zum Trotz hielt es bis Ende November 1993 einen Spitzenplatz auf der »Spiegel«-Liste.

Der erstaunliche Erfolg von »Verschlußsache Jesus« ist ohne die tatkräftige Unterstützung verschiedener Massenmedien nicht zu erklären. Einen besonderen Beitrag leistete die Illustrierte »Stern« mit der Titelgeschichte »Die Akte Jesus« in der ersten Nummer des Jahres 1992, dem von den Kirchen ausgerufenen »Jahr mit der Bibel«.[48] Über die Stoßrichtung ließ das Titelbild keine Zweifel aufkommen: Jesus hängt dort an ein Fragezeichen geschlagen. Anlaß war das Erscheinen von »Verschlußsache Jesus«. Der Artikel im Inneren der Illustrierten lehnte zwar die Hauptthesen von Baigent/Leigh ab, bestritt aber auch fast jedes gesicherte Wissen über Jesus. Die moderne Jesus-Forschung ist für den Verfasser des Stern-Textes Joachim Köhler neben »Klassikern« wie Rudolf Bultmann und Werner Georg Kümmel durch das Dreigestirn Eugen Drewermann, Franz Alt und Pinchas Lapide repräsentiert. Während Blätter wie »DIE ZEIT«[49]

und die »Frankfurter Allgemeine Zeitung«[50] kritische Besprechungen von »Verschlußsache Jesus« veröffentlichten, die nur als Verrisse zu bezeichnen sind, fand die Vatikan-Komplott-Theorie bei der Rezensentin der »Süddeutschen Zeitung« Zustimmung.[51] Auch ein offensichtlich überforderter Journalist der »Frankfurter Rundschau« schrieb einen wenig erbaulichen Artikel zum Weihnachtsfest, in dem er im wesentlichen nur Eisenmans Thesen referierte.[52]

Fügen wir noch ein besonders krasses Beispiel aus Österreich hinzu: »Samstag. Die österreichische Wochenzeitung für unterhaltsame Stunden« überraschte ihre Leser auf der ersten Seite mit der Schlagzeile »Hat Jesus Christus 200 Jahre früher gelebt?«. Wie zu erwarten, wird die Frage von einem offensichtlichen Ignoranten, der sich hinter dem Kürzel G.S. verborgen hat, entschieden bejaht.[53] Im Vergleich zu den Ausführungen dieses Autors stellt sich »Verschlußsache Jesus«, das den Ausgangspunkt des Artikels bildet, geradezu als sachlich-wissenschaftliches Werk dar. So ist in »Samstag« zu erfahren: »Viele Teile der [Qumran-]Schriften sind identisch mit dem Neuen Testament.«[54] Das hatten nicht einmal Baigent/Leigh zu behaupten gewagt. Und abschließend heißt es: »Eine solche ›Wahrheit‹ kann aber Rom, zumindest unter der heutigen Führung, kaum anerkennen.« Mit einer solchen Feststellung sich auseinanderzusetzen, erübrigt sich. Man könnte sich höchstens fragen, was für ein Buch der Verfasser gelesen hat.

Eine sehr gemischte Rolle spielte in der Qumran-Debatte auch das Fernsehen. Rasch am Geschehen war der Norddeutsche Rundfunk, der am 30. Dezember 1991 »Die Schriftrollen vom Toten Meer« ausstrahlte. Wird die deutsche Sendung mit der ihr zugrundeliegenden amerikanischen Fassung verglichen, entdeckt man erhebliche Unterschiede. Die NDR-Version ist durchgehend ergänzt, um dem Zuschauer teils direkt, teils unterschwellig die Komplottheorie von Baigent/Leigh zu suggerieren.

Am 7. Juni 1992 strahlte die ARD den Film »Der unbekannte Jesus« aus, der in einer Fernseh-Illustrierten als Verfilmung des Buches von Baigent und Leigh angekündigt wurde.[55] Doch nichts lag den Filmautoren Klaus Wölfle und Carsten P. Thiede vom Bayerischen Rundfunk ferner, als damit Werbung für die »Verschlußsache Jesus« zu machen,[56] und man wünschte sich, daß die Illustrierten-Autorin den Film, über den sie die Öffentlichkeit irreführte, doch noch gesehen hat.

Eine geschickt inszenierte Vorstellung der Thesen von Robert Eisenman bot dann – zur besten Sendezeit – der im Auftrag der Redaktion Außenpolitik (!) des ZDF gedrehte »Jesus-Krimi« von Hubert Seipel (Zündstoff: Der Jesus-Krimi. Die Qumran-Affäre oder Wer war Jesus wirklich?, 24.6.1992). Breiten Raum zur Selbstdarstellung erhielt Michael Baigent bei Thomas Gottschalk in RTL Plus. Dagegen wird es nur wenig zur Einsicht verholfen haben, daß im Kulturprogramm von Bayern 3 der israelische Wissenschaftler Shemaryahu Talmon mit einer vernichtenden Kritik an »Verschlußsache Jesus« zu Wort kam.[57]

Merkwürdig bleibt das Schweigen des Nachrichtenmagazins »Der Spiegel«. Darin erschienen zwar in letzter Zeit zwei Beiträge über die Qumran-Forschung,[58] eine Auseinandersetzung mit der »Verschlußsache Jesus« blieb im »Spiegel« hingegen bisher (einschließlich Nov. 1994) aus, obwohl das Buch Woche für Woche auf seiner Sachbuch-Bestsellerliste erschienen war. Man fragt sich nach dem Grund dieser Zurückhaltung, um so mehr als sich vor Jahren der Herausgeber Rudolf Augstein selbst mit seinem Buch »Jesus – Menschensohn«[59] als Amateur-Historiker betätigte und sich der »Spiegel« früher weder die Phantasmagorien eines Joel Carmichael[60] noch eines John M. Allegro entgehen ließ. Man kann über die Motive nur spekulieren.

Der Skandal um »Verschlußsache Jesus« gibt Grund, erneut nach der Moral von Massenmedien und der Verantwortung von Verlagen zu fragen. Die Wochenzeitung »DIE ZEIT« veröffentlichte dankenswerterweise ein Interview mit Robert Eisenman, das hier wenigstens mit einigen Sätzen angeführt sein soll:

»ZEIT: Sie behaupten, daß die Qumran-Gemeinde identisch ist mit der frühen Christenheit.

Eisenman: Das ist meine Theorie, wie Einstein seine Relativitätstheorie hatte. Man wendet Theorien auf den Sachverhalt an und schaut, ob sie passen. So funktioniert Wissenschaft. Ich habe die These vorgestellt, der Lehrer der Gerechtigkeit könnte der Führer der Urchristengemeinde sein, und diese These bewährt sich an den Texten ausgezeichnet. Ich habe nie behauptet, daß es bewiesen ist, aber die anderen Burschen haben ja nicht mal 'ne Theorie.«[61] Diese Sätze zeigen gut Eisenmans Weise zu argumentieren, um nicht zu sagen, zu agitieren. Droemer Knaur, der deutsche Verlag des Werkes von Baigent und Leigh, hätte gut daran getan, sich für die amerikanische Originalausgabe von Experten ein Gutachten einzuholen. Wohl jeder Qumran-Sachverständige, ob Jude, Christ oder Atheist, hätte von der Veröffentlichung abgeraten. Doch ein Lektor des Verlags wird mit den Worten zitiert: »Auch wenn die These falsch sein sollte – das Thema stimmt.«[62]

Nicht viel anders denkt man offensichtlich beim Gütersloher Verlagshaus. In einer Verlagsmitteilung wird die geplante Publikation von Barbara Thierings Buch »Jesus – wahrer Mensch. Eine neue Interpretation aus den Rollen von Qumran« (Kap. 7) wie folgt gerechtfertigt: »Wichtiger als die Richtigkeit der Ergebnisse ist, daß das Thema von allen Seiten angegangen wird.«[63] Hier sollte die Kritik des jüdischen Publizisten Hershel Shanks als eine Lektion verstanden werden, wenn er die Herausgabe von Frau Thierings Buch durch den Verlag Doubleday[64] als unverantwortlich bezeichnet, weil hier, um die Grundlagen des Christentums anzugreifen, unter Aufbietung größter Gelehrsamkeit die historische Wissenschaft zur Karikatur gemacht wird.[65] Mit Wehmut denkt man daran, daß Bertelsmann, zu dessen Verlagsgruppe Gütersloh gehört, einmal den berühmten Tübinger Bibelwissenschaftler Adolf Schlatter (1852-1938) zu seinen Stammautoren zählte.

Es wäre eine verlegerische Großtat, nicht zuletzt aus Gründen der geschichtlichen Wahrheit, eine umfassende deutsche Übersetzung von Qumran-Schriften herauszubringen und nicht nur eine kleine Auswahl, um einem Sensationshunger zu entsprechen. In den fünfziger Jahren gab es deutschsprachige Sammlungen von Qumran-Texten von beachtlichem Umfang, die auffälligerweise meist in Verlagen katholischer Prägung erschienen.[66] Es sieht so aus, als sei heute mit der Abnahme des christlichen Glaubens auch das Interesse an der geschichtlichen Wahrheit zurückgegangen. Oder anders ausgedrückt: Dem Unglauben folgt die historische Torheit.

Qumran, die Kirchen und die Fachwissenschaft

Sogar auf einige christliche Blätter verfehlte die »Verschlußsache Jesus« nicht ganz ihren Eindruck. Als Sprachrohr des kritischen Katholizismus übernahm das »Publik-Forum« durch seinen ständigen Mitarbeiter Norbert Copray im wesentlichen die These vom Vatikan-Komplott.[67] Inzwischen hat Copray jedoch davon Abstand genommen, dafür aber über das Buch »Jesus und die Urchristen« von Robert Eisenman und Michael Wise geurteilt: »Es bietet zum erstenmal auf deutsch sämtliche Qumran-Funde sowie deren Übersetzung ...«[68] Man fragt sich, wie ein Autor, der sich doch ein wenig mit der Materie beschäftigt hat, einen derart unsinnigen Satz schreiben kann. Erfreulicherweise hat Copray mittlerweile auch diesen unsinnigen Satz zurückgenommen.

Merkwürdig verhielten sich auch die von Ludwig Schneider herausgegebenen »Nachrichten aus Israel«, die vor allem von vielen evangelikalen Christen gelesen werden. Als »Buchbesprechung« druckte der Nachrichtendienst die antichristlichen Spitzensätze des Klappentextes ab,[69] ergänzt durch einen Kommentar aus obskurer Quelle, nach dem Baigent/Leigh nicht nur fälschlich als Herausgeber von Qumran-Texten vorgestellt, sondern wiederum 80 Prozent (!) der Funde als »nicht zur Veröffentlichung freigegeben« bezeichnet werden.[70] Andere kirchliche Publikationsorgane reagierten ausgesprochen hilflos. So veröffentlichte das »Deutsche Pfarrer-Blatt« erst nach über einem Jahr eine konfuse Besprechung. In ihr heißt es (in der Spalte »Vermischtes«) zu den Ausführungen von Baigent/Leigh über Paulus: »Doch obwohl sich gerade dieser Abschnitt erneut ausgesprochen spannend liest, ist die Wahrscheinlichkeit, daß die Autoren das Richtige getroffen haben, leider äußerst gering.«[71] Man traut seinen Augen nicht, aber so steht es da. Der Rezensent scheint zu bedauern, daß die Autoren mit ihrer Einschätzung des Apostels unrecht haben. Leider hat Paulus eben wohl doch nicht vertrauensvoll mit der römischen Staatssicherheit zum beiderseitigen Nutzen von Kirche und Reich zusammengearbeitet. Auch das »Deutsche Allgemeine Sonntagsblatt« ließ sich mit einer ausführlichen Kritik der »Verschlußsache Jesus« über ein Jahr Zeit.[72]

Es ist darum einfachen Gemeindegliedern nicht zu verargen, wenn sie an Kirchenzeitungen Leserbriefe wie den folgenden schreiben: »Wort Gottes ist zu verkündigen und nicht im Archiv einzuschließen. Ich finde es unglaublich, daß die katholische Bibelschule in Jerusalem einer breiten Weltöffentlichkeit den Inhalt der Qumrantexte seit nunmehr schon über 30 Jahren vorenthält. Traut die katholische Kirche ihren Gläubigen die Auslegung von Bibel- und jetzt auch Qumrantexten nicht zu? Man muß es fast annehmen. Wir aber beanspruchen als mündige Christen die Kenntnis dieser Essenerberichte. Da der Heilige Geist bekanntlich weht, wo er will, können wir uns auch ohne Bevormundung ein eigenes Urteil bilden.«[73] Wie man sieht, bleiben die Verdächtigungen von Baigent/Leigh durchaus nicht ohne Wirkung.

Zweifellos hat einem Werk wie der »Verschlußsache Jesus« auch ein bedauerliches Versäumnis der Fachwissenschaft und der kirchlichen Öffentlichkeitsarbeit[74] den Weg bereitet. Sucht man in dem für Buchhändler bestimmten »Schlagwortkatalog 1992/93« unter den Stichworten »Essener« und »Qumran« nach einschlägigen Veröffentlichungen, so findet man dort etwa zwanzig Titel verzeichnet;[75] von ihnen sind drei für Nichtwissenschaftler nicht verständlich. Zwölf Titel stammen aus esoterischen Verlagen oder liegen auf der Linie der »Verschlußsache«. Angeboten wird unter anderem auch »Der Essäerbrief aus dem Jahr 40 n.Chr.«, eine plumpe Fälschung, die 1986 schon in 10. Auflage erschien.[76] Nur drei der angebotenen seriösen Werke sind auch Nichtfachleuten zugänglich, darunter zwei Teilausgaben von Texten. Hingegen wurde die einzige Gesamtdarstellung der Funde und ihres geschichtlichen Hintergrundes zwar 1991 neu aufgelegt – offensichtlich als Folge der neuen Qumran-Diskussion. In Wirklichkeit handelt es sich dabei jedoch um einen völlig unveränderten Nachdruck (!) zweier Werke aus den Jahren 1958 und 1960.[77]

Bei einem solchen Mangel an Information weiter Kreise über ein wichtiges Thema der Bibelwissenschaft wie die Qumran-Funde muß es nicht wundern, daß ein Werk wie die »Verschlußsache Jesus« ebenso kritiklos wie begierig aufgenommen wird.

3. Wurden die Qumran-Schriften von Sadduzäern verfaßt?

Ein ungewöhnlicher Brief aus Qumran – Zadokiden und Sadduzäer – Essener, Pharisäer und Sadduzäer bei Flavius Josephus – Der Festkalender und die Sabbatheiligung – Schriftliches Gesetz und mündliche Überlieferung – Eine Spaltung innerhalb der jüdischen Priesterschaft

Ein ungewöhnlicher Brief aus Qumran

Die so lang bewährte und darum fast unerschütterlich erscheinende Überzeugung, die Texte vom Toten Meer böten das Selbstzeugnis der schon vor Christus entstandenen Sekte der Essener, wird neuerdings nicht etwa nur von sensationslüsternen Außenseitern wie Baigent/Leigh in Frage gestellt. Auch Fachleute äußern fundamentale Zweifel am bisherigen Konsens, und eine neue, selbstbewußte Generation von Qumranforschern tritt mit neuen Thesen auf. Diese können auf bisher unbekannte Texte gegründet sein, die dem nun zugänglichen Reservoir von Fragmenten aus der Höhle 4 entstammen. Solche in Fachzeitschriften veröffentlichten, auf streng wissenschaftliche Weise vorgetragenen Thesen sind oft kompliziert, sprachlich und sachlich schwierig. Sie lassen sich nicht flott und leichtverständlich widerlegen; sie wollen fachmännisch – nicht journalistisch – behandelt sein. Meist führen sie über den uns vertrauten Kreis der mönchisch lebenden Essener und der missionarisch wirkenden ersten Christen hinaus zu anderen Parteien des damaligen Judentums. Von ihnen erfahren wir manches aus dem Neuen Testament, mehr noch von Flavius Josephus und den frühen Schriften der Rabbinen:

Es sind dies die Sadduzäer, denen vor allem der Priesteradel in Jerusalem angehörte, dann die beim Volk beliebten, gesetzesstrengen und praxisbezogenen Pharisäer und schließlich die für Gottes Ehre und die Reinheit Israels kämpfenden Zeloten (= Eiferer).

Besonderer Beachtung wert ist die These, die Qumrangemeinde müsse als sadduzäische Gründung angesehen werden. Die Essener-Theorie sei zu revidieren; denn die in den Schriften von Qumran vertretene Haltung zu den Opfer- und Reinheitsvorschriften des Mose-Gesetzes stimme mit der Lehre der Sadduzäer überein. Man dürfe deshalb die Qumranfrommen keinesfalls als Wegbereiter Jesu und des frühen Christentums verstehen. Vielmehr lasse sich aus ihren Texten die bewegte Geschichte des Judentums vor der Zerstörung Jerusalems (70 n.Chr.) erhellen und manche neue Erkenntnis über die verschiedenen Religionsparteien gewinnen.

Urheber der Sadduzäer-These ist Lawrence H. Schiffman, Professor für Hebräische Studien an der New York University und ein besonders kompetenter Vertreter der zweiten Generation von Qumran-Forschern. Er gilt als hervorragender Kenner der hebräischen Sprache und des rabbinischen Judentums und wurde weniger durch Schlagzeilen in der Tagespresse, als vielmehr durch seine fundierten Beiträge in Fachzeitschriften bekannt; schon seit längerer Zeit spielt er auf Qumran-Tagungen eine beherrschende Rolle. Seine Sadduzäer-These entsprang nicht etwa einer Sucht nach sensationell Neuem, vielmehr führte ihn seine bahnbrechende Arbeit an einem bislang unveröffentlichten und ungewöhnlichen Text aus Höhle 4 zu ihr. Bei diesem Text handelt es sich um den sogenannten »Brief des Lehrers der Gerechtigkeit« (4QMMT).[2] Dieses aus mehreren Fragmenten zusammengestellte Dokument war zwar dem im Rockefeller-Museum arbeitenden Forscherteam schon seit dem Jahre 1955 als solches bekannt,[3] aber erst rund dreißig Jahre später wurde die Öffentlichkeit beim Internationalen Kongreß für Biblische Archäologie im April 1984 in Jerusalem von seiner Existenz und seinem ungefähren Inhalt unterrichtet.[4] Schiffman konnte eine Fotokopie dieses Dokumentes erhalten und an Freunde weitergeben.

Erst im September 1994 wurde 4QMMT offiziell herausgegeben.[4a] Doch wurde das Dokument schon früher behelfsmäßig übersetzt und besonders von Schiffman gründlich studiert sowie auf Tagungen, vor allem in Mogilany bei Krakau, diskutiert.[5] Es handelt sich um einen längeren, leider lückenhaften und schwer lesbaren Brief.[6] Der Eingang mit Absender und Adresse ist nicht erhalten, doch ist aus dem Schreiben zu ersehen, daß es aus priesterlichen Kreisen stammt und an den Hohenpriester und dessen Kollegen am Jerusalemer Tempel gerichtet ist. Der Verfasser, der in der »Wir«-Form für eine Gruppe von Gleichgesinnten spricht, wird u. E. zu Recht mit dem Leiter der Qumrangemeinde, dem »Lehrer der Gerechtigkeit«, gleichgesetzt.

Worum geht es in diesem Brief? Und warum konnte Schiffman gerade auf Grund dieses Schreibens die These aufstellen, die Väter der Qumran-Gemeinde müßten Sadduzäer gewesen sein? An rund zwanzig Vorschriften, die vor allem auf dem Priestergesetz in den biblischen Büchern 2. bis 5. Mose beruhen, wird den Empfängern des Briefes vor Augen geführt, daß die Reinheit Jerusalems und besonders des Tempels gefährdet sei: Die Priester sollen sich davor hüten, das Volk mit Schuld zu belasten (4QMMT B 12. 26-27) und das Gesetz in den zwanzig besprochenen Fällen genau nach den hier gebotenen Richtlinien anwenden.

Dazu einige Beispiele: Der nach 3. Mose 7,15 den Priestern zufallende Teil des Lob- und Dankopfers müsse am Tag der Darbringung verzehrt und dürfe nicht etwa bis zum Morgen des nächsten Tages aufbewahrt werden (B 9-13).[7] Desgleichen sei ein Priester, der beim Zubereiten der Asche der Roten Kuh unrein geworden ist und daraufhin das vorgeschriebene Tauchbad genommen hat, erst nach Sonnenuntergang vollkommen rein und dürfe deshalb nicht schon vorher geweihte Speise zu sich nehmen (B 13-16).[8] Auch bei den Reinigungsriten eines vom Aussatz Geheilten sei diese Frist strikt einzuhalten (B 59-67).

Ferner: Nicht nur das Fleisch, sondern auch die Haut eines außerhalb der Stadt Jerusalem geschlachteten Tieres sei kultisch unrein; sie dürfe deshalb nicht für den Transport von Wein oder Öl in den Tempel benutzt werden (B 18-23).[9] Der Zutritt zum Tempel sei nur den Israeliten, und zwar rituell reinen und leiblich intakten Menschen gestattet: Fremde, Moabiter und Ammoniter, aber auch Behinderte wie Blinde, Taube oder Verstümmelte seien fernzuhalten (B 39-42).

Lawrence H. Schiffman gilt als Experte in der Auslegung der gesetzlichen Bestimmungen in Qumran[10] wie auch der später schriftlich niedergelegten Weisungen *(halachoth)* in den rabbinischen Gesetzbüchern Mischna, Tosefta und in den beiden Talmudim. Er bemerkte, daß einige der im Qumran-Brief behandelten Vorschriften auch in der Mischna (abgeschlossen um 180 n.Chr.) diskutiert werden, und zwar als Anweisungen, die zwischen Sadduzäern und Pharisäern umstritten sind.[11] Solch eine Auseinandersetzung zwischen Pharisäern und Sadduzäern wird übrigens recht selten in der Mischna erwähnt, in der sonst die rabbinischen Weisen unter sich sind. Überraschend ist auch die Haltung der beiden Gruppen: Die Pharisäer nehmen den großzügigeren Standpunkt ein, wie er in unserem Qumran-Brief 4QMMT kritisiert wird und offensichtlich von der Priesterschaft in Jerusalem vertreten wurde. Dagegen haben die in der Mischna kritisierten Sadduzäer *(zadduqim)* genau die Ansicht, die vom »Lehrer der Gerechtigkeit« und seiner Gruppe geltend gemacht wird. Daraus schließt Schiffman, daß die Verfasser des in der Qumran-Bibliothek gefundenen Briefes 4QMMT Sadduzäer gewesen sein müssen, genau so wie die später in der Mischna erwähnten Zaddukim.

Zadokiden und Sadduzäer

Schiffmans These wirkte schockierend. Unter den Qumran-Gelehrten, christlichen wie jüdischen, hatte sich immer mehr die Ansicht verfestigt, die in den Texten von Qumran zu Wort kommenden und in der Siedlung von Qumran beheimateten Frommen sollten mit den Essenern gleichgesetzt oder ihnen zumindest zugeordnet werden. Es fällt wirklich schwer, diese von Josephus, Plinius dem Älteren und besonders auch von Philo hochgeschätzte Gruppe idealer Juden mit den Sadduzäern zu verbinden, die weder im Neuen Testament noch bei Josephus und ebensowenig bei den Rabbinen positiv beurteilt werden. Dennoch hat Schiffman recht, wenn er den Ursprung der Qumran-Bewegung in priesterlichen Kreisen sucht; nur muß die Bezeichnung »Sadduzäer« differenzierter gebraucht werden.

Der »Lehrer der Gerechtigkeit« wird im Habakuk-Kommentar ausdrücklich als Priester bezeichnet (1QpHab 2,7f), und die Qumran-Gemeinde wurde von Priestern geleitet und nach priesterlichen Grundsätzen geführt. Aber dies war die kleine Schar der treu gebliebenen Priester, der »Söhne Zadoks«, jener Priester, die den Bund Gottes wahrten und Gottes Willen erforschten. Ihnen wurde das Gesetz des Mose neu geoffenbart, sie standen nach der Gemeinderegel an der Spitze der Gemeinde (1QS 2,19). Die Selbstbezeichnung »Söhne Zadoks« und der Name »Sadduzäer« leiten sich von einem Zadok ab, der zur Zeit des Königs David als Priester wirkte (2. Samuel 15,24-37) und deshalb als Ahnherr des rechtmäßigen »zadokidischen« bzw. »sadduzäischen« Priestertums galt (1. Könige 1,8.38f). In der Damaskusschrift wird er als ein Offenbarer des nach Josua in der Bundeslade verborgenen Buches der Tora (Weisung des Mose) verehrt (CD 5,2-5).

Die Zadokiden der Qumrangemeinde stimmten zwar in einigen wichtigen Punkten mit den Sadduzäern des Josephus überein; dabei unterschieden sie sich von den Pharisäern. Die letzteren lehrten eine doppelte Tora: Zum Buch Moses gehöre auch eine mündliche Überlieferung, die genauso wie die schriftliche am Berg Sinai geoffenbart und bis zur Gegenwart getreu überliefert worden sei. Dies wird am Beginn des Mischna-Traktats »Sprüche der Väter« behauptet (Aboth 1,1). In den Texten von Qumran wird jedoch eine mündlich überlieferte Tora nie erwähnt. Die Sadduzäer des Josephus haben sie – wie das auch Jesus tat (Markusevangelium 7,8f) – ausdrücklich abgelehnt (Jüdische Altertümer XIII 297). Auch der Schreiber unseres Briefes 4QMMT beruft sich nur auf die schriftliche Tora (B 77; C 10-12). Doch deutet er auch auf einen schweren Konflikt in der »sadduzäischen« Priesterschaft hin, wenn er erklärt: »Wir haben uns von der

Masse des Volkes abgesondert«, d.h., wir lehnen die offizielle Lehrmeinung ab. Hier wird zum ersten Mal eine Abspaltungstendenz im Judentum artikuliert und damit eine Trennung unter der Priesterschaft begonnen.

Diese Tendenz wird von den beiden großen Gesetzbüchern in Qumran, der Gemeinderegel (1QS) und der Damaskusschrift (CD), bestätigt: Wer der »Einigung« (hebräisch *jachad*) angehören will, muß sich vom »Verein der verkehrten Menschen trennen« und »den Zadok-Söhnen, den Priestern, folgen« (1QS 5,1f.8). Nach der Damaskusschrift haben diese Zadok-Söhne Buße getan und das Land Juda verlassen (CD 3,21-4,4). »Buße«, Umkehr, erfordert die Abkehr vom »Weg des Volkes« und der offiziellen Priesterschaft wie auch die Hinwendung zur neu geoffenbarten Tora Moses, zum richtigen Gesetzesgehorsam (1QS 5,8).

Solcher Radikalismus lag der politisch engagierten, aufgeklärten Priesterschaft in Jerusalem fern. Wir müssen also begrifflich zwischen »Zadokiden« (Zadok-Söhnen, hebräisch *bnej zadoq*) und »Sadduzäern« (hebräisch *zadduqim*, griechisch *Saddoukaioi*) unterscheiden: Die »Zadokiden« wollten die wahren, dem Bund Gottes und der Tora Moses treu verbliebenen (bußfertigen) »Sadduzäer« sein. Aus diesem Grunde wurden sie auch zu einer Art von echten »Pharisäern« (hebräisch *peruschim*, d.h. Abgesonderten). Nach 4QMMT haben sie sich vom Volke »abgesondert« *(paraschnu)*, aus Gewissensgründen getrennt (C 7). Nach Josephus muß diese Separation, d.h. die geistige und räumliche Auswanderung der Zadokiden und damit die Bildung der Essener, in der Zeit des ersten hasmonäischen Hohenpriesters Jonathan (152-134 v.Chr.) erfolgt sein, denn zu dieser Zeit werden die Essener zum ersten Mal erwähnt (Jüdische Altertümer XIII 171f).[12] Unter dem »Lehrer der Gerechtigkeit« hat diese Trennung zu einer Vergeistigung von Heiligtum und Opferdienst im selbstgewählten Exil, zur Steigerung des Gesetzesgehorsams und des Ideals priesterlicher Reinheit sowie in der Siedlung Qumran zu einer eigentlich unjüdischen, klösterlichen Lebensweise geführt.

Diese »Sekte« (Josephus »*hairesis*«), deren Priesterschaft sich auch Leviten und Laien anschlossen (Damaskusschrift 3,21-4,4), erhob den Anspruch, das wahre Volk Gottes zu sein. Sie wollte sich wie einst Israel am Sinai auf das Kommen Gottes in der Wüste vorbereiten (vgl. 2. Mose 19,10-19) und deshalb ein »Königreich von Priestern und ein heiliges Volk« sein (2. Mose 19,6). Die Sinai-Tradition bildet das »Grundgesetz« von Qumran.[13] Das in der Gemeinderegel (1QS) verordnete, von Philo, Josephus und Plinius bestätigte gemeinsame Leben in Armut und Keuschheit ist im Judentum einzigartig und völlig verschieden von der Tätigkeit und theologischen Zielsetzung der Sadduzäer, wie sie uns im Neuen Testament und in den Werken des Josephus entgegentreten: Sie verkörpern die Priesteraristokratie, die reiche, beim Volk nicht immer beliebte Oberschicht in Jerusalem.

Diese Sadduzäer konnten sich nicht separieren und konnten auch nicht emigrieren, weder innerlich noch äußerlich. Sie hatten ja nicht nur den so wichtigen Opferdienst im Tempel zu leisten, sondern auch das Volk rechtlich und politisch zu leiten. Sie mußten dabei mit griechischen (seleukidischen) Herrschern, mit dem Haus des Herodes und den römischen Statthaltern zusammenarbeiten und hatten auch Kompromisse zu schließen, die für die bundes- und gesetzestreuen Zadokiden anstößig waren. Diese galten im Volk als die »Frommen, Heiligen« – so erklärt Philo den Namen »Essener«.[14] Josephus, der vor allem für heidnische Leser schrieb, nennt die jüdischen Religionsparteien mit Namen, deren hebräische Entsprechungen wir in den Qumran-Schriften mit vielleicht einer Ausnahme vergeblich suchen. In diesen werden keine Sadduzäer *(zadduqim)*, keine Pharisäer *(peruschim)* oder Essener erwähnt, falls letzteres Wort nicht von der dem hebräischen *chasidim* (die Frommen) entsprechenden aramäischen Form *chasajja'* abzuleiten ist (s. Anm. 14). Aber was Josephus von den Essenern berichtet, stimmt mit den Anordnungen der Qumran-Texte für die Zadokiden und die abgesonderten Büßer in Israel sehr gut überein, während es zu den von ihm viel kürzer beschriebenen Pharisäern und Sadduzäern in den wenigsten Fällen paßt.

Essener, Pharisäer und Sadduzäer bei Flavius Josephus

Auch nach der Darstellung des Josephus unterscheiden sich die Essener von den Sadduzäern in wesentlichen Punkten. Die Essener stimmen aber gerade bei solchen Differenzen mit den Schriftrollen vom Toten Meer und auch mit den charakteristischen Aussagen im Brief 4QMMT überein.[15] Ein erstes Kriterium ergibt sich für Josephus aus der Frage, ob des Menschen Schicksal von Gott vorherbestimmt oder von unserem eigenen freien Willen abhängig sei. Die Essener glauben an die Allmacht des »Schicksals« *(heimarmene)*, wie Josephus es seinen griechisch gebildeten Lesern verständlich zu machen sucht (Jüdische Altertümer XIII 172). Richtiger hätte er von der Prädestination (Vorherbestimmung) Gottes reden müssen, so wie das in der Gemeinderegel von Qumran der Fall ist: »Vom allwissenden Gott wird alles Sein und Werden (bestimmt). Noch bevor sie (d.h. die Menschen) existierten, hat er den ganzen Plan für sie festgelegt. Und wenn sie da sind, erfüllen sie nach Seinem herrlichen Plan ihr Tun, und es gibt keine Änderung« (1QS 3,15f). Dagegen »schalten« die Sadduzäer »das Schicksal aus«. Nach ihrer Meinung sind wir selbst die Schmiede unseres Glücks und fahren schlecht im Leben, wenn es uns an Klugheit fehlt (Jüdische Altertümer XIII 173). Zwischen diesen beiden Extremen, aber näher bei den Essenern, stehen die Pharisäer.

Das gilt auch von der Eschatologie, der Lehre von den Letzten Dingen. Die Sadduzäer leugnen die »Unvergänglichkeit der Seele«, jüdischer gesagt: die Auferstehung der Toten und das Jüngste Gericht. Im Gegensatz zu ihnen erwarten die Essener ein jenseitiges Existieren im Licht oder in Dunkel und Pein (Jüdische Altertümer XVIII 18). Dementsprechend verheißt die Gemeinderegel den »Kindern des Lichts« das ewige Leben der Herrlichkeit und droht den Gottlosen mit immerwährender Schmach (1QS 4,2-14). Auch der neuentdeckte Brief des »Lehrers der Gerechtigkeit« spricht ganz antisadduzäisch vom »Ende der Tage«. An ihm wird jeder die Wahrheit erfahren und von Gott gerechtfertigt werden, sofern er recht und gut gehandelt hat (4QMMT C 32f).

Ein weiterer Unterscheidungspunkt ist der Glaube an Engel: Die

Sadduzäer teilen ihn nicht (Apostelgeschichte 23,8), während er für die Essener eine wichtige Rolle spielt (Jüdischer Krieg II 142). Dieser Glaube tritt auch in den Texten von Qumran hervor: Nach der Kriegsrolle bringt Michael mit seinen Engeln die Entscheidung im heiligen Krieg (1QM 17,6-9). Vorbildlich für die Durchführung des Gottesdienstes der Gemeinde ist die Liturgie der Engel, wie das die Sabbatlieder der Qumran-Gemeinde (4QShirShabb) zeigen, die von Carol Newsom[16] herausgegeben wurden.[17] Kennzeichnend für die Gemeinderegel ist die dualistische Unterscheidung zwischen guten und bösen Engeln. Letztere werden von Belial, dem Teufel, angeführt, der die Menschen zum Bösen verleiten und so in seine Gewalt bringen will (1QS 3,12 - 4,25). Nach 4QMMT soll der Empfänger des Briefes Gott darum bitten, daß er »seinen Rat festmache und die bösen Pläne und den Rat Belials von ihm entferne« (C 30f).

Der Festkalender und die Sabbatheiligung

Solche Angaben des Josephus, der Qumran-Texte und auch des Briefes 4QMMT lassen es nicht zu, die Qumran-Gemeinde mit der im Neuen Testament und bei Josephus als »Sadduzäer« bezeichneten jüdischen Religionspartei gleichzusetzen. Beide wurden zwar von Priestern geführt und sahen in Zadok, dem Priester Davids, ihren gemeinsamen Ahnherrn. Aber zwischen den toratreuen Zadokiden und den liberaleren Sadduzäern kam es zum Bruch. Dieses Schisma bekundet nicht nur der von Lawrence H. Schiffman bearbeitete Brief 4QMMT, der es mit der strengen Haltung des »Lehrers der Gerechtigkeit« hinsichtlich des Kults und der Heiligkeit des Tempels begründet. Die Befleckung des Tempels wird ebenfalls in der Damaskusschrift beklagt (CD 4,16-19). Auch Josephus betont die »Verschiedenheit« *(diaphorotes)* und Selbständigkeit der Essener, was das Tempelopfer und die rituelle Reinheit betrifft: Sie schließen sich vom gemeinsamen Heiligtum aus und vollziehen ihre Heiligungsriten und Opfer für sich (Jüdische Altertümer XVIII 19).
Diese Exklusivität und Eigenständigkeit des Gottesdienstes ist auch durch den besonderen Festkalender der Qumran-Gemeinde bedingt.

Am Anfang des Briefes 4QMMT wird ausdrücklich auf die Festtage des Sonnenkalenders verwiesen. Nur in der vom »Lehrer der Gerechtigkeit« geleiteten und theologisch geprägten Sondergemeinde wurde dieser nach ihrer Meinung auch im Himmel geltende Kalender gebraucht. Denn in der Damaskusschrift wird behauptet, Gott habe seinen Gesetzestreuen »verborgene Dinge geoffenbart, in welchen ganz Israel irrte: Seine heiligen Sabbattage und Seine herrlichen Festzeiten, Seine gerechten Zeugnisse und die Wege Seiner Wahrheit« (CD 3,14f). Ein eigener Festkalender schließt die kultische Gemeinschaft mit anderen Gruppen aus.

Das gleiche gilt schließlich von der besonders strengen Sabbatbefolgung. Josephus sagt von den Essenern: Sie sind grundverschieden von allen anderen Juden hinsichtlich der Einhaltung des Sabbats, denn dieser muß frei von jeder Tätigkeit sein (Jüdischer Krieg II 147). Diese besonders strikte Beobachtung des Ruhetages wird in der Damaskusschrift voll bestätigt und in Einzelvorschriften festgelegt (CD 10,14 - 12,1).

Schriftliches Gesetz und mündliche Überlieferung

Hier sei ein kurzes Wort zur Methode von Lawrence Schiffman und anderen, die gegen den Qumran-Konsens rebellieren, gesagt: Das Bemühen, auf Differenzen und inhaltliche Gegensätze innerhalb der Qumran-Texte zu achten und solche vor allem in den endlich ans Licht der Öffentlichkeit kommenden Fragmenten aus der Höhle 4 nachzuweisen, ist berechtigt. Doch darf dies nicht dazu verleiten, daß man ihre grundlegenden Gemeinsamkeiten übersieht. Schiffman hat sehr schön gezeigt, daß manche der im Brief 4QMMT angeführten und als umstritten gekennzeichneten Ausführungsbestimmungen auch in der Tempelrolle (11QMiqd) vorgebracht werden, und zwar in der gleichen rigoros formulierten Gestalt. Das betrifft z.B. das Schlachten der Opfertiere, den Verzehr des Lob- und Dankopfers oder die Abgabe der Baumfrüchte des vierten Jahres an die Priester. Aber Schiffman meint, die Tempelrolle und der Brief 4QMMT wichen von den übrigen Qumran-Texten beträchtlich ab: Einmal thematisch, weil die letzteren nicht an der Gestalt des Tempels und dessen Opferkult interessiert sind, zum anderen in Einzelheiten, vor allem gegenüber der Damaskusschrift. Doch im gegenwärtigen Stadium der Qumran-Arbeit ist hier Vorsicht geboten, denn noch sind zahlreiche Textfragmente nicht ausgewertet.

Der amerikanische Professor für Judaistik Ben-Zion Wacholder hat erst kürzlich (S. 40) bislang unbekannte Teile der Damaskusschrift mit Hilfe des Computers aus der Handkonkordanz rekonstruiert.[18] Sie erweisen eine ursprünglichere und viel umfangreichere Gestalt dieses Werkes, das uns bislang nur in zwei mittelalterlichen, von der jüdischen Sekte der Karäer angefertigten, unvollständigen Handschriften verfügbar war. Der Herausgeber dieser am Ende des letzten Jahrhunderts gefundenen Manuskripte, Solomon Schechter, hat sie bezeichnenderweise »The Zadokite Fragments« genannt.[19] In den nun von Wacholder veröffentlichten Abschnitten erscheinen Weisungen, die im Brief 4QMMT und auch in der Tempelrolle ähnlich enthalten sind. Das gilt z.B. vom Ausschluß unreiner Menschen aus dem Tempel, wie er in 4QMMT B 39 vorgesehen ist. Eine ähnliche Aufzählung findet sich nämlich im Fragment CD D e 9,2,12-18. Dort zählt zu diesem Personenkreis auch der Mann, der das Geheimnis seines Volkes den Heiden preisgibt oder Israel verflucht. Genau diese Vergehen werden auch in der Tempelrolle erwähnt (11QMiqd 62,7-12): als Hochverrat sollen sie nach ihrem Verständnis von 5. Mose 21,22f mit der Kreuzigung bestraft werden. Diese Bestimmung ist auch für das Verständnis der Anklage gegen Jesus wichtig.[20] Durch seinen Vergleich mit den Bestimmungen und Auseinandersetzungen in der Mischna hat Schiffman viel zum besseren Verständnis der im Brief 4QMMT vorgetragenen Kritik beigetragen, die Hauptanliegen des »Lehrers der Gerechtigkeit« aufgehellt und auch die bleibende Bedeutung gerade dieser Kontroverspunkte aufgezeigt. Aber bei solch einem die Jahrhunderte überspringenden Vergleich ist Vorsicht geboten. Wenn man den qumraninternen Differenzen großes Gewicht beimißt, sollte man auch die Unterschiede zwischen der Gesetzesauslegung in Qumran und der rabbinischen Lehre in der viel später, nämlich am Ende des 2. Jahrhunderts n. Chr., redigierten Mischna nicht übersehen. Es hat sich z.B. eingebürgert, den Brief des Lehrers 4QMMT als eine Sammlung von *hala-choth* (von hebräisch *halach* »gehen, wandeln«), d.h. Regeln für den der Tora entsprechenden »Wandel«, zu bezeichnen. Aber diesen rabbinischen Begriff *halachah* (Mehrzahl *halachoth*) gibt es in den Qumran-Schriften bezeichnenderweise nicht, auch nicht im Brief des »Lehrers der Gerechtigkeit«. Dieser Brief ist neu und einzigartig im Corpus der Handschriften von Qumran, doch unterscheidet er sich auch von der Mischna und ihren *halachoth*. Diese sind dort thematisch geordnet und werden als Lehrentscheidungen der Weisen vorgetragen. Gleichwohl gelten sie auch als Teil der alten, am Sinai gegebenen, mündlichen Überlieferung.

Wie schon erwähnt, kannte man in Qumran keine solche Überlieferung und darum auch keine *halachoth*. Und es scheint, als habe man die letzteren verspottet, wenn man im Kommentar zum Propheten Nahum von den *doresche chalaqoth*, den »Forschern nach glatten Dingen«, sprach (4QpNah 1,2.7; 2,2.4; 3,3.7) und damit die Pharisäer meinte: Ihre *halachoth* erschienen den rigoros gesinnten Zadokiden als *chalaqoth*, als allzu glatte und bequeme Auslegung. Sie wollten keine mündlich tradierten Lehren, zumal deren Bezug zum Gesetz Moses nicht immer durchsichtig war. Den Zadokiden ging es um den rechten Vollzug der schriftlich gegebenen, von Gott durch Mose befohlenen Tora, um das »Tun des Gesetzes« und die »Werke der Tora«. Dieser in 4QMMT gebrauchte Ausdruck *(ma'ase ha-torah)* begegnet in griechischer Form *(ta erga tou nomou)* auch beim Apostel Paulus (Römerbrief 2,15; 3,20.27; Galaterbrief 2,16; 3,2.10). Als Titel für den jetzt veröffentlichten Brief des »Lehrers der Gerechtigkeit« wurde mit Recht die Bezeichnung 4QMMT gewählt. Sie ist dem Text des Briefes entnommen, in dem sie als eine Art von Inhaltsangabe erscheint: »Wir haben an dich etwas *(Miqzat)* vom Tun der Tora *(Ma'aseh ha-Torah)*[21] geschrieben, zum Guten (d.h. Heil) für dich und dein Volk« (C 28f). Dagegen sollte man die an die Mischna und den pharisäischen Schulbetrieb erinnernde Bezeichnung »Halachischer Brief« vermeiden, da er ja gerade nicht pharisäisch, sondern »zadokidisch«, also qumranitisch ausgerichtet ist.

Der »Lehrer der Gerechtigkeit« hat sich auf den Grundsatz »allein die Schrift« gestützt und wie Jesus geurteilt: Das (schriftlich gegebene) Gebot Gottes ist zu halten, und nicht die »Überlieferung von Menschen« (Markusevangelium 7,8f). Die Heilige Schrift bedarf nach Ansicht der Zadokiden und auch der von Jesus keiner Sonderlehre, die sie beim Gang durch die Geschichte gleichsam begleitet und gegen Mißbrauch und falsche Deutung schützt. Sie legt sich selbst aus bzw. wird von Gott immer wieder geoffenbart. Das meiste von ihren Geboten ist offenkundig und klar (hebräisch *nigloth*). Was noch verborgen ist *(nistaroth)*, wird von Männern wie dem Priester Zadok (CD 5,4f), den Propheten (1QS 8,16) oder auch dem »Lehrer der Gerechtigkeit« aufgehellt (1QpHab 8,2f); ihnen gibt Gott Seinen Heiligen Geist (1QS 8,15f). Deshalb kommt alles auf das Studium der Tora und die »Werke des Gesetzes« an. Diese werden im lebendigen Heiligtum der Qumran-Gemeinde als die rechten Opfer dargebracht (4QFlorilegium 1,6f).

Neben der »Einsicht«, dem theoretischen Verstehen der Tora, sind solche Gesetzeswerke der Maßstab, an dem das Verhalten der Qumran-Mitglieder gemessen wird (1QS 6,18). Auf sie allein kann der Mensch sich gründen, wenn er »am Ende der Zeit« vor dem Gericht Gottes bestehen will (4QMMT C 32f). Denn dort wird das Tun des Rechten und Guten dem Menschen zur Gerechtigkeit angerechnet. Der hohepriesterliche Adressat des Briefes wird dazu auf die Heilige Schrift verwiesen: »Wir haben an dich geschrieben, damit du dir Einsicht verschaffst in das Buch Moses und in die (Worte) der Propheten, in David (d.h. die Psalmen) und die Chronikbücher« (4QMMT C 10f). Hier wird also schon im 2. Jahrhundert v.Chr. ein mehrteiliger Kanon des Alten Testaments sichtbar.[22]

Eine Spaltung innerhalb der jüdischen Priesterschaft

Der Brief des »Lehrers der Gerechtigkeit« bezeugt nicht etwa die Streitigkeiten zwischen Pharisäern und Sadduzäern, von denen Josephus (Jüdische Altertümer XIII 297) und die Mischna (Jadajim 3 bis 4) berichten, sondern belegt ein Schisma in der Priesterschaft, unter den Zadok-Söhnen selbst. Dieser Bruch hat zur Bildung der Qumran-Gemeinde, d.h. der Essener, geführt. Die Essener sind in der Tat aus den Zadokiden hervorgegangen und haben sich »Söhne Zadoks« genannt. Aber unter dem »Lehrer der Gerechtigkeit« bildeten diese Priester, mit Leviten und Laien zusammen, eine endzeitlich orientierte, von der Welt distanzierte Gemeinde. Sie gerieten dadurch in einen scharfen Gegensatz zur weltlich eingestellten Priesterschaft in Jerusalem, der Partei der Sadduzäer, wie wir sie aus dem Neuen Testament und von Josephus kennen.

Die ersten »Herausgeber« von 4QMMT haben auf eine merkwürdige Stelle in dem Fragment 4Q171 hingewiesen, bei dem es sich um einen *pescher* (Kommentar) zu Psalm 37 handelt. Dort wird Psalm 37,32f »Der Gottlose sucht den Gerechten zu töten« auf den »Gottlosen Priester« ausgelegt, »der ihn (d.h. den Lehrer der Gerechtigkeit) zu töten trachtete wegen (des Briefes) und des Gesetzes, das er ihm gesandt hatte ... Aber Gott vergalt ihm, indem Er ihn (d.h. den Gottlosen Priester) in die Hände gewalttätiger Heiden gab, um das Gericht an ihm zu vollziehen.« Es könnte sein, daß hier der Brief 4QMMT gemeint ist; das ihm beigefügte »Gesetz« wäre die Tempelrolle (11QMiqd), eine qumran-eigene Gestaltung der mosaischen Gesetze. Die Reaktion des Hohenpriesters war der Versuch, den »Lehrer der Gerechtigkeit« umzubringen, was aber offensichtlich nicht gelang. Die Bestrafung des »Gottlosen Priesters« durch gewalttätige Heiden paßt am besten zum Ende des ersten hasmonäischen Hohenpriesters Jonatan, der von den Syrern in eine Falle gelockt und umgebracht wurde (1. Makkabäer 12,39-53).

In der judenchristlichen Schrift der Pseudo-Klementinen (Recognitiones 1,53f) hören wir von einem sadduzäischen Schisma: »Es war nämlich zuerst eine Spaltung unter denen, die Sadduzäer (*Sadducaei*) genannt werden. Einige begannen sich als bessere Gerechte (*ut caeteris iustitiores*) von der Gemeinschaft des Volkes zu trennen.« Diese Nachricht über »bessere Gerechte«, die sich vom Volk absonderten, erinnert deutlich an den Brief des »Lehrers der Gerechtigkeit« und seine Feststellung: »Wir haben uns von der Masse des Volkes abgesondert« (4QMMT C 7). Die separatistischen »Gerechten« waren jene »Söhne Zadoks« (*bnej zadoq*), die sich für »Söhne der Gerechtigkeit« (*bnej zedeq*, vgl. 1QS 9,14) hielten. Auch Gestalten wie Johannes der Täufer (Markusevangelium 1,1-11) und der Eremit

Bannus (Josephus, Vita 11), dann kleine Gruppen wie die Boethusianer, die Tobele Schacharin (die am Morgen ein rituelles Bad nahmen) und die orthodoxen »Sadduzäer« in der Mischna (Jadajim 4,5) gehörten wohl zu diesen Kreisen. Sie entwickelten die priesterlichen Grundsätze des heiligen Dienstes zum Ideal eines asketischen, anachoretischen oder klösterlich-gemeinschaftlichen und engelgleichen Lebens, das im Judentum einzigartig war, aber eine Vorstufe des christlichen Mönchtums darstellt.

Dieses Ideal tritt uns in den Regeln der zadokidischen Priester entgegen, die in den Höhlen am Toten Meer entdeckt worden sind, und auch im Bild von den Essenern, wie es Philo, Plinius der Ältere und Josephus gezeichnet haben. Deshalb ist es immer noch das beste, diese beiden Gruppen gleichzusetzen, woran auch kleine Unterschiede zwischen den Quellen nichts ändern können. Die Qumran-Gemeinschaft und die Essener stimmen in vielen wichtigen Punkten überein, in denen sie sich gerade von allen anderen jüdischen Gruppen unterscheiden. Vor allem die detaillierten Beschreibungen, die Josephus von den verschiedenen Religionsparteien im 1. Jahrhundert n.Chr. gibt, lassen die Sadduzäer, Essener, Pharisäer und Zeloten in scharfem Profil hervortreten.

Vor dem Hintergrund dieser Zusammenhänge ist auch die These von Robert Eisenman, die Baigent/Leigh nur nachgeschrieben haben, bei Essenern, Pharisäern, Zeloten und Judenchristen handele es sich um ein und dieselbe antirömische Aufstandsbewegung, völlig verfehlt. Ebenso ist die Behauptung von Baigent/Leigh an den Haaren herbeigezogen, der Essener-Konsensus sei von den Dominikanern der École Biblique lanciert worden, um von den Berührungen mit dem Urchristentum abzulenken. Es waren vor allem Forscher wie der Israeli Eliezer L. Sukenik und André Dupont-Sommer, der das katholische Priesteramt verlassen hatte, welche die Essener-These begründeten.

4. War Qumran eine Festung oder ein Essener-Kloster?

Ein beliebtes Touristenziel – Eine herodianische Festung? – Wehrsport-Camp für das letzte Gefecht? – Doch ein Essener-Kloster? – Ein Mensch namens Messadié und das Qumran-Noviziat Jesu – Die essenische Auferweckung Jesu und die Rechtshändel der Weltreformer – Pinchas Lapide und das Qumran-Studium des Paulus

Ein beliebtes Touristenziel

Eine Israel-Pauschalreise ohne einen Besuch der Ausgrabungsstätte von Qumran ist nahezu undenkbar. Hunderte von Touristen werden täglich durch die teilweise rekonstruierten Ruinen geschleust. Die meisten werden wohl nicht allzuviel von dem behalten, was ihnen hier die Fremdenführer erzählen, an einem Ort, der mehr als 300 Meter unter dem Meeresspiegel liegt und an dem jeder unter der fast immer herrschenden Hitze stöhnt. Gleichwohl werden sich die Besucher bewußt sein, daß sie vor den Resten einer Essener-Siedlung stehen.

Über die Essener berichten uns mehrere alte Quellen, zu denen – wie schon erwähnt – der jüdische Philosoph Philo gehörte, der um 40 n.Chr. in Alexandrien in der ägyptischen Diaspora schrieb, aber wenigstens einmal auch das Heilige Land besuchte. Noch ausführlichere Nachrichten erhalten wir durch den jüdischen Historiker Flavius Josephus, der seine Geschichtswerke im letzten Drittel des 1. Jahrhunderts n.Chr. verfaßte. Er will sogar selbst eine Zeitlang als Novize bei den essenischen Mönchen gewesen sein (Vita 10-11). Die

Nachrichten über die Essener finden sich vor allem in zwei Werken des Josephus, im sogenannten »Jüdischen Krieg« (verfaßt zwischen 75 und 81 n.Chr.) und in den »Jüdischen Altertümern« (93 n.Chr.). Philo und Josephus beschreiben die Essener als Angehörige einer besonders gesetzestreuen jüdischen Gruppe, die asketisch in Gemeinschafts-Siedlungen in ganz Palästina wohnten.

Wie auch schon gesagt, wurde die seit der Mitte des letzten Jahrhunderts bekannte Ruinenstätte Chirbet Qumran in den Jahren 1952 bis 1956 unter Leitung von Gerald L. Harding von der jordanischen Altertümerbehörde und Roland de Vaux von der École Biblique der Dominikaner in Jerusalem ausgegraben. Ein vorläufiger Grabungsbericht erschien 1961, der später von de Vaux noch erweitert und verbessert wurde.[1] Diese Veröffentlichung bietet schon reiches Material, nach dem es anderen Forschern möglich ist, die Schlußfolgerungen von de Vaux zu überprüfen. Es gab denn auch Diskussionen und Kritik bei Einzelfragen.[2] Für ihr Urteil, die Grabung sei »recht amateurhaft« durchgeführt worden, berufen sich Michael Baigent und Richard Leigh in ihrem Buch »Verschlußsache Jesus« bezeichnenderweise aber nicht auf andere Archäologen.[3] Dabei hätte die Fachwelt Gelegenheit zu grundlegender Kritik gehabt, wenn sie diese für notwendig gehalten hätte. De Vaux legte seine Ergebnisse nämlich unter anderem in einer von der »British Academy« veranstalteten Vorlesungsreihe vor. Daß bis heute kein abschließender Grabungsbericht erschien, bedeutet in der archäologischen Wissenschaft leider keine Besonderheit. Dabei muß auch daran erinnert werden, daß Roland de Vaux im Jahr 1971 überraschend starb, nachdem er nochmals 1971 einen verbesserten vorläufigen Grabungsbericht vorgelegt hatte. Mittlerweile wird auf Grund des vorhandenen dokumentarischen Materials an der Herausgabe des endgültigen Ausgrabungsberichtes gearbeitet, den Jean-Baptiste Humbert herausgibt (S. 187ff).[4]

Eine Hauptthese von de Vaux besteht darin, daß die Siedler von Chirbet Qumran auch die Besitzer der in den Höhlen gefundenen Schriftrollen waren. Weiter zieht er auf Grund der antiken Quellen und einiger archäologischer Beobachtungen den Schluß, daß es sich bei der Siedlung um eine Niederlassung von Essenern handelte. Sie bestand nach de Vaux von der zweiten Hälfte des 2. Jh. v.Chr. bis

68 n.Chr., wobei es offensichtlich während der Regierungszeit von König Herodes dem Großen (37-4 v.Chr.) eine Siedlungslücke gab. Bis auf einige ganz wenige Ausnahmen folgte die Fachwelt – ob Juden, Christen oder Atheisten – den beiden Thesen von de Vaux. Die Kritik betraf im Grunde nur Details. Erst seit Mitte der achtziger Jahre gibt es eine neue Diskussion über den Charakter von Qumran. Dabei wurden einige abweichende Ansichten vertreten, denen wir uns im folgenden zuwenden.

Eine hasmonäisch-herodianische Festung?

In mehreren wissenschaftlichen Zeitschriftenbeiträgen,[5] aber auch in einer Öffentlichkeitskampagne hat der amerikanisch-jüdische Orientalist Norman Golb eine Gegenthese zu Roland de Vaux vertreten, für die er in Deutschland eine gewisse Unterstützung bei dem evangelischen Neutestamentler Matthias Klinghardt[6] von der Universität Augsburg findet. Nach Golb handelt es sich bei Qumran um eine hasmonäisch-herodianische Festung. Die Argumente, die Golb dafür vorbringt, sind allerdings so schwach, daß sie sonst kaum einen anderen Gelehrten überzeugen konnten. Die Existenz eines befestigten Turms innerhalb der Siedlung ist allein kein Argument. Dieser Turm bot in Zeiten der Gefahr eine vorübergehende Schutzmöglichkeit. Dazu ein Beispiel zum Vergleich aus unserem Raum: Wenn eine Kirche einen Wehrturm hat, ist sie damit noch keineswegs eine Raubritterburg.

Seltsam ist auch Golbs Argument, daß die Nähe einer wichtigen Straße Qumran als Militärsiedlung ausweise. Nicht jedes Dorf, an dem eine Römerstraße vorbeiführte, war deshalb schon ein Kastell. In Qumran fehlen schlicht und einfach Mauern, die dick genug für Verteidigungszwecke wären. Auch Wälle und Gräben wurden nicht gefunden. Es fehlen ferner die für herodianische Festungen typischen römischen Badeanlagen, in denen sich die nichtjüdischen Söldner erfrischen konnten. Schließlich wurde bisher in keinem der 26 ausgegrabenen Gräber auf dem Friedhof von Qumran auch nur eine einzige Waffe entdeckt.

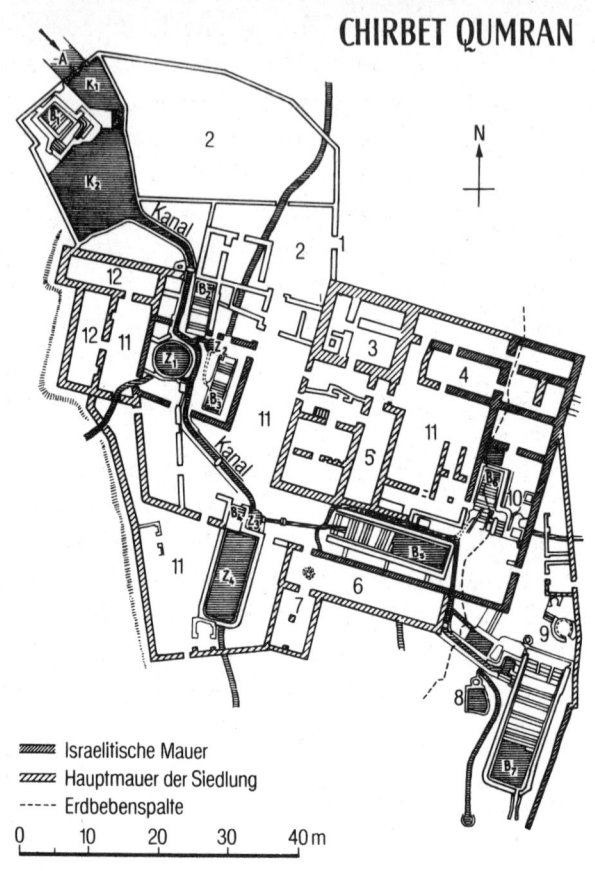

Abb. 4. Plan der Siedlung Qumran (nach G. Kroll).

Golb verbindet seine ohne Frage mißglückte archäologische These mit einer anderen Ansicht, die für sich genommen durchaus diskussionswürdig ist. Er glaubt nämlich, daß es sich bei den aufgefundenen Schriften um Teile von Bibliotheken handelt, die vor der Belagerung Jerusalems durch die Römer im Jahr 70 n. Chr. aus der Heiligen Stadt ausgelagert wurden. Schon in den fünfziger Jahren hatte der deutsche Neutestamentler und Leiter des Institutum Judaicum an der Universität Münster, Karl Heinrich Rengstorf (1903-1992), die

Meinung vertreten, es handle sich um Teile der Tempelbibliothek.[7]
Generell muß aber ein Zusammenhang zwischen der Siedlung von
Qumran und den Rollenverstecken festgehalten werden. Die meisten Höhlen (4Q-10Q) liegen in unmittelbarster Nähe von Qumran, wie schon ein flüchtiger Blick auf jeden Siedlungsplan zeigt
(Abb. 3). Die Höhle 4, die einmal die reichhaltigste gewesen sein
muß, war offenbar eine Bibliothek, denn in ihr finden sich Überreste von Halterungen im Felsen. Es stimmt auch nicht, wenn Golb
behauptet, daß Briefe und Urkunden fehlen, wie sie für ein Archiv
der Qumran-Siedler zu erwarten wären. Nach Ausweis der jetzt veröffentlichten Publikationsliste waren auch solche Dokumente in der
4. Höhle aufbewahrt (4Q342-358).[8]
Nicht stichhaltiger ist auch das Argument, daß in der Siedlung selbst
keine Funde von Lederrollen oder Papyri gemacht wurden. Dazu
braucht man nur anzunehmen, daß die Qumran-Gruppe beim Ver-
bergen ihrer Schriften eben gründlich vorging. Außerdem gibt es
auch positive Indizien für den Zusammenhang der Schrifthöhlen
mit der Siedlung. So sind die Krüge, in denen die Schriften gelagert
wurden, von derselben typischen Keramik, wie sie auch in Qumran
gefunden wurde (Abb. 5).

Abb. 5. Krüge aus Qumran und Höhle 1 (nach O. Keel – M. Küchler).

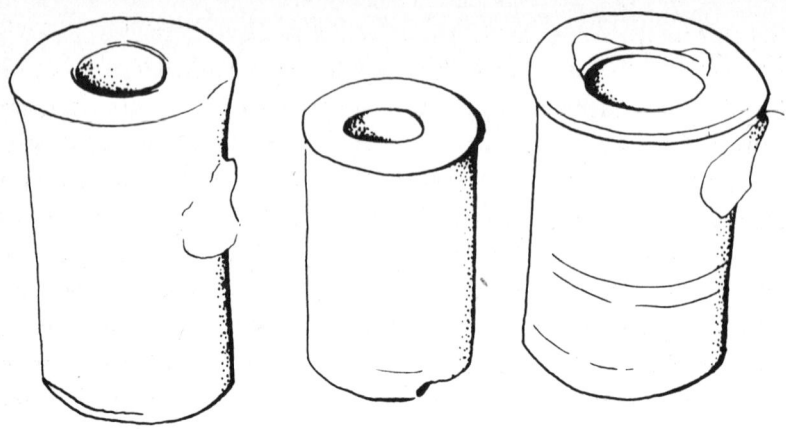

Abb. 6. Tintenfässer aus dem Schreibraum von Qumran (nach O. Keel – M. Küchler).

Zu den spektakulären Entdeckungen in der Siedlung gehören außerdem eine Anzahl von Tintenfässern. Es handelt sich mindestens um vier, wahrscheinlich aber um fünf und damit um eine ungewöhnlich hohe Zahl; bei den Ausgrabungen im Jüdischen Viertel von Jerusalem wurden bisher nur zwei Tintenfässer aus der Zeit vor 70 n.Chr. entdeckt.[9] Auch wurden Lehmreste gefunden, die zu Tischen zusammengesetzt werden konnten (Taf. 6). Zwei der Tintenfässer (Abb. 6) wurden zusammen mit den Resten der Tische entdeckt, die sich deshalb als Schreibertische (sei es zum Schreiben oder zum Ausrollen der Schriften) interpretieren lassen, wenn dies auch immer umstritten war.[10] In einem bestimmten Raum der Qumran-Siedlung (Abb. 7) gab es offensichtlich eine ständige literarische Produktion,[11] wogegen Militärsiedlungen sonst nicht gerade als Zentren der Schriftstellerei gelten. Schließlich wurden in Qumran selbst wenigstens kurze Inschriften auf Krügen oder Scherben (darunter eine komplette Alphabet-Schreibübung) gefunden.[12] Die hier verwendete Schriftart gleicht derjenigen, in der viele Rollen beschrieben sind. Wer nicht gerade auf einem Bibliotheksstempel *(Ex libris conventus Essenorum Qumran)* besteht, hat keinen triftigen Grund, den Zusammenhang der meisten Fundhöhlen mit der Siedlung zu bezweifeln.[13]

Gegen die Annahme, die Qumran-Schriftrollen stammten größtenteils aus Jerusalemer Bibliotheken oder gar aus dem Tempelarchiv,
gibt es einen durchschlagenden Grund. Es existiert unter der sehr
großen Zahl von Funden, nach allem, was man bis heute weiß, kein
einziger Text, der zweifelsfrei pharisäisch oder sadduzäisch ist. Hingegen gibt es sehr viele Texte, die sich den Lehren der Gruppe zuordnen lassen, wie wir sie aus den historischen Quellen als Essener kennen (Kap. 3). Nun ist zwar richtig – um wieder einen Vergleich zu
nehmen –, daß die Vatikan-Bibliothek die wohl größte Sammlung in
der ganzen Welt von häretischer Literatur besitzt. Demnach wäre es
auch möglich, daß im Tempelarchiv Schriften gesammelt wurden,
die in den Augen der sadduzäischen Priesterschaft nicht rechtgläu-

Abb. 7. Rekonstruktion der Siedlung Qumran.

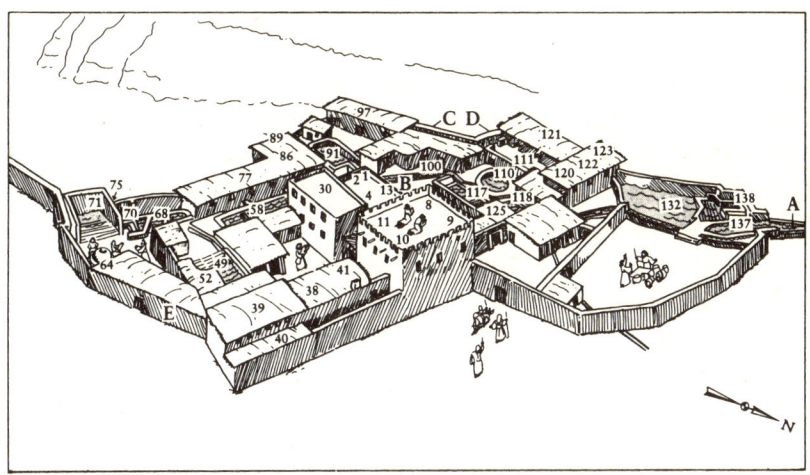

A Einfluß des Aquaedukts
B Hauptwasserkanal
C Westmauer der Siedlung
D Westliche Stützmauer
E Ostmauer nahe dem Friedhof

1–2 Oberräume
4 Raum mit niedrigen Bänken (Ratszimmer)
8–11 Turm
13 Zur Terrasse führende Treppen
30 Schreibraum (Fund von Tintenfässern)
38–41 Küche
49 Große Zisterne
52 Wäscherei
58 Große Zisterne

64 Töpferofen
68 Ritualbad
70+75 Töpferwerkstatt
77 Großer Versammlungsraum
86+89 Geschirraum
91 Große Zisterne
97 Ställe (?)
100 Mühle
110 Zisterne (8.-6. Jh. v. Chr.)
111 Hof
117 Große Zisterne
118 Große Zisterne
120–123 Lagerräume
132+137 Überlaufbassins
138 Ritualbad

big waren. Doch es muß erklärt werden, warum in den Qumran-Höhlen außer biblischen und anderen verbreiteten apokryphen Schriften nur essenische Schriften überdauerten. Niemand wird wohl annehmen können, angesichts der drohenden Belagerung von Jerusalem habe man nur die ketzerischen Schriften aus der Tempelbibliothek evakuiert, die rechtgläubigen aber in der Heiligen Stadt gelassen. Also müßte man vermuten, daß aus irgendeinem Grund nur essenische Schriften übriggeblieben sind, obwohl auch andere Dokumente versteckt wurden. Das hieße jedoch, den Zufall als Erklärung zu nehmen, wo es eine plausible Begründung gibt: Es handelt sich um die Bibliotheksschätze einer essenischen Gruppe, die in der Nähe ihrer Ansiedlung – eben Qumran – versteckt wurden.

Wehrsport-Camp für das letzte Gefecht?

Baigent/Leigh zeigen wiederum ihr Talent, der These von einer Militärsiedlung durch Vergröberung zu größerer Publikumswirksamkeit zu verhelfen: »Was de Vaux, seine Kollegen und die Anhänger des Consensus jedoch immer wieder geflissentlich übersahen, ist der unmißverständlich militärische Charakter einiger Ruinen ... [Zum Beispiel] ein weiterer Bau, dessen Funktion allerdings möglicherweise nicht sofort ersichtlich ist [Aha!]. Es handelt sich um die Überreste einer Schmiede – mit eigener Wasserversorgung zum Abkühlen der Werkzeuge und Waffen, die hier geschmiedet wurden.«[14] De Vaux war zurückhaltend, den genaueren Charakter der Werkstatt zu bestimmen.[15] Frank M. Cross, immerhin ein Mitglied des internationalen Teams und Vertreter der geschmähten »Essener-These«, auf den sich Baigent/Leigh hier plötzlich positiv berufen, hielt den Raum möglicherweise für eine Schmiede.[16] Nehmen wir also einmal an, es war wirklich so.

Doch nun folgt bei Baigent/Leigh der argumentative Salto mortale: Daß de Vaux eine Näherbestimmung »angesichts der Fundstelle nicht wagt, läßt sich in etwa vergleichen mit jemandem, der den Zweck von leeren Patronenhülsen in und um einen Schießstand nicht näher zu bestimmen wagt«[17]. Man staunt, liest noch einmal und verdeutlicht sich die Logik: Genausogut würde jede Traktoren-schmiede der Herstellung von Kampfpanzern dienen. Und daß in der Schmiede von Qumran keine Waffen gefunden wurden, ist ge-rade der schlagende Beweis dafür, daß es eine Waffenschmiede war! Nicht einmal dann, wenn man Waffen der Qumran-Siedler gefun-den hätte (die Herkunft einiger Pfeilspitzen ist unsicher), wäre das ein Beweis dafür, daß hier nicht pazifistische Essener, sondern kämp-ferische Zeloten wohnten. Durch Flavius Josephus wissen wir näm-lich, daß die Essener, obwohl sie grundsätzlich friedliebend waren (Jüdischer Krieg II 135), zur Verteidigung gegen räuberische An-griffe unterwegs Waffen mit sich trugen (ebd. II 125).

Eine entscheidende Frage im Zusammenhang mit ihrer Behauptung von einem zelotischen Militärcamp haben sich Baigent/Leigh über-haupt nicht gestellt: Die Qumran-Siedlung bestand mindestens vom Beginn des 1. Jahrhunderts v.Chr. bis zum Jahr 68 n.Chr. Haben die hasmonäischen Herrscher, König Agrippa I. wie auch die römischen Prokuratoren das Widerstandsnest so unmittelbar in ihrer Nähe ge-duldet? Um die letzte zelotische Bastion Masada im Jüdischen Krieg nach 70 n.Chr. zu schleifen, setzte Rom eine ganze Legion ein. Wenn Qumran denn eine Zeloten-Siedlung gewesen wäre, hätte es nur einiger Centurien bedurft, um mit ihr kurzen Prozeß zu machen und die Bewohner zu vertreiben.

Aber nun gibt es unter den Qumran-Texten die sogenannte »Kriegs-rolle«. Sie gehörte zu den ersten Funden aus der 1. Höhle und wird nach dem hebräischen Wort für Krieg (*milchamah*) mit dem Kürzel 1QM zitiert. Die Rolle schildert den endzeitlichen Kampf der treu gebliebenen Juden (»Söhne des Lichts«) gegen die Widersacher Got-tes (»Söhne der Finsternis«). Der Kampf wird durch das Eingreifen Gottes entschieden. Haben wir hier also eine Art militärisches Handbuch für das letzte Gefecht in der Hand und damit den Beweis des zelotischen Charakters von Qumran? Eine solche Schrift, die sich auf die Endzeit bezieht, sagt jedoch noch lange nichts über das Verhalten ihrer Verfasser und Leser in der Gegenwart aus. Dieser Sachverhalt läßt sich an einem modernen Beispiel gut verdeutlichen: So würde kein Staatssicherheitsdienst der Welt Mennoniten allein deshalb verfolgen, weil zu ihrer Bibel die Offenbarung des Johannes gehört, die ebenfalls von eschatologischen Kriegen spricht. Trotz ihrer Vorliebe für die Johannes-Apokalypse waren und sind die Mennoniten entschiedene Pazifisten.

Doch eine Essener-Siedlung?

Wir haben gesehen, wie fast alles dafür spricht, daß die Mehrzahl der nichtbiblischen Qumran-Texte als Schriften der Essener betrachtet werden können (Kap. 3). Ferner belegen starke archäologische Indizien einen Zusammenhang zwischen den Schriften in den Höhlen und der Siedlung Qumran. Dann sind aber die aufgefundenen Texte ein kaum zu bestreitender Hinweis darauf, daß es sich um eine essenische Niederlassung handelt. Es gibt auch in Qumran selbst eine Reihe von archäologischen Eigenheiten, die aufs beste zu einer Niederlassung von Essenern passen. Dafür seien nur vier Beispiele genannt:[18]

1. Das ausgeklügelte und aufwendige System von Wasserleitungen, Zisternen und großen Bädern mit Stufen (Abb. 3) ist für eine gewöhnliche Siedlung höchst auffällig, erklärt sich aber ohne weiteres, wenn hier eine jüdische Gruppe wohnte, die ein gesteigertes Bedürfnis nach kultischer Reinheit hatte, wie wir es von den Essenern kennen.[19]

2. Der größte Raum der Siedlung (Abb. 7, S. 73) ist durch seine Längserstreckung und eine besondere Plattform im Westen nach der Heiligen Stadt Jerusalem ausgerichtet.[20] In diesem Raum fanden ganz augenfällig religiöse Mahlzeiten statt, wie ein angrenzender Geschirraum und in unmittelbarer Nähe rituell bestattete Tierknochen zeigen.[21] Das erinnert nachdrücklich an die von einem Priester geleiteten Mähler im essenischen Gemeinschaftshaus, von denen Josephus schreibt (Jüdischer Krieg II 129-131).

3. Josephus berichtet eine weitere Eigenheit der Essener: Bei der Verrichtung ihrer Notdurft bedienten sie sich einer Hacke (Jüdischer Krieg II 148). Eine solche Hacke wurde in Qumran gefunden.[22]

4. Die Tempelrolle beschreibt ausführlich Nischen in Hauswänden, die priesterliche Gewänder aufnehmen sollten (11QMiqd 32-33).

Eine Reihe von Nischen in Qumran lassen sich mit dieser Bestimmung verbinden.[23]

Roland de Vaux hat niemals ein Geheimnis daraus gemacht, daß auf den Qumran-Friedhöfen auch einige Frauengräber gefunden wurden.[24] Doch auch darin liegt kein entscheidendes Argument gegen die Annahme einer Essener-Siedlung. Durch Josephus (Jüdischer Krieg II 160f) und die Damaskusschrift (CD 7,6f) wissen wir, daß es auch verheiratete Essener gab. Wie wir noch sehen werden, spricht vor allem ein zeitgenössischer Geschichtsbericht dafür, daß Qumran eine klösterliche Niederlassung war. Es fällt auf, daß auf dem riesigen, sorgfältig angelegten Hauptfriedhof bisher nur männliche Skelette gefunden wurden (in 26 von ca. 1100 Gräbern), die alle in Nord-Süd-Richtung lagen. Die weiblichen Bestattungen konnten bisher nur auf davon getrennten ungeordneten kleinen Gräberfeldern nachgewiesen werden. Bei einigen der Frauengräber fand man im Gegensatz zu den Männerbestattungen des Hauptfriedhofs Reste von Holzsärgen, was darauf hindeutet, daß diese Frauen von anderswo nach hier überführt wurden.[25] Verheiratete Essener oder ehelos lebende Frauen, welche die Tempelrolle (11QMiqd 53,14ff) voraussetzt,[26] könnte es in mit Qumran verbundenen Siedlungen (wie En et-Turabe, En el-Ghuwer und En Feschcha)[27] gegeben haben. So wurden auch auf den Friedhöfen einsam gelegener christlicher Klöster gelegentlich Bauersfrauen aus benachbarten Gehöften begraben.

Überaus interessant ist die Tatsache, daß in Qumran kein einziges Ossuar gefunden wurde und ausschließlich Erdbestattungen vorkommen. Ossuarien sind kleine Särge aus Kalkstein, in denen nach der Verwesung die Gebeine von Verstorbenen zweitbestattet wurden. Die Zweitbestattung war ein ursprünglich pharisäischer Brauch,[28] der sich in Qumran eben nicht findet. Da die Zeloten nach Josephus bis auf die Notwendigkeit des bewaffneten Befreiungskampfes gegen die Römer in ihren sonstigen theologischen Anschauungen Pharisäer waren (Jüdische Altertümer XVIII 23), spricht das Fehlen von Zweitbestattungen auch gegen Qumran als Zeloten-Nest. Die Einfachheit der Erdgräber ist ein weiteres starkes Argument gegen eine sadduzäische oder herodianische Villa. In diesem Fall müßte man nach den in Jerusalem reichlich vorhandenen Beispielen prächtige Felsgrabkammern und Steinsärge erwarten. An Felswänden, um monumentale Gräber anzulegen, mangelte es aber in Qumran wahrlich nicht.

Im folgenden sollen noch drei antike Quellen angeführt werden, die mehr oder weniger deutlich dafür sprechen, daß Qumran eine Essener-Siedlung war. Ein Brief aus der Zeit des Bar-Kochba-Aufstandes (132-135 n.Chr.), der im Wadi Murabba'at gefunden wurde, nennt eine Siedlung *mezad chasidin* »Burg der Frommen« (Mur 45,6). Diese Siedlung läßt sich am ehesten mit Qumran identifizieren.[29] Wenn von einer Festung die Rede ist, so muß daran erinnert werden, daß die Römer nach ihrer Eroberung im Jahr 68 n.Chr. aus Qumran einen leicht befestigten Militärposten machten.[30] »Burg der Frommen« war, wie wir sehen werden, nicht der ursprüngliche, von seinen Bewohnern gebrauchte Name von Qumran. Dennoch ist der spätere Name interessant. In ihm lebt die Erinnerung daran fort, daß es sich um eine Siedlung der Essener handelte. Denn der griechische Ausdruck *Essaioi, Essenoi* hängt am wahrscheinlichsten mit dem hebräischen Wort *chasidim* zusammen.[31]

Zu den spannendsten, aber auch rätselhaftesten Texten aus Qumran zählen die beiden in Höhle 3 gefundenen Kupferrollen, die ursprünglich ein Ganzes bildeten (Taf. 8). Dabei handelt es sich um ein Verzeichnis von insgesamt 64 Verstecken von Schätzen. Gegenwärtig setzt sich wieder stärker die Überzeugung durch, daß es hier um ein echtes Qumran-Dokument geht und nicht um eine volkstümliche Legende aus der Zeit um 100 n.Chr.[32] Norman Golb sieht in der Kupferrolle eine besondere Stütze für seine Thesen, doch ganz zu Unrecht. Die Rolle nennt die Schatzverstecke in einer geographisch sehr bewußt getroffenen Ordnung.[33] Ein Teil der Verstecke befindet sich im Gebiet des Flusses Jarmuk (3Q15 8,1-10,4), der südlich des Sees Genezareth in den Jordan mündet. Es ist nicht einzusehen, wie Teile des Tempelschatzes in einem Gebiet versteckt werden konnten, das sich bald nach Ausbruch des Jüdischen Krieges in römischer Hand befand. Bei einem Qumran-Dokument hingegen haben Schatzverstecke in dieser Gegend einen guten Sinn. Mit vollem Recht nehmen heute Forscher wieder mehr als früher an, daß es sich bei dem »Land Damaskus«, von dem die Damaskusschrift spricht (CD 7,15-19), nicht um einen Decknamen für Babylon oder gar Qumran handelt, sondern daß es hier tatsächlich um die Stadt in Südsyrien geht.[34] Im »Land Damaskus« hatte sich die essenische Gruppe zu Beginn ihrer Gründung für eine Zeit im Exil befunden, nach dem ein Teil der Mitglieder offenbar in dieser Gegend verblieb. Ebenso wichtig ist die Konzentration von Verstecken (3Q15 4,6 - 7,16) südlich von Jericho (Abb. 2, S. 18), wobei viermal ein Ort namens Sechacha vorkommt (3Q15 4,13f; 5,1f.5.12). Diese Bezeichnung ist aber nichts anderes als der alttestamentliche Name jener Siedlung aus der Eisenzeit (Josua 15,61), die im 8. und 7. Jahrhundert v. Chr. auf dem Gelände von Chirbet Qumran existierte.[35]

Schließlich seien noch die berühmten Sätze des römischen Schriftstellers Plinius des Älteren angeführt, die er vor dem Jahr 79 n. Chr. – und damit als unmittelbarer Zeitgenosse – schrieb: »Auf der Westseite [des Toten Meeres], soweit das Ufer nicht ungesund ist, wohnen die Essener; ein einsiedlerischer und vor allen Menschen sonderbarer Menschenschlag. Sie leben ohne alle Frauen, haben der Liebe völlig entsagt, sind ohne Geld und stets in der Nähe von Palmen. Sie ergänzen sich fortwährend durch zahlreiche Zuzügler, da es eine Masse solcher gibt, welche, des Lebens überdrüssig, durch die Wogen des Schicksals der Lebensweise jener Menschen zugeführt werden. So erhält sich, es klingt unglaublich, durch Jahrtausende fort und fort eine Gemeinde, in der kein Mensch geboren wird. So fruchtbar ist der Lebensüberdruß anderer für ihre Erhaltung. Unterhalb von ihnen lag sonst die Stadt En-Gedi *(infra hos Engada oppidum fuit)*, an Fruchtbarkeit und Palmenpflanzungen die zweite nach Jerusalem [vielleicht Schreibfehler für Jericho], jetzt ebenfalls ein Schutthaufen. Alsdann, gleichfalls nicht weit von Asphaltites [Bezeichnung des Toten Meeres] liegt auf einem Felsen die Burg Masada. So weit Judäa.«[36]

Bei aller rhetorisch übertreibenden Sprache ist deutlich, daß Plinius an unverheiratet lebende Essener denkt. Darüber hinaus gibt er uns eine wertvolle geographische Information: Die Hauptsiedlung der Essener, die er hier ganz offensichtlich beschreibt, lag etwas vom Westufer des Toten Meers entfernt, nördlich von En-Gedi. Größere

Genauigkeit ist von einem antiken Schriftsteller kaum zu erwarten, wenn er die Lage von Qumran beschreiben sollte.

Die Phasen in der Geschichte der Qumran-Gemeinschaft, wie sie schon von Gert Jeremias auf Grund der Damaskusschrift und der Kommentare zu Nahum, Micha und Habakuk sowie zu Psalm 37 herausgearbeitet wurden[37], lassen sich mit den frühen Besiedlungsperioden von Qumran in Einklang bringen.[38] Literarische und archäologische Zeugnisse können also sinnvoll verbunden werden. Frank M. Cross hat etwas spitz bemerkt: »Der Forscher, der ›Vorsicht üben‹ will, die Qumran-Gruppe mit den Essenern zu identifizieren, befindet sich in einer erstaunlichen Position. Er muß im Ernst vorschlagen, daß zwei größere Gruppen religiöse Gemeinschaftssiedlungen in derselben Region des Toten Meeres gründeten und tatsächlich in denselben beiden Jahrhunderten lebten, dieselben manchmal bizarren Anschauungen teilten, ähnliche oder eher gleiche Reinigungen, rituelle Mahlzeiten und Zeremonien vollzogen. Weiter muß der Forscher annehmen, daß die eine so genau in den antiken Quellen beschriebene Gemeinschaft einfach verschwand, ohne Gebäudereste oder auch nur Topfscherben zu hinterlassen. Die andere Gemeinschaft hingegen, die so vollständig von den klassischen Quellen ignoriert wird, hinterließ ausgedehnte Ruinen und sogar eine Bibliothek.«[39] Man muß James C. Vanderkam[40] recht geben, wenn er sogar die Bezeichnung von Qumran als essener-ähnlich eine Ausflucht nennt und Qumran schlicht und einfach als Essener-Kloster bezeichnet.[41]

Ein Mensch namens Messadié und das Qumran-Noviziat Jesu

Wie später das Buch »Verschlußsache Jesus« fand der im Jahr 1989 erschienene Roman des Franzosen Gerald Messadié »Ein Mensch namens Jesus« einen festen Platz in den Bestsellerlisten der Meinungsmagazine.[42] Man könnte dieses Buch getrost dem Vergessenwerden überlassen, wenn es nicht in einem ausführlichen Nachwort den Anspruch erheben würde, ein historischer Roman auf der Grundlage von Tatsachen zu sein.[43] Offensichtlich hat Messadié das aufschlußreiche Büchlein des späteren Kardinals Jean Daniélou über »Qumran und den Ursprung des Christentums«[44] nicht richtig verstanden. Entgegen dem, was Daniélou schrieb, gilt für Messadié als erwiesen: »Die Handschriften vom Toten Meer ... zeigen auf ..., daß Jesu Lehre, ja sogar die Struktur seiner Lehre im wesentlichen schon vor ihm existiert hat.«[45] Messadié verrät aber auf derselben Seite, daß seine eigentlichen Gewährsmänner Edmund Wilson und John M. Allegro sind. Über die Entdeckung der Schriftrollen heißt es in der deutschen Ausgabe von »Ein Mensch namens Jesus« erstaunlicherweise: Sie wurden 1949 gefunden,[46] also ein Jahr nach der Veröffentlichung von Teilen in wissenschaftlichen Zeitschriften (S. 22).

Die Zeit für ein längeres Qumran-Noviziat, in das Johannes der Täufer Jesus eingeführt haben soll, erhält Messadié dadurch, daß er den langjährigen Aufenthalt Jesu in Nazaret als ungeschichtlich beiseite schiebt. Er tut das mit dem umwerfenden Argument: Wie hätte ein Zimmermann dort sein Brot verdienen können, wo doch Ausgrabungen bewiesen hätten, »daß die Synagoge von Nazaret nicht mehr als rund vierzig Personen fassen konnte«.[47] Ein Blick in ein modernes Bibellexikon hätte den Amateurhistoriker darüber belehren können, daß in Nazaret bisher gar keine Synagoge aus neutestamentlicher Zeit gefunden wurde.[48] »Schon in jungen Jahren« entrüstete sich Messadié darüber, »daß die [katholische] Kirche auf einem nur in romanischen Sprachen verständlichen Wortspiel begründet sein soll«.[49] Daraus ist zu schließen, daß Messadié auch bis zur Abfassung seines Buches keine der vielen Abhandlungen zum aramäischen Wortspiel[50] gelesen haben kann, das hinter dem Griechisch von Jesu Ausspruch steht: »Du bist Petrus (Petros) und auf diesen Felsen (petra) will ich meine Gemeinde gründen« (Matthäusevangelium 16,18).

Wie nach dem Erfolg seines Jesus-Romanes zu befürchten war, hat sich Messadié inzwischen auch dem Apostel Paulus zugewandt. Das 1992 erschienene Buch »Ein Mann namens Saulus« enthält neben den nahezu 500 Seiten Roman-Text noch fast 150 Seiten »wissenschaftliche« Anmerkungen, die auch ein Grund dafür sein können, daß sich der Erfolg dieses Werkes in Grenzen hält. Für Messadié sind die Christus-Visionen des Paulus die Auswirkungen von epilepti-schen Anfällen einer ohnehin hysterisch veranlagten Persönlichkeit. Die Spitzenthese von Messadié lautet: Saulus war ein Sproß des he-rodianischen Herrscherhauses! Sein Vater war kein anderer als Anti-pater, sonst nur bekannt als einer der unglücklichen Söhne von He-rodes dem Großen, die Mutter aber Mariamne, Tochter des letzten hasmonäischen Herrschers Antigonos. Als Prinz ohne Hoffnung auf den jüdischen Thron und hin- und hergerissen zwischen seiner teils jüdischen, teils heidnischen Abstammung beschloß Saulus, Re-ligionsstifter zu werden. Weil aber von alledem beim jüdischen Ge-schichtsschreiber Flavius Josephus kein Wort zu finden ist, muß Messadié annehmen, »die späteren Kopisten seiner beiden Werke [Jüdischer Krieg und Jüdische Altertümer] hätten sorgfältig alle Ver-weise, die sie für unangebracht hielten, ausgemerzt. Der Tag, an dem der Vatikan seine Bibliotheken öffnen wird, hält bestimmt einige Überraschungen bereit«.[51]

Damit schließt sich der Kreis. Nach einigen konfusen Sätzen zu der Bezeichnung »Apostel der Völker« (Römerbrief 11,13) heißt es im neuen Buch »Jesus und die Urchristen« von Robert H. Eisenman und Michael Wise: »Was Paulus betrifft, so ist es möglich, daß er auf seine eigene herodianische Abstammung und Verwandtschaft mit diesen 'Völkern' [römische Klientelfürsten?] Röm(er) 16,11 hin-weist.«[52] Es fällt auf, daß Messadié schon im Jahr 1987 behauptete, nur 20 Prozent (!) der Qumran-Texte seien überhaupt veröffent-licht, und dann von einer »nur allzu wirkliche(n) Verschwörung, die über die Handschriften vom Toten Meer einen Mantel des Schwei-gens wirft«, sprach.[53] Dem Zusammenhang nach kann bei diesem Verdacht nur der Vatikan gemeint sein. Es wäre sicherlich interes-sant, einmal den näheren Beziehungen zwischen Eisenman und Messadié nachzugehen. Beiden Autoren wäre auf alle Fälle mehr Wahrheit und Gründlichkeit zu wünschen gewesen als schrille Sen-sation und Provokation.

Die essenische Auferweckung Jesu
und die Rechtshändel der Weltreformer

Nach Gerald Messadié war auch die Auferstehung Jesu von den Toten ein abgekarteter Betrug. Allerdings bereichert er die Scheintod-
Hypothese um eine weitere, absurde Variante: Das Weiterleben des
nicht ganz toten Gekreuzigten habe im politischen Interesse sowohl
des römischen Statthalters Pontius Pilatus wie auch des galiläischen
Tetrarchen Herodes Antipas gelegen. Der Römer erhoffte sich von
Jesus eine Beruhigung der gespannten Situation in Palästina. Herodes hingegen wollte (den Davididen) Jesus gegen seinen Stiefneffen
Agrippa (den späteren jüdischen König von 41-44 n.Chr.) ausspie-
len, um sich so die Herrschaft zu sichern.[54] Man wundert sich, daß
in diesem Zusammenhang nicht auch hilfreiche Essener eingreifen,
die sonst bei Messadié in allen möglichen, vor allem aber unmögli-
chen Zusammenhängen auftauchen. Doch dieses fehlende starke
Stück in der Beweiskette wurde neuerdings in einem anderen Buch
geboten.
Es handelt sich um das Buch der beiden Autoren Holger Kersten
und Elmar R. Gruber »Das Jesus-Komplott«, ebenfalls 1992 erschienen. Beide sind für ihre Enthüllungsstory gut vorbereitet. Holger Kersten, früher Religionslehrer, ist Verfasser des Bestsellers »Jesus lebte in Indien« (1983).[55] Elmar R. Gruber war wissenschaftlicher Assistent bei dem Freiburger Professor für Parapsychologie
Hans Bender. Das Buch »Das Jesus-Komplott« trägt den Untertitel
»Die Wahrheit über das ›Turiner Grabtuch‹«. Kersten/Gruber sind
der Überzeugung, daß der Radiokarbontest aus dem Jahre 1988,
nach dem das Turiner Grabtuch aus dem 14. Jahrhundert stammt, ein
geschickt eingefädelter Betrug war. In einer Reihe von Interviews
und Nachforschungen können Kersten/Gruber tatsächlich auf eine
ganze Reihe von Ungereimtheiten aufmerksam machen. Auch andere Autoren hatten schon erhebliche Bedenken gegen die Umstände bei der Durchführung des Tests erhoben,[56] so daß man sich
nur den Forderungen anschließen kann, unter diesmal wirklich kon-
trollierten Umständen die Untersuchung zu wiederholen, um allen
Spekulationen den Boden zu entziehen.

Neu ist bei Kersten/Gruber, daß sie den Vatikan für die Fälschung des Radiokarbontests verantwortlich machen. Dabei schließen sie jedoch Papst Johannes Paul II. ausdrücklich aus und geben somit selbst Zweifel an ihrer eigenen Komplottheorie zu erkennen. Immerhin meinen die beiden Autoren ein überzeugendes Motiv für die Manipulationen des Vatikans zu besitzen: Das Turiner Grabtuch beweise, daß Jesus nur scheintot war! Alle seriösen Experten, die sich bisher eingehend mit der Frage beschäftigt haben, sind allerdings der Meinung, daß der Gekreuzigte des Grabtuches, wer immer er sei, tatsächlich tot war.[57] Kersten/Gruber betrachten ihre Interpretation des Turiner Grabtuchs nur als einen zusätzlichen Beleg. Schon die Evangelien, vor allem das des Johannes, verrieten nämlich dem unbefangenen Historiker, daß die Auferstehung Jesu die Wiedererweckung eines Scheintoten war.[58]

Für Kersten/Gruber steht fest, »daß Jesus der Sekte der Essener nahestand, allem Anschein nach sogar einem Zweig der Sekte angehörte«.[59] Da die Essener nach Josephus sich in Heilkunde auskannten (Jüdischer Krieg II 136), wird als unwiderlegbare Erklärung vorgebracht, daß Angehörige der Sekte Jesus im kühlen Felsengrab zu kurieren begannen. Wenn die Essener zu ihren Gottesdiensten weiße Kleider trugen (Jüdischer Krieg II 129), dann kann der junge Mann im weißen Gewand, den die Frauen im Grab treffen (Markusevangelium 16,5), natürlich nur ein Essener gewesen sein! Die von Nikodemus herangeschafften Aromastoffe (Johannesevangelium 19,39) waren nichts anderes als ein Wundpflaster. Jesu Kenntnis von Yoga-Techniken und der reichliche Genuß von Opium (der Trank von Johannesevangelium 19,29f) hatten schon vorher dafür gesorgt, daß die Kreuzigung nicht allzu schlimm ausfiel. So ist der »Auferstandene« nach Kersten/Gruber in Wahrheit nur der »Aufgestandene«, der das Grab bald verlassen konnte (in Richtung Indien).

Solche Qumran-Märchen sind ein Rückfall in die finstersten Zeiten der Aufklärung. Urheber der Essener-Scheintod-Hypothese war Carl Friedrich Bahrdt (1741-1792), der auf einen bewegten, von Skandalen und menschlichen Unzulänglichkeiten bestimmten Lebenslauf zurückblicken konnte, die ihm sowohl seine Leipziger Professur als auch einen Erfurter Lehrstuhl kosteten. Man empfindet geradezu Mitleid mit Albert Schweitzer, der für seine kritische Darstellung der Leben-Jesu-Forschung[60] die elf Bände Bahrdts über »Ausführung des Plans und Zwecks Jesu« (1784-1792) mit über dreitausend Seiten durcharbeiten mußte. Wer sich in die einschlägige Literatur der Vergangenheit einmal vertieft hat, stellt bald fest, daß sich nur wenig Neues in den modernen Essener-Spekulationen findet. Davon kann auch die Lektüre einer Darstellung des Essener-Bildes aus dem 18. und 19. Jahrhundert durch den Leipziger Alttestamentler Siegfried Wagner überzeugen.[61]

In einem Nachwort zu ihrem Buch »Das Jesus-Komplott« geben Gruber/Kersten eine Zusammenfassung der Botschaft des Paulus, wie sie knapper und klarer kaum geboten werden könnte[62] – allerdings nur, um Paulus als den Verderber der einfachen Liebesethik Jesu zu brandmarken. Diese einfache Liebesethik des Menschen Jesus, so wird hier zu verstehen gegeben, wollen sie wieder auf den Leuchter stellen, damit die Menschheit das 20. Jahrhundert überleben kann. Darin treffen sich Kersten/Gruber mit Karl Herbst (»Kein Sühnetod am Kreuz! Kein Leichenzauber im Grab!«[63]), für dessen vielfältige Hilfe beide danken.[64] Allerdings währte diese Freundschaft nicht lange. Als Herbst sein Buch »Kriminalfall Golgatha« herausbringen wollte, erwirkten Kersten/Gruber eine gerichtliche Verfügung, weil Herbst ihre Ideen gestohlen habe.[65] Vorerst müssen wir also wohl noch auf den Anbruch des Reiches des Friedens und der Liebe warten, solange seine Künder nur über den Rechtsanwalt miteinander verkehren.

Karl Herbst ist der religiöse Inspirator von Franz Alt, der für sich beanspruchte, als erster nach zweitausend Jahren die Bergpredigt richtig zu verstehen. Inzwischen ist das Buch »Kriminalfall Golgatha« von Karl Herbst doch noch im Econ-Verlag erschienen,[66] versehen mit einer bombastischen Einführung von Bernd März, der sich augenblicklich vor allem durch die Herausgabe von Predigten Eugen Drewermanns einen Namen macht. Doch sowohl Kersten/Grubers »Jesus-Komplott« wie auch Herbsts »Kriminalfall Golgatha« dürften zu den durch die »Verschlußsache Jesus« Umsatzgeschädigten zu zählen sein.

Pinchas Lapide und die Qumran-Studien des Paulus

In einem Interview mit dem »Evangelischen Pressedienst« im Januar 1993 nahm der bekannte jüdische Publizist Pinchas Lapide gegen das Buch von Baigent/Leigh »Verschlußsache Jesus«, aber auch gegen Robert H. Eisenman in scharfer Form Stellung.[67] So sehr man ihm dabei für manche Klarstellung dankbar sein muß, fragt man sich, ob dieses Interview nicht auch mit dem Erscheinen seines für Februar 1993 angekündigten Buches »Paulus zwischen Damaskus und Qumran« zusammenhing. Im Untertitel des Buches ist wieder einmal von »Fehldeutungen und Übersetzungsfehlern« die Rede,[68] wobei es sich allerdings um die von Lapide selbst handelt, wie nach seinem 1986 erschienenen Buch »Ist die Bibel richtig übersetzt?«[69] und anderen Fehlleistungen[70] zu erwarten war.

Weil einige Forscher das »Land Damaskus« der Damaskusschrift mit Qumran identifizieren, hat sich Paulus nach Lapide nicht bei der syrischen Stadt Damaskus bekehrt,[71] sondern in Qumran nur eine Berufung erfahren und dort auch theologische Studien genossen. Das würde dann Berührungen zwischen der Lehre des Paulus und den Qumran-Schriften erklären. Ein historischer Schönheitsfehler liegt darin, daß Paulus Damaskus nicht nur bei seiner Berufung nennt (Galaterbrief 1,17), sondern mit Damaskus in anderem Zusammenhang unzweifelhaft die südsyrische Metropole meint: Dort sperrte der Ethnarch des Nabatäer-Königs Aretas IV. die Stadttore und wollte Paulus verhaften (2. Korintherbrief 11,32f).[72] Hätte sich der Nabatäer-Fürst das in Qumran direkt unter den Augen des römischen Statthalters oder jüdischen Königs getraut, wäre das ein Kriegsgrund gewesen. Doch über einen solchen Krieg schweigen die Annalen Palästinas völlig.

Wie sehr bei manchen Behauptungen von Pinchas Lapide Skepsis angebracht ist, mag ein eigenes Erlebnis des Verfassers (R. Riesner) zeigen: Bei einer Fernseh-Diskussion überraschte Professor Lapide die Gesprächsteilnehmer mit der Mitteilung, in Qumran sei ein Gebet gefunden worden, das zu 80 Prozent mit dem »Vaterunser« identisch ist.[73] Nach der Diskussion gefragt, um welchen Qumran-Text es sich denn handle, vermochte er keine genauere Auskunft zu geben. Dabei kann es eigentlich nur um ein Gebet gehen, das innerhalb eines dem Erzvater Josef zugeschriebenen Psalms steht (4Q372) und von Eileen M. Schuller herausgegeben wurde.[74] Tatsächlich wird hier unseren wenigen jüdischen Belegen aus der Zeit des Zweiten Tempels für die Anrede Gottes als Vater ein weiterer hinzugefügt.[75] Aber damit hört die Ähnlichkeit auch schon auf. Verglichen damit, war es nur eine milde Übertreibung, wenn Lapide in derselben Sendung behauptete, auch die meisten Seligpreisungen Jesu (Matthäusevangelium 5,3-12) seien schon aus Qumran bekannt. Tatsächlich sind hier die Parallelen größer,[76] was aber bei einer schon aus dem Alten Testament (Psalm 1,1) und den deuterokanonischen Büchern (Jesus Sirach 14,20-27) bekannten Literaturgattung nicht so sehr erstaunt.

Pinchas Lapide hat sich in der ersten schweren Phase des jüdisch-christlichen Dialogs ohne Frage große, bleibende Verdienste um den Beginn dieses Gesprächs erworben. Darüber hinaus nahm er den Vatikan gegen ungerechtfertigte Vorwürfe im Zusammenhang mit R. Hochhuths umstrittenem Theaterstück »Der Stellvertreter« in Schutz.[77] Bei seinen inzwischen zahlreichen, in regelmäßiger Folge erscheinenden Werken kann es aber nicht ausbleiben, daß vieles vereinfachend übernommen wird und allenfalls noch ungefähr stimmt. Ihn zum besonderen Qumran-Fachmann hochzustilisieren, würde ihm nicht gerecht. Unvermindert hochzuschätzen bleibt sein frühes Engagement: als von schwerstem Leid geprüfter Angehöriger der Holocaust-Generation trat er für ein neues gegenseitiges Verständnis zwischen Juden und Christen ein.

5. Verbirgt sich hinter dem »Lehrer der Gerechtigkeit« der Herrenbruder Jakobus?

Der Zugang zu den unveröffentlichten Qumran-Fragmen-
ten – Der Zugang zur Geschichte des Urchristentums –
Eisenmans Methoden-Konfusion – Der »Lehrer
der Gerechtigkeit« gleich »Jakobus der Gerechte«? –
Die Verleumdung des Apostels Paulus

Der Zugang zu den unveröffentlichten Qumran-Fragmenten

Die These, die Qumran-Texte böten neue, umstürzende und den Kirchenglauben erschütternde Erkenntnisse über das Christentum, wird neuerdings außer von Barbara Thiering (Kap. 7) vor allem von dem schon öfter erwähnten Robert H. Eisenman vertreten. Er ist Professor für Religionen des Alten Orients an der California State University in Long Beach und zählt sich zu einer neuen Generation kritischer Qumran-Forscher. In der Tat kann man ihn als einen *homo novus* bezeichnen, dessen Stern auf der neuerdings so grell ausgeleuchteten Bühne des Toten-Meer-Rollen-Theaters besonders heraussticht. Daß Eisenman »auf Grund seines Rufes und seiner Glaubwürdigkeit zu den bekanntesten und einflußreichsten Persönlichkeiten auf dem Gebiet der Qumranforschung zählt«,[1] ist freilich nicht unbestritten. In wissenschaftlichen Fachzeitschriften wie der »Revue de Qumrân«, der »Revue Biblique« oder dem »Journal of Biblical Literature« sucht man seinen Namen vergeblich; bis vor kurzem war seine literarische Produktion auch in Sachen Qumran sehr gering.[2]

Bekannt wurde Eisenman durch die Autoren des Bestsellers »Verschlußsache Jesus«, die einen der Wissenschaft verpflichteten und ihnen »kongenialen« Gewährsmann aus der Qumran-Forschung brauchten, um ihren neuen, aufregenden Enthüllungen über die Entstehung des Christentums mehr Kredit zu verleihen. Ferner paßten zu ihrer Verschwörerthese Eisenmans Angriffe gegen das in Jerusalem etablierte Qumran-Texte-Team. Attraktiv konnte ihnen vor allem seine abenteuerlich klingende, kirchenkritische Ansicht erscheinen, der »Lehrer der Gerechtigkeit« der Qumran-Schriften müsse Jakobus mit dem Beinamen »der Gerechte«, der Bruder Jesu, sein, dem der Apostel Paulus als »Mann der Lüge« gegenüberstehe. Der zweite, noch schwächere Teil des Buches »Verschlußsache Jesus«[3], in dem das angeblich so streng gehütete Geheimnis der Qumran-Gemeinde und des frühen Christentums geoffenbart und den vertrauensseligen Gläubigen die Augen geöffnet werden sollen, gründet auf der Deutung der Qumran-Texte, vor allem des Habakuk-Kommentars, durch Eisenman.

Robert H. Eisenman ist zweifellos ein Außenseiter mit viel Selbstvertrauen, Energie und Unternehmungsgeist. So hat er etwa mit einer Handvoll begeisterter Studenten eigenständig die Höhlen am Toten Meer aufs neue durchforscht.[4] Mit seiner Veröffentlichung der fotografierten Textfragmente aus Höhle 4 hat sich Eisenman unbestreitbare Verdienste erworben, zugleich aber auch herbe Kritik wegen seines illegalen Vorgehens geerntet. Die Faksimileausgabe in zwei stattlichen Bänden bietet zwar nur eine fototechnische Wiedergabe der Aufnahmen, die schon vor einigen Jahren im Rockefeller-Museum von den vielen Fragmenten gemacht worden waren.[5] Die Aufnahmen sind auch ungeordnet und zum Teil schwer lesbar; vielfach handelt es sich um ganz kleine Fetzen mit nur wenigen Buchstaben (z.B. Plates 311-314). Gleichwohl ist das Ganze eine Fundgrube für den Fachmann, der Geduld und gute Augen hat. Man kann sich nun auch die mühevolle Arbeit vorstellen, die ein Herausgeberteam mit solchen Texttrümmern haben muß. Andererseits läßt es sich kaum erklären, warum solche Fotokopien nicht schon längst der Öffentlichkeit zugänglich gemacht wurden.

Es ist somit eine schöpferische Aufgabe, aus dem Chaos der verstümmelten Fragmente und Textfetzen einen Kosmos sinnvoller Aussagen und Abhandlungen herzustellen, welche die Lehrer und Schreiber in Qumran über bestimmte Themen oder auch Auslegungen biblischer Worte angefertigt haben. An diese Aufgabe hat sich Eisenman zusammen mit Michael Wise, einem jungen Experten für Aramäisch am »Oriental Institute« in Chicago, gemacht. 50 größere Fragmente aus Höhle 4 haben sie herausgegeben und kommentiert (S. 43-45). »The Dead Sea Scrolls Uncovered« (1992) ist der etwas übertreibende Titel ihres Werks. Die deutsche Ausgabe heißt »Jesus und die Urchristen. Die Qumran-Rollen entschlüsselt«. Dieses in erstaunlich kurzer Zeit entstandene Buch hat den Vorzug, daß es durch einen Qumran-Gelehrten, nämlich Phillip R. Davies und seine Frau Birgit Mänz-Davies, übersetzt ist. Es bereichert insofern die Qumran-Forschung, als es gut lesbare hebräische Texte mit Übersetzung und Kommentar bietet. Allerdings ist die – zurückhaltend formuliert – eigenwillige Hypothese vom Kampf des Jakobus gegen Paulus darin aufrechterhalten. Einzelne Aussagen der Qumran-Fragmente werden mit Stellen des Jakobusbriefes und der paulinischen Briefe verglichen, ohne wirklich erhellend zu wirken. Jeder kann nun aber auf Grund der von Eisenman/Wise publizierten Texte selbst die Tragkraft der neuen, revolutionären Theorie von Eisenman, aber auch die Ansichten von Barbara Thiering (Kap. 7) und Norman Golb überprüfen und sich ein Urteil darüber bilden, ob der so hart angegriffene alte Qumran-Konsensus wirklich erschüttert ist.

Ferner ist Eisenman bemüht, die Kraft, Schönheit und Bedeutung der von ihm ausgewählten Texte in den jeweiligen Einleitungen zu rühmen. Bei aller Liebe zur Sache, die man dem Herausgeber zugute halten muß, wird der Leser des öfteren enttäuscht sein. Denn den hohen Erwartungen, die er auf Grund der preisenden Reden Eisenmans hegt, wird der übersetzte Text mit seinen lückenhaften Sätzen und auch Wortinseln kaum gerecht. Man könnte diesen kindlich anmutenden Eifer gelassen hinnehmen, hätte nicht Eisenman in der Vorankündigung dieses Buches wertende Vergleiche zum Neuen Testament gezogen: »Wer wissen will, was im Jahrhundert vor und nach Christi Geburt in Palästina wirklich geschah, sollte nicht die

Evangelien lesen, sondern die Qumran-Rollen«, rät Eisenman auf dem Klappentext des Buches »Jesus und die Urchristen«. Nun findet man zwar in den Qumran-Texten viel Erbauliches, aber nur wenig zur Geschichte des damaligen Judentums und erst recht nichts über Jesus und die ersten Christen.

Die wenigen Namen aus der Geschichte des frühen Judentums, die sich in den neuen Textfragmenten finden, gehören alle in die Geschichte der hasmonäischen Zeit: Johanan der Hohepriester, d.h. wohl Johannes Hyrkan (134-104 v.Chr., vgl. 4Q324 E 1,1f);[6] dann Schelam-Sion, d.h. Salome Alexandra (76-67 v.Chr.), dazu ihr Sohn Hyrkan (4Q323 A 2.4.6; 4Q324 E 1.2.7);[7] ferner Aemilius (Scaurus), ein Feldherr des Pompejus (4Q324 D 2.4).[8] Spannend mögen die Fragmente aus Höhle 4 für denjenigen sein, der wie Eisenman in ihnen krampfhaft Bezüge zu Jakobus dem Gerechten und zu Paulus sucht. Aber wenn sich gleiche Begriffe und Wendungen hier und dort finden, so bedeutet das nicht viel angesichts der Tatsache, daß beide Gruppen die gleiche Heilige Schrift besaßen.

Der Zugang zur Geschichte des Urchristentums

Eisenman betont sein historisches und nicht etwa ein philologisches oder gar theologisches Interesse an den Qumran-Texten und besonders auch an den noch nicht veröffentlichten Fragmenten aus der Höhle 4. Ihn quält die Ungeduld des Historikers, der endlich wissen will, wie es wirklich gewesen ist, und sich deshalb nicht lange an der mühseligen Aufgabe der Edition, Restauration und mit peniblen Übersetzungsproblemen aufhalten kann. Um einigermaßen sicherzugehen, brauche der Historiker einen Überblick über das Ganze, den Einblick in alle vorhandenen Texte. Deshalb dürfe man ihre Veröffentlichung nicht verschleppen und die Augenzeugen des Geschehens nicht daran hindern, über die Entstehung des Christentums Auskunft zu geben.[9] Im Unterschied zu den Theologen – so Eisenman – ist der Historiker durch keine Vorurteile und Rücksichten gehemmt; unbestechlich und frei betrachtet er die vorgefundenen Phänomene und bietet dann der staunenden Welt die ihr bis dahin verborgen gebliebenen Wahrheiten an. Eisenmans Propagandisten Baigent/Leigh jedenfalls glauben, seine Enthüllungen könnten die römische Kirche »erschüttern«. Es scheint freilich, daß diese Kirche derzeit durch die aus den eigenen Reihen kommende Kritik etwa von Eugen Drewermann stärker gefordert wird als durch den Außenseiter Eisenman. Aber da die Christenheit nicht einmal durch die Tore der Hölle überwunden werden kann (Matthäusevangelium 16,18), wird sie auch die »Erschütterungen« durch die neuen Qumran-Texte überstehen.[10]

Welchen Wahrheitswert hat die von Eisenman so leidenschaftlich vorgetragene Deutung der Qumran-Texte und die mit ihr verbundene Beurteilung von Essenern und Christen? Wie wird sie begründet, was ist an ihr so neu oder gar bedrohlich? Eisenman sieht in Jakobus und ebenso in Jesus und den aus dem Judentum hervorgehenden Christen, aber auch in den Essenern und Qumran-Leuten eine Spielart des Zelotismus: Alle diese Gruppen waren für ihn Träger der palästinischen Protestbewegung gegen die Herrschaft Roms, speziell gegen die römische Verwaltung Judäas durch den Präfekten des Kaisers. Nach der Absetzung des Herodes-Sohnes Archelaos, des Königs von Judäa, im Jahre 6 n.Chr. wurden Judäa und Jerusalem einem römischen Präfekten unterstellt und der Provinz Syria angegliedert. Dieses Ereignis und die damit verbundenen römischen Verwaltungsmaßnahmen führten zur Entstehung der Partei der Zeloten und Sikarier, denen Eisenman fälschlicherweise auch die Qumran-Leute (Essener) und die frühen Christen zuordnet; die letzteren waren vielmehr antizelotisch und friedlich gesinnt.[11]

In einem monumentalen und grundlegenden Werk hat Martin Hengel[12] die Eigenart der Zeloten besonders gut herausgearbeitet, während Eisenman die gravierenden Unterschiede zwischen den jüdischen Religionsparteien zur Zeit Jesu verwischt. Die Zeloten und Sikarier, todesmutige Verteidiger der Ehre Gottes und der Reinheit Israels, haben mit ihrer »Befreiungstheologie« und ihren gewaltsam durchgeführten Angriffen auf römische Besatzungstruppen und jüdische Kollaborateure das Volk Israel schließlich in einen Krieg gegen Rom getrieben, der im Jahre 70 n.Chr. mit der Zerstörung Jerusalems und der Aufhebung des jüdischen Gemeinwesens ein katastrophales Ende fand. Dabei wurde schon 68 n.Chr. die Essener-Siedlung am Toten Meer zerstört und in einem Nachspiel 74 n.Chr. die Festung Masada mit ihren heldenhaften Verteidigern erobert.

Die zelotische Deutung der Qumran-Texte wie auch die judenchristliche Variante der Zeloten-These ist nicht neu. Die Zelotenhypothese hatte bedeutende Vertreter in Cecil Roth[13] und Godfrey R. Driver[14]. Schon bald nach der Entdeckung der ersten Schriftrollen hatte auch Jacob L. Teicher (Cambridge) als deren Verfasser nicht etwa Essener, sondern ebionitische Judenchristen vermutet. Für sie sei Jesus der »Lehrer der Gerechtigkeit« und Paulus ein »Lügenmann« gewesen. Es ist ziemlich verwunderlich, daß Eisenman es überhaupt noch wagt, eine längst zu den Akten gelegte Qumran-Theorie noch einmal aus der Schublade zu holen. Darüber hinaus erinnert seine historische Beurteilung der Anfänge des Christentums an das Schema, das der Mitte des letzten Jahrhunderts in Tübingen lehrende Ferdinand Christian Baur (1792-1860) über den Gegensatz von Judenchristen und Heidenchristen und dessen Aufhebung in der katholischen Kirche entwickelt hatte.

Nach Eisenman zeichnen die Qumran-Texte ein Bild der Bewegung, aus der die christliche Kirche auf dem Boden Palästinas entstand. Freilich habe sich dieses ursprüngliche jüdische Christentum völlig unterschieden von demjenigen, das wir aus dem Neuen Testament und der Kirchengeschichte kennen, nämlich dem »paulinisierten« heidenchristlichen und kosmopolitischen, antinomistischen und pazifistischen Christentum. Dagegen seien die palästinischen, von Jakobus geführten Christen zelotisch und politisch engagiert gewesen, nationalistisch und fremdenfeindlich, gesetzestreu und messianisch-apokalyptisch geprägt.[15] Dazu ist zu sagen, daß diese scharfe Trennung zwischen Judenchristen und Heidenchristen, wie sie auch Ferdinand Christian Baur vollzogen, aber anders begründet hatte, in der neueren Forschung so nicht mehr aufrechterhalten wird. Zwischen Jakobus und Paulus klaffte kein garstiger Graben. Und Paulus war in gewisser Weise viel »messianischer« als Jakobus und die angeblich so messianische Gemeinde vom Toten Meer. Man kann Paulus auch nicht einfach als Antinomisten, als Zerstörer des Mose-Gesetzes, bezeichnen.[16] Umgekehrt hat auch Jakobus – wie Paulus – in seinem Brief das »königliche Gesetz« des Liebesgebotes gelehrt (Jakobusbrief 2,8).

Eisenmans Methoden-Konfusion

Wie kommt Eisenman dazu, den »Lehrer der Gerechtigkeit« als großen Leiter der Qumran-Gemeinde, dessen Wirken man gewöhnlich in das 2. Jahrhundert v.Chr. datiert, mit Jakobus dem Gerechten, dem zeitweiligen Führer der Jerusalemer Christen, gleichzusetzen, der doch über zweihundert Jahre später lebte? Ist eine solche Ansicht überhaupt diskutabel? Sehen wir zunächst einmal vom »unchristlichen« Inhalt der Qumran-Schriften ab; auch andere, äußere Sachverhalte sprechen gegen Eisenman. Erstens sind es die archäologischen Ausgrabungen in den Ruinen von Chirbet Qumran, die auf eine Besiedlung schon unter den Hasmonäern hinweisen. Dann ist die paläographische Untersuchung der Texte zu nennen, d.h. die Altersbestimmung der in ihnen enthaltenen Schrifttypen. Eisenman lehnt sie freilich als zu unsicher ab: »Diese Methoden sind in der Vergangenheit oft zu Unrecht in der Qumran-Forschung angewendet worden, um den Laien zu verwirren. Die paläographisch ermittelten Reihenfolgen sind, wenn auch hilfreich [aha!], so doch zu unsicher, um wirklich relevant für eine so kurze chronologische Periode [drei Jahrhunderte!] sein zu können.«[17] Mit dieser Ansicht steht er allerdings (abgesehen von Barbara Thiering) ziemlich allein auf weiter Flur. Die Paläographie ist heute ein ganz selbstverständliches Hilfsmittel der archäologischen Wissenschaft. In günstigen Fällen lassen sich Schriften auf zwei oder drei Jahrzehnte genau datieren. Schon bald war klar, daß die Qumran-Rollen in die Zeit zwischen dem 2. Jahrhundert v.Chr. und dem 1. Jahrhundert n.Chr. gehörten, die meisten sogar in vorchristliche Zeit.

Nun kann man aber auch das Alter des Schreibmaterials der Rollen – des kohlenstoffhaltigen Leders – und der Leinwandumhüllungen messen (C-14-Test). Man hatte dies schon relativ bald nach der Entdeckung der Rollen getan (1950) und damals das Jahr »Null« – bei einer Fehlerquote von rund 10 Prozent die Zeit von rund 200 v.Chr.

bis 200 n. Chr. – für die Anfertigung der Rollen festgestellt (S. 30). Inzwischen wurde das Verfahren verfeinert (AMS = Accelerator Mass Spectrometry); die Fehlerquote beträgt dabei unter normalen Voraussetzungen nur noch etwa 5 Prozent. Eisenman selbst hatte vom »Israel Department for Antiquities« 1989 einen neuerlichen C-14-Test gefordert; dieser wurde 1991 mit internationaler Beteiligung durchgeführt. Das Ergebnis war für die These Eisenmans vernichtend: Die meisten Texte wurden im 2. und 1. Jahrhundert v. Chr. niedergeschrieben, nur einer ist sicher dem 1. Jahrhundert n. Chr. zuzuweisen. Der im Institut für Mittelenergiephysik in Zürich 1991 durchgeführte C-14-Test ergab, daß von acht aus drei verschiedenen Höhlen stammenden Rollen-Texten sechs eindeutig und zwei wahrscheinlich vorchristlich sind.[18]

Auch dieses Ergebnis hat Eisenman nicht irritiert. Sein Kommentar zu dieser Untersuchung lautet: »Diese Karbon-Datierung steckt noch in den Kinderschuhen, läßt viele Variablen zu und ist zu unsicher, um sie präzise auf das vor uns liegende Material anwenden zu können.«[19] Warum hat dann Eisenman den Test überhaupt vorgeschlagen? Nun ist das Radiokarbonverfahren in der Tat nicht unfehlbar, vor allem wenn es sich um stark verschmutzte Gegenstände handelt. Aber hier steht das Ergebnis in perfekter Übereinstimmung mit den anderen Erkenntnissen, deren kumulativen Wert Eisenman herunterspielt, weil er ihm nicht ins Konzept paßt. Eisenmans Bemerkungen zum Radiokarbontest zeigen so deutlich seine Voreingenommenheit, daß Geza Vermes dazu nur bemerkte: »Weiterer Kommentar überflüssig!«[20] Noch leichter haben es sich Baigent/Leigh mit dem Test gemacht, denn sie verschweigen ihn in ihrem Werk »Verschlußsache Jesus« ganz einfach, obwohl er bei Erscheinen (im September 1991) bereits bekannt war! Schon beim Qumran-Kongreß in El Escorial bei Madrid Mitte März 1991 hatte Magen Broshi das Ergebnis an die Öffentlichkeit gebracht.

Nun zur inhaltlichen, historischen Beurteilung der Qumran-Texte durch Eisenman. Eine neue Methode der Deutung hat ihn angeblich dahin geführt, hinter dem Titel »Lehrer der Gerechtigkeit« den Bruder des Christus, Jakobus mit dem Beinamen »der Gerechte«, zu vermuten. Bei der Darstellung dieser Methode und ihrer umstrittenen Ergebnisse halten wir uns vor allem an die Ausführungen, die Eisenman in der von Zdzislaw J. Kapera herausgegebenen Gedächtnisschrift für den langjährigen Herausgeber der »Revue de Qumrân«, Jean Carmignac, vorgelegt hat. Eisenmans Beitrag ist überschrieben: »Playing on and Transmuting Words. Interpreting Abeit-Galuto in the Habakkuk Pesher.«[21] Dieser auffallend formulierte Titel ist bezeichnend für die Arbeitsweise des Verfassers. Er nimmt das Spiel mit Wörtern und das Verwandeln von Begriffen als Auslegungs- und Darstellungstechnik für die Autoren der Qumran-Texte an, die der moderne Interpret in Rechnung stellen und sich so auf spekulatives Denken einlassen muß. Als Beispiel dafür wählte Eisenman den merkwürdig verkürzt geschriebenen hebräischen Ausdruck Abeit-Galuto (*el beth-galuto,* d.h. »zum Ort seines Exils«); er soll besonders bedeutungsgeladen sein.

Interessant ist es, wie Eisenman seine neue Methode in Szene setzt. Er verspricht, ähnlich wie die »physikalischen Wissenschaften« verfahren zu wollen, die mit der Lösung eines zentralen Problems den Schlüssel für die Erklärung des Ganzen finden. Dementsprechend möchte Eisenman das Geheimnis der Wendung Abeit-Galuto entdecken und von dort her den historischen Ursprung der Qumran-Gemeinde bestimmen. Zunächst verbreitet er einen dicken Nebel der Skepsis und Konfusion über der Qumran-Forschung: Die Geschichte der Essener, aber auch die der Zeloten und Christen sei noch immer mysteriös.[22] Verschiedenartige Merkmale sind bunt durcheinandergewürfelt angeführt: Die »Sternprophetie«,[23] die »Bereitung des Weges in der Wüste«,[24] die Taufe mit dem Heiligen Geist;[25] sie werden jeweils durch zahlreiche Stellenangaben belegt, die man freilich nicht näher nachprüfen darf.[26] Schließlich gebe es »einen breiten Streifen von Qumranmaterial, das eine antiherodianische Tendenz« besitze; dafür werden aber keine Stellen genannt, denn der Name »Herodes« taucht nie in den Qumran-Texten auf.

Danach werden wiederum die Paläographie und Archäologie pauschal verurteilt: Sie hätten für die Geschichte Qumrans sehr wenig erklärt und die Verwirrung eher gemehrt. Auch wird ihnen die Neigung vorgeworfen, sich nicht biegen zu lassen und nicht anpassungsfähig für neue Daten zu sein. Vielmehr werde in der gegenwärtigen Qumran-Forschung das umgekehrte Verfahren angewandt: »Die neuen Daten werden gebogen, um sich den Theorien anzupassen.«[27] Wir werden sehen, wie Eisenman selbst eben genauso verfährt und die Aussagen der Qumran-Texte, speziell auch beim Ausdruck Abeit-Galuto, zugunsten von seiner Theorie zurechtbiegt.

Der »Lehrer der Gerechtigkeit« gleich »Jakobus der Gerechte«?

Die von Eisenman erforschte und als Schlüssel für seine Jakobus-These benützte Problemstelle steht im Qumran-Kommentar (hebräisch *pescher*) zum Propheten Habakuk (1QpHab 11,4-8). Die Stelle Habakuk 2,15 wird in 1QpescherHabakuk 11,2f zitiert: »Wehe dem, der seinem Nächsten zu trinken gibt, der ausgießt seinen Grimm! Ja, er macht sie trunken, um ihren Festen zuzuschauen.« Dann folgt der Pescher, die aktualisierende, auf die Gegenwart der Gemeinde bezogene Auslegung: »Seine Deutung bezieht sich auf den Gottlosen Priester, der den Lehrer der Gerechtigkeit verfolgte *(radaph)*, um ihn zu verschlingen *(lebal'o)* in dem Zorn seines Grimms. Am Ort seines Exils *('abbeth galuto)* und zur Zeit des Festes der Ruhe des Versöhnungstages erschien er bei ihnen, um sie zu verschlingen und um sie zu Fall zu bringen am Tage des Fastens, dem Sabbat ihrer Ruhe.« Gewöhnlich wird diese Stelle so verstanden: Der »Gottlose Priester« muß der für illegitim gehaltene hasmonäische Hohepriester Jonatan (152-143 v.Chr.) gewesen sein. Er hatte den »Lehrer der Gerechtigkeit« im Lande Damaskus oder aber in Qumran überraschend aufgesucht, um ihn seines Unrechts zu überführen, umzustimmen oder gar umzubringen (vgl. 4QpPs 37 4,7-9). Und das geschah ausgerechnet zu der Zeit, als die Gemeinde des Lehrers den Großen Versöhnungstag mit Arbeitsruhe und Fasten feierte, freilich nach dem sekteneigenen, solar-lunaren Kalender von 364 Tagen im Jahr. Für den Hohenpriester und die anderen Juden, die sich nach einem Mondkalender von 354 Tagen richteten, fiel der große Versöhnungstag auf ein anderes Datum; diese Differenz im Festkalender bot somit eine gute Gelegenheit für solch eine Strafaktion.

Eisenman versteht die Wendung »Beth Galuto« als »Ort des Versteckes« (concealment) und meint, dieses Versteck müßte sich in Jerusalem befunden haben.[28] Aber das ist falsch. Denn erstens meint der wichtige hebräische Begriff *galut* »Exil« und nicht »Versteck«; die zweite Bedeutung des Verbums *galah* ist »offenbaren«, »enthüllen« und somit das genaue Gegenteil von verstecken.[29] Zweitens ist Jerusalem alles andere als ein *bet galut*, ein »Ort der Fremde«. In der Kriegsrolle von Qumran wird *galut* für das Exil der Kinder des Lichts in der »Wüste der Völker«, d.h. der Diaspora, gebraucht und dabei der »Wüste von Jerusalem« entgegengestellt (1QM 1,3). Aber Eisenman muß deshalb abweichend übersetzen, weil er den Herrenbruder Jakobus für den »Lehrer der Gerechtigkeit« hält und im »Gottlosen Priester« den Hohenpriester Ananus (Hannas II.) sieht. Dieser ließ Jakobus und andere Christen in Jerusalem zum Tod verurteilen und steinigen, wie wir durch Flavius Josephus wissen (Jüdische Altertümer XX 200-203). Von einem »Exil« des Jakobus weiß man nichts, und erst recht nichts von dessen »Versteck« in Jerusalem. Hier wird, um es mit Eisenman zu sagen, exegetisch »gebogen«, aber nicht etwa auf Grund neuer Daten, sondern zugunsten einer selbsterdachten, unhaltbaren Theorie. Noch einmal sei Eisenman selbst zitiert: Die »Umstände beim Tod des Jakobus geben den Sitz im Leben für diesen Ausdruck (d.h. Abeit-Galuto)«.[30]

Aus dem gleichen Grunde erfährt auch die Stelle 1QpescherHabakuk 9,1f eine recht eigenwillige Auslegung. Sie handelt von der Bestrafung des »Gottlosen Priesters« (vgl. 1QpHab 9,1f) durch seine Feinde: »Und Abscheulichkeiten böser Leiden taten sie ihm an und Rachehandlungen am Leib seines Fleisches *(gewijat besaro)*.« Zu Recht bezieht man diese Aussage auf den gewaltsamen Tod des Hohenpriesters Jonatan (143 v.Chr.), der nach 1. Makkabäer 12,39-13,30 und Josephus (Jüdische Altertümer XIII 187-212) von dem Syrer Diodotos Tryphon in eine Falle gelockt, mißhandelt und schließlich umgebracht wurde. In Qumran sah man darin einen Akt der Vergeltung Gottes, der die Übertretung der Gebote (1QpHab 8,8-13) und das Vorgehen gegen den »Lehrer der Gerechtigkeit« und seine Gefolgsleute nicht ungeahndet ließ: Gott hatte den »Gottlosen Priester« deshalb »in die Hand seiner Feinde gegeben« (1QpHab 9,9

bis 11). Eisenman bringt diese Angaben des Habakuk-Peschers mit dem schlimmen Ende des Hohenpriesters Ananus (Chananja) in Verbindung, das den Jerusalemer Christen als Strafe Gottes für das von Ananus erzwungene, ungerechte Todesurteil über den frommen Jakobus erscheinen mußte. Ananus war im Jahre 68 n.Chr. von den Idumäern, die den um die Herrschaft in Jerusalem kämpfenden Zeloten zu Hilfe kamen, mit seinen sadduzäischen Priesterkollegen umgebracht worden. Josephus berichtet, wie die Idumäer sich auf die Toten stellten und sie dann zur Stadt hinauswarfen (Jüdischer Krieg IV 316-318). Eisenman paßt wieder die Habakuk-Stelle ihrem von ihm selbst bestimmten »Sitz im Leben« an: Der plerophore, »sinnlose« Ausdruck »Leib seines Fleisches« erhält nun »auf Grund der äußeren Ereignisse« seine »wahre Bedeutung«: Gemeint ist das »Fleisch seines Leichnams« (flesh of his corpse).[31] Aber das ist eine unzulässige Übersetzung: *Nomen regens* und *nomen rectum* werden einfach vertauscht, um die von Josephus berichtete Schändung der Leiche des Ananus im Habakuk-Pescher berichtet und bestätigt zu sehen; aber in der Kriegsrolle wird für Leichnam das Wort *peger* gebraucht (1QM 11,1). Eisenman meint befriedigt, solch eine Deutung könne man nur gewinnen, wenn man die Biographie einer bestimmten Person betrachte; das betreffe hier das Leben bzw. den Tod des Jakobus und des Ananus. Aber Priorität müssen stets Wortlaut und Wahrheit des Textes haben. Der »Historiker« Eisenman macht sich einer *petitio principii*, der Erschleichung des gewünschten Resultats durch falsche Übersetzung, schuldig, die er kaltblütig als feinere Bedeutung und bessere Konstruktion deklariert: Wiederum wird der Text nach der Theorie gebogen!
Noch weitere Wendungen des Habakuk-Peschers gewinnt Eisenman durch spekulative Exegese für seine Jakobus-Theorie.[32] Im Blick auf die »Verfolgung« des »Lehrers der Gerechtigkeit« durch den »Gottlosen Priester« verweist er auf Esau, der Jakob verfolgte.[33] Das Verbum »verschlingen« (*bala'* [1QpHab 11,5.7]) wird zu dem Edomiterkönig Bela (1. Mose 36,32) in Beziehung gesetzt, und natürlich auch zu »Bileam«, der »das Volk verschlingt« (*bala' 'am*). Die Aussage 1QpescherHabakuk 12,6 wird auf den König Agrippa II., den Zeitgenossen des Jakobus, bezogen: Er war es, der mit dem Hohenpriester Ananus »konspirierte, um die Armen zu vernichten«,

d.h. die Judenchristen (Ebioniten, von hebräisch *ebjon* »arm«) aus-
zulöschen. Ganz aus der Luft gegriffen und mechanisch vom Prozeß gegen Jesus und Stephanus her eingetragen ist die wiederholt
vorgebrachte Behauptung, Jakobus sei vom Jerusalemer Sanhedrin
wegen Blasphemie angeklagt und hingerichtet worden.[34] Bei Josephus heißt es dagegen, Ananus habe ihn und einige andere beschul-
digt, das Gesetz übertreten zu haben (Jüdische Altertümer XX 200:
paranomein, nicht *blasphemein*); auch der Habakuk-Pescher redet
nirgends von Blasphemie.
Schließlich ist es verwirrend, wenn der so »bedeutungsschwangere«
(pregnant) Ausdruck »Abeit-Galuto« auch als verächtliche Bezeichnung für Bet-Din gebraucht sein soll, d.h. für das »Gericht«, das Jakobus fälschlich verurteilt hat.[35] Aber weil Eisenman zutreffend
feststellt, mit all diesen Operationen habe er zwar Neuland betreten,
aber keine Sicherheit erreicht,[36] entdeckt er in diesem noch immer
nicht ausgeschöpften Ausdruck »Abeit-Galuto« auch noch einen
Hinweis auf das im babylonischen Talmud berichtete »Exil« der
göttlichen Einwohnung (hebräisch *schechinah*): Sie verließ vor der
Zerstörung des Tempels ihren Platz auf der Bundeslade und kehrte
zum Himmel zurück (Rosch haSchanah 31a); desgleichen zog das
Oberste Gericht aus der Quaderhalle des Tempels aus und bezog in
der Kaufhalle sein Exil (Sanhedrin 41a-b). Für Eisenman stützen solche späten Nachrichten die Theorie, daß der Habakuk-Pescher mit
dem einen bedeutungsschweren Ausdruck »Abeit-Galuto« sich in
vielfältiger Weise auf die Ereignisse der sechziger Jahre des 1. Jahrhunderts n.Chr. bezieht: die Hinrichtung des Jakobus und die Zerstörung des Tempels, die von den Christen als göttliche Strafe für
den Tod des gerechten Herrenbruders angesehen wurde.
Mit der Behauptung, keine andere Theorie als die seine könne diesem mysteriösen Begriff eine solche Fülle von Bedeutungen entlok-
ken, hat Eisenman sicherlich recht, nicht jedoch, wenn er seine Aus-
legungsmethode als die einzig qumran-gerechte anpreist[37] und alle
bisherigen Lösungsversuche als gescheitert ansieht. Der Ausleger
müsse stets bedenken, daß die Qumran-Exegeten Wörter auf eine
konsequente Weise verändern, um so die gewünschte Deutung zu erreichen, sonst lasse sich eben die Jakobus-Hypothese und der mit

ihr gebotene Schlüssel zur Deutung des frühen Christentums und zur Geschichte der letzten Jahre des jüdischen Staates nicht finden. Auch dies gestehen wir Eisenman recht gern zu. Aber es stimmt nicht, daß man in Qumran die biblischen Aussagen so »konsequent« verändert und ausgepreßt hat, wie das Eisenman mit der Wendung »Abeit-Galuto« vorführt. Die rabbinische Methode der spekulativen, synthetischen und die Fülle und Vielfalt der Begriffe und Aussagen in Betracht ziehenden Deutung kann vom Historiker, der exakt und nach Eisenman mit naturwissenschaftlicher Strenge arbeiten will, nicht so hemmungslos eingesetzt werden: Eisenman wird von der Lust, zu fabulieren, einfach überwältigt.[38]

Die Verleumdung des Apostels Paulus

Nicht nur unglaubwürdig, sondern für den Glaubenden auch verletzend ist die Rolle, die dem Apostel Paulus durch Eisenmans »christliche« Deutung der Qumran-Texte zufällt. Paulus wird zum Gegner des Jakobus herabgewürdigt und hat die Rolle des »Lügenmannes« im Habakuk-Kommentar zu übernehmen. Sein Lebenslauf sieht nun folgendermaßen aus: Während der Märtyrer Stephanus (Apostelgeschichte 6-8) an die Seite des gesetzesstrengen Jakobus gehörte, stimmte Paulus der Steinigung des Stephanus zu (Apostelgeschichte 8,1) und war damals ein »fanatischer Feind der Urkirche«[39]. Nach seiner Bekehrung, die vom Schuldbewußtsein des Verfolgers ausgelöst sein mag, unterzog sich Paulus angeblich in Damaskus (natürlich gleich Qumran!) einem dreijährigen Noviziat (vgl. Galaterbrief 1,17f). Er wurde dann von den Führern der Jerusalemer Christen ins »Exil« nach Tarsus abgeschoben, ging später nach Antiochien und überwarf sich auf dem Jerusalemer Apostelkonzil mit Jakobus.[40] Nach Eisenman passen die Aussagen über den »Lügenmann« im Habakuk-Pescher vorzüglich zum Wirken des Paulus: Er hat das Gesetz verworfen und viele dazu verleitet, eine Gemeinde der Lüge zu errichten.[41] Seine Theologie des Glaubens hat er auf Habakuk 2,4 und dessen Auslegung in 1QpescherHabakuk 8,1-3 gegründet, freilich das dort neben dem Glauben erwähnte Tun des

Gesetzes geflissentlich übersehen. Soweit das judenchristliche Urteil über den Apostel, wie Eisenman es sieht.

Ergänzt wird es durch »scharfsinnige« Vermutungen des Historikers Eisenman: Paulus könnte ein Agent der Römer gewesen sein.[42] So jedenfalls ließen sich seine Rettung in Jerusalem und seine bevorzugte Behandlung seitens der Legionäre, schließlich auch seine erfolgreiche Mission im Imperium Romanum am besten erklären. Paulus, nicht der gesetzestreue Jesus, ist nach Eisenman eigentlich der Schöpfer des späteren Christentums. Dabei habe er die Lehre Jesu völlig verdreht, indem er diesen zu einem wundertätigen Gott und Gegenstück zu den sterbenden und auferstehenden Göttern wie Adonis, Tammuz, Attis im hellenistischen Osten machte und vom historischen Jesus nichts wissen wollte.[43] Eisenman folgt hier der auch von Wilhelm Bousset (1865-1920) und Rudolf Bultmann (1884-1976) vertretenen Auslegung von 2. Korinther 5,16: Die Aussage des Paulus, er wolle »von nun an Christus nicht mehr nach dem Fleisch kennen«, beziehe sich darauf, daß er nichts vom historischen Jesus wissen wolle. Das ist aber eine falsche Auslegung dieser Stelle. Paulus sagt nur, daß er Jesus jetzt anders einschätzt als in seiner vorchristlichen Zeit.[44]

Großes Gewicht legt Eisenman auf die Nachrichten über Paulus und Jakobus in den judenchristlichen Pseudo-Klementinen (3. Jahrhundert n. Chr.) und in der Kirchengeschichte des Eusebius (4. Jahrhundert n. Chr.), die gegenüber dem »konfusen und unglaubhaften« Schluß der Apostelgeschichte den Vorzug verdienen würden.[45] Aber die Apostelgeschichte, deren Verfasser der Paulus-Begleiter Lukas war,[46] steht den berichteten Ereignissen viel näher als etwa die Pseudo-Klementinen, in denen das Wunderhafte bis ins Groteske gesteigert ist und die durch und durch von bitterer antipaulinischer Polemik bestimmt sind.

6. Spricht ein Qumran-Text vom gekreuzigten Messias?

*Das umstrittene Fragment 285 aus der Höhle 4 (4Q285) –
Gott und der helfende Messias (4Q521) – Der Gottessohn
in einem Text aus Höhle 4 (4Q246) – Die Messiaserwartung
in Qumran und der Christus der Evangelien*

Das umstrittene Fragment 285 aus der Höhle 4 (4Q285)

Im November 1991 wurde in der Tagespresse die sensationelle Nachricht verbreitet, unter den bisher noch unveröffentlichten Qumran-Fragmenten habe man einen Text entdeckt, der den gewaltsamen Tod des Messias bezeuge.[1] Sogar von einer Beschreibung der Kreuzigung Jesu war in einigen Presseberichten die Rede.[2] Nach dem »Entdecker« Robert H. Eisenman wird in diesem neuen Qumran-Text zwar nicht von Jesus gesprochen, aber gerade deshalb sei er so wichtig: »Er hat eine überaus weitreichende Bedeutung, weil er zeigt, daß seine Verfasser, wer immer sie gewesen sind, im gleichen exegetischen und messianischen Bezugsrahmen dachten wie die ersten Christen.« Damit sei ein wichtiges Bindeglied zwischen Frühjudentum und Christentum gefunden worden; die jüdische Gemeinde bzw. Glaubensrichtung, aus der das Christentum hervorging, sei nunmehr entdeckt. Zwar habe man schon vorher gewußt, daß in den Schriftrollen vom Toten Meer eine ähnliche Messiaserwartung bezeugt sei wie im Neuen Testament; aber der Gedanke an einen sterbenden Messias in einem Qumran-Text sei neu und »explosiv« (Michael Wise, Chicago). Auch sonst äußerte man sich recht enthusiastisch über den neuen Text.

Bisher hatte man angenommen, daß zur Zeit Jesu in Israel ein triumphierender Messias erwartet wurde, der die verlorengegangene politische Würde des Gottesvolkes wiederherstellen sollte, aber nicht ein leidender und sterbender »König der Juden«. Nach dem Apostel Paulus war deshalb der gekreuzigte Christus für die Juden ein Ärgernis (1. Korintherbrief 1,23), eine unerhörte, im Gesetz Moses scharf verurteilte Zumutung, ja eine Blasphemie (vgl. 5. Mose 21,22f). Mit der Entdeckung eines »getöteten Messias« in den Texten und der Theologie der Qumran-Gemeinde scheint die Einzigartigkeit des christlichen Glaubens in Frage gestellt. Gerade weil das Kreuz des Christus, des Gesalbten Gottes, in der Mitte des Evangeliums steht, kann solch ein Qumran-Text der Eigenart und Gotteskraft des »Wortes vom Kreuz« Abbruch tun. Auch manche anderen Glaubenssätze, die bisher als ausschließlich christlich galten, seien schon von den jüdischen Verfassern der Schriftrollen erwähnt – das ist jedenfalls die Meinung von Eisenman und von Baigent/Leigh in »Verschlußsache Jesus«.

Aber diese Entdecker-Euphorie wird durch Einwände und gewichtige Anfragen gedämpft. Zum ersten ist anzumerken, daß der »neue« Qumran-Text, seine Deutung und auch die ihm zugeschriebene Bedeutung gar nicht so neu sind. Schon vor 37 Jahren wurde er als sensationelles Dokument gefeiert, das den Glauben der Kirche erschüttere und die Einzigartigkeit des Christentums in Frage stelle. John M. Allegro, ein Mitarbeiter im ersten Qumran-Team des Rockefeller-Museums in Jerusalem, hatte 1956 im nordenglischen Rundfunk drei Vorträge über die Qumran-Rollen gehalten. In diesen behauptete er, zentrale Lehren Jesu und christliche Riten hätten ihren Ursprung in Qumran, so etwa Teile des Vaterunsers, dann das Abendmahl und auch der Glaube an den gekreuzigten und auferstandenen Christus. Aus welchem Geist heraus die Veröffentlichungen von Allegro geschahen, illustriert ein Brief an John Strugnell: »An Ihrer Stelle würde ich mir des theologischen Jobs wegen keine grauen Haare wachsen lassen. Wenn ich meine Arbeit abgeschlossen habe, wird es ohnehin keine Kirche mehr geben, in der Sie unterkommen könnten.«[3]

Am 6. Februar 1956 erschien im Time-Magazin ein Artikel mit der

Überschrift »Kreuzigung vor Christus«[4]. Die Ausführungen, die Allegro zu diesem Thema machte, müssen sich gerade auf diesen von Eisenman so viel später unter den Fotos der Huntington Library »entdeckten« und der Tagespresse als sensationellen Fund deklarierten Text bezogen haben. Was Allegro alles aus ihm herausgelesen hat, kann man der Gegenerklärung entnehmen, die am 16. März 1956 von den restlichen Mitgliedern des Schriftrollen-Teams veröffentlicht wurde[5]: »Wir finden dort keine Kreuzigung des Lehrers, keine Abnahme vom Kreuz und keinen ›gebrochenen Leib ihres Herrn‹, der bis zum Gerichtstag bewacht werden muß. Also gibt es auch kein ›klar umrissenes essenisches Vorbild für Jesus von Nazareth‹, wie Mr. Allegro in seinem Vortrag gesagt haben soll. Nach unserer Überzeugung hat er entweder die Texte mißverstanden oder sich eine Kette von Mutmaßungen erstellt, die das Material nicht hergibt.«

Aber riecht solch eine Entgegnung nicht nach kirchlicher Apologetik, nach einer verzweifelten Verteidigung der Einzigartigkeit des christlichen Glaubens? Das wird von den Autoren der »Verschlußsache Jesus« behauptet, wenn sie diese Gruppe christlicher Wissenschaftler im Rockefeller-Museum gleichsam als Meute bezeichnen, die sich gegen eines ihrer Mitglieder, nämlich Herrn Allegro, »zusammenrottet«[6].

Was steht nun wirklich in diesem Text? 1991 hat ihn der Verfasser dieses Kapitels (O. Betz) auf Grund der in wenigen Exemplaren verbreiteten Handkonkordanz des Herausgeber-Teams zusammengestellt und dann auch unter den Kopien der Huntington Library entdeckt.[7] In einem Beitrag zu dem Qumran-Symposium an der Universität Eichstätt vom 18. bis 20. Oktober 1991 hat er den nur noch bruchstückhaft erhaltenen Text übersetzt und interpretiert.[8] Eisenman bietet ihn in seinem Anfang 1993 mit Michael Wise herausgegebenen Band »Jesus und die Urchristen«[9], und zwar im ersten Kapitel unter dem Titel »Der messianische Führer« *(nasi')*; das Fragment hat jetzt die Bezeichnung 4Q285. Dieser Text beginnt mit dem Hinweis auf den Propheten Jesaja und lautet bei Eisenman/Wise: »... Jesaja der Prophet ...«[10] (Zeile 1). Dann wird Jesaja 11,1 zitiert: »Ein Reis wird aus dem Stumpf[11] Jesses hervorgehen ...« (Zeile 2) »... der Sproß

Davids ... und sie werden sich richten lassen mit ...« (Zeile 3) »... und sie werden den Fürsten der Gemeinde[12] töten *(wehemitu)* ...« oder: » ...töten *(wehemito)* wird ihn der Fürst der Gemeinde ...« (Zeile 4) »... und durch Wunden ... und es befiehlt ein Priester ...« (Zeile 5) »... die Erschlagenen der Kittim ...« (Zeile 6).

Ein Problem dieses Textes ist die Verbform *hmtw* in Zeile 4. Da die Qumran-Texte nicht vokalisiert sind, d.h. in der Regel keine Selbstlaute setzen, ist dieser Text auf zweifache Weise übersetzbar: Einmal so, daß der »Fürst der Gemeinde« das Objekt des Tötens ist: »Sie (man) werden ihn töten«; so deuten Allegro, Eisenman und Wise. Zum anderen ist es aber ebensogut möglich, im »Fürsten der Gemeinde« das Subjekt zu sehen: »Und er wird ihn töten«; das nicht genannte Objekt wäre der Frevler von Jesaja 11,4.

Schon im Beitrag zum Eichstätter Symposium wurden (von O. Betz) Zweifel an der Deutung Eisenmans und seiner These vom »erschlagenen Messias« angemeldet. Wichtig ist der Verweis des Textfragments auf den Propheten Jesaja und das offenkundige Zitat aus dem berühmten Kapitel Jesaja 11. Diese Weissagung des Propheten wird auch im Segen für den »Fürsten der Gemeinde« (1Q28b 5,20-26) übernommen und auf den über die Gottlosen triumphierenden Messias ausgelegt. Das führte zu der Vermutung, daß der siegreiche, nicht der leidende und sterbende Messias wohl auch im Fragment BM 5,1-6 (jetzt 4Q285) gemeint sei, zumal am Schluß von den »Erschlagenen der Kittim« die Rede ist. In ausführlichen Untersuchungen sind Geza Vermes und Markus Bockmuehl zum gleichen Ergebnis gekommen. Sie arbeiten am neu begründeten Zentrum für Qumran-Forschung der Universität Oxford und verfügen dort über eine Sammlung von 3300 photographischen Platten, auf denen alle Qumran-Texte festgehalten sind. Vermes übersetzt: »Der Fürst der Gemeinde, der Sproß Davids, wird ihn töten (will kill him)« und versteht als Opfer dieses Totschlags den Führer der feindlichen Armee.[13] Genauso deutet Markus Bockmuehl die Stelle: »Der Fürst der Gemeinde wird ihn töten«[14].

Damit wird die so groß aufgemachte These vom erschlagenen oder gar gekreuzigten Messias in Qumran in Frage gestellt; im Grunde ist sie unhaltbar. Eisenman selbst gibt sie zwar nicht auf, ist aber sehr verunsichert. Noch immer meint er, dieser Text sei »womöglich hochexplosiv« und hält seine Deutung vom getöteten *nasi'* (Fürsten) für die sinnvollste, solange man dieses Fragment für sich betrachte.[15] Aber er fügt seiner Übersetzung: »Und sie werden den Führer der Gemeinde töten, den Zweig (Davids)« in Klammern den Satz hinzu: »Abhängig vom Kontext könnte auch so gelesen werden: ›... und der Führer der Gemeinde, der Zweig Davids, wird ihn töten.‹«[16] Eisenman erklärt diesen leider so verstümmelten Text mit Hilfe des Fragments 4QpJes[a], eines Kommentars zu Jesaja 10,33 – 11,5.[17] Das ist aber wenig hilfreich, zumal dort die aufschlußreiche Bezeichnung »Fürst der Gemeinde« fehlt.

Ferner ist es unangebracht, die messianische Bedeutung dieses Ausdrucks »Fürst der Gemeinde« mit einem Fragezeichen zu versehen oder von einer Anspielung auf den Hohenpriester (Zeile 5) zu reden. Denn »Fürst der Gemeinde« dient auch in anderen Qumran-Schriften als Messiasbezeichnung, und in Zeile 5 steht nur ein einfaches *kohen* (Priester).[18] Ungünstig für Eisenmans Übersetzung: »Und sie werden den Führer der Gemeinde töten« ist schließlich die von ihm selbst erwähnte und vorher von Geza Vermes vorgebrachte Vermutung, daß »dieser messianische nasi-Text der Kriegsrolle zugeschlagen werden sollte«, diese aber ein »Dokument gewalttätiger Militanz und Rachsucht« darstelle.[19] Im Kontext eines messianischen Nationalismus und extremer Römerfeindlichkeit, wie Eisenman sie den Qumran-Frommen und auch den ersten Christen zuschreibt, nimmt sich ein »erschlagener Messias« nicht besonders gut aus.

Allein methodisch richtig ist es, zur Deutung des umstrittenen Textfragments 4Q285 den Segen für den davidischen Messias (1Q28b 5,20-26) zu Hilfe zu nehmen. Denn dieser wird dort ebenfalls mit dem qumran-spezifischen Ausdruck »Fürst der Gemeinde« bezeichnet und wie in 4Q285 von Jesaja 11 her ausgelegt. In diesem Segen bittet der Qumran-Lehrer *(maskil)*, Gott möge für den »Fürsten der Gemeinde ... den Bund der Einung erneuern, um die Königsherrschaft über Sein Volk auf ewig aufzurichten« und um die »Armen für immer mit Gerechtigkeit zu richten« (Zeile 21). Besonders wichtig ist der Wunsch: »Der Herr erhebe dich zur ewigen Höhe und wie einen starken Turm bei einer hohen Mauer. Und du sollst schlagen die Völker mit der Kraft deines Mundes und mit deinem Stab die Erde verheeren, und du wirst mit dem Hauch deiner Lippen die Gottlosen töten (*tamit rescha'im* [Zeile 24f]).«

In der zuletzt genannten Verheißung wird die Wendung Jesaja 11,4 aufgenommen: »Er wird den Gottlosen töten« (*jamith rascha'*). Gerade in dieser Wendung von Jesaja 11,4 haben wir die Vorlage für die von Eisenman so hochgespielte Aussage vom »Tod des Messias« in 4Q285 (Zeile 4). Sie muß deshalb anders, nämlich aktiv übersetzt werden: »Der Fürst der Gemeinde wird ihn (d.h. den Gottlosen) töten.« Die Tatsache, daß der Messias selbst getötet oder gar gekreuzigt wird, ist auf Grund von Jesaja 11,4 und vor allem wegen des Segenswunsches 1Q28b 5,20-26 ausgeschlossen. Im letzteren ist zudem sein Regiment mit dem Prädikat der Ewigkeit ausgezeichnet. Gott soll ihn auf eine »ewige« Höhe heben, seine Königsherrschaft »ewig« aufrichten und die Armen »für immer« mit Gerechtigkeit richten. Diese Attribute der ewigen Dauer werden in 1Q28b 5,20-26 der Weissagung Jesaja 11 eigens hinzugefügt. Sie stammen aus dem für Israels Messiaserwartung grundlegenden Text 2. Samuel 7, der Weissagung des Propheten Natan über die davidische Dynastie: Gott will den Königsthron des verheißenen Davidsohnes »auf ewig« befestigen (Vers 13), er soll »in Ewigkeit« feststehen (Vers 16). Ewige Dauer ist das Kennzeichen der messianischen Herrschaft.

Schließlich weist Eisenman selbst auf ein weiteres Problem für die von ihm vorgeschlagene Übersetzung mit dem Tod des Messias hin. Man weiß nämlich nicht, in welchen Zusammenhang der Text 4Q285 hineingehört; der Zusammenhang ist aber für die richtige Übersetzung sehr wichtig. Eisenman hat das fragliche Fragment, in dem »der Tod« (oder richtig »das Töten«) des »Fürsten der Gemeinde« erwähnt wird, an siebter und letzter Stelle der zu ihm gehörenden anderen Bruchstücke aufgeführt. Unmittelbar vorangestellt wird Fragment 6, in dem dreimal der »Fürst der Gemeinde« genannt ist. In ihm ist die Rede vom Zerschmettern der Gottlosigkeit, vom Widerstand gegen die Feinde und von einem Menschen, den man »vor den Fürsten bringt«. Es könnte nun durchaus sein, daß man die Reihenfolge der beiden Fragmente 6 und 7 umkehren muß; sie wurden ja getrennt voneinander gefunden und erst später als zusammengehörende Stücke erkannt. In jedem Falle wird in Fragment 6 ein lebendiger und ungemein aktiver, seinen Widersachern und auch der Gottlosigkeit entgegentretender »Fürst der Gemeinde« geschildert, dessen Tod ganz unverhofft käme und bei geänderter Reihenfolge unmöglich ist. Sein entschlossener Kampf gegen die Gottlosigkeit *(tinnageph risch'a* [Fragment 6, Zeile 1]) macht es recht wahrscheinlich, daß er in Fragment 7 (Zeile 4) den Gottlosen tötet und nicht etwa ihm zum Opfer fällt.

Diese Übersetzung, die wir als die einzig richtige ansehen, enthüllt nun nicht etwa eine frappante Ähnlichkeit oder gar bestürzende Identität von Qumran-Texten und dem Neuen Testament, von essenischer und christlicher Messiaserwartung, sondern einen fundamentalen Unterschied. Betrachten wir das messianische Wirken Jesu, so hat auch er in Jesaja 11,4 einen für ihn maßgebenden Text gesehen: Der ideale König der Endzeit richtet die Armen und Elenden im Lande mit Gerechtigkeit. Das tut Jesus etwa in der Bergpredigt, in der er den geistlich Armen, Demütigen und Unterdrückten die rettende Gerechtigkeit Gottes zuspricht und sie zu Erben des Himmelreiches erklärt (Matthäusevangelium 5,3-12). Und den Kampf gegen die Gottlosigkeit führt er so, daß er nicht den Tod des Sünders, sondern dessen Buße und Befreiung aus der versklavenden, todbringenden Macht des Bösen will. Deshalb ist das Austreiben der Dämonen charakteristisch für sein Heilandswirken: Kranke und Sünder sind »Besessene«, vom Teufel erbeutete Gefangene, die in der Festung des Starken eingeschlossen sind. Der Böse bildet ein Gegenreich zur Gottesherrschaft (Markusevangelium 3,22-27), das der Christus zerschlagen will.

Der Tod des Messias ist das zentrale Bekenntnis und Kennzeichen des christlichen Glaubens, dagegen in den Qumran-Texten so nicht bekannt. Der Einspruch des von dem Dominikanerpater Roland de Vaux geführten Schriftrollen-Teams in Jerusalem gegen John M. Allegro, der eine Kreuzigung vor Christus im Fragment 4Q285 finden wollte, war – auch wissenschaftlich betrachtet – völlig richtig und keineswegs vom Vatikan diktiert; auch jüdische Gelehrte wie Yigael Yadin oder David Flusser haben Allegro nicht zugestimmt. Vor allem aber ist die Kreuzigung Jesu nicht dessen Nationalismus und zelotischem Haß gegen Rom zuzuschreiben, wie Eisenman oder auch Barbara Thiering (Kap. 7) meinen. Vielmehr hat Jesus seine messianische Sendung im Licht von Jesaja 53 beurteilt: Als Menschensohn-Messias wollte er »sich nicht dienen lassen, sondern dienen und sein Leben als Lösegeld für die Vielen (in den Tod) geben« (Markusevangelium 10,45). Im Kontext von Jesaja 11 und der qumranischen Messiaserwartung wäre der gewaltsame Tod des »Fürsten der Gemeinde« eine Katastrophe; sie bedeutete den Triumph der Gottlosigkeit, nicht deren Entmachtung. Von Jesaja 53 her gesehen ist der Tod des Messias-Gottesknechts ein Heilsereignis, das als Evangelium verkündigt werden kann und die Kraft Gottes den Glaubenden schenkt.[20] Denn der Tod des messianischen Knechtes sühnt die Sünden, schafft sie weg (Jesaja 53,12); der unschuldig leidende, gerechte Gottesknecht rechtfertigt die Vielen (Jesaja 53,11).

Die Messiaserwartung der Qumran-Frommen und der ersten Christen war zum großen Teil auf den gleichen Weissagungen der hebräischen Bibel aufgebaut. Aber die messianische Deutung von Jesaja 53 und auch Jesaja 43 durch Jesus und die Autoren des Neuen Testaments macht den Unterschied aus.[21] Die Qumrangemeinde hoffte auf einen siegreichen Messias, weil sie eine angefochtene und auch leidende »Einung« von Frommen war; sie wollte dazu der Macht der Sünde und des Teufels durch Gehorsam gegenüber dem Gesetz Moses widerstehen, selber sühnend wirken für das Land und nicht durch den Tod eines stellvertretend leidenden Gottesknechts entsühnt werden. Es ist freilich unbegründet, wenn Eisenman die Verfasser der Qumran-Schriften als »militant, aggressiv nationalistisch und kriegerisch« ansieht und es aus diesem Grunde für unmöglich hält, daß sie Jesaja 53 auf den Tod des Messias hätten beziehen können;[22] offensichtlich ist auch ihm dieser Text unsympathisch. Dagegen hat Jesus die Leiden der vormessianischen Zeit (cheble maschiach) selbst auf sich genommen und nicht etwa eine zelotische oder politische Lösung gesucht. Eisenmans pan-zelotische Deutung des Frühjudentums und der ersten Christen ist indiskutabel.

Gott und der helfende Messias (4Q521)

Die antizelotische Haltung der Qumran-Frommen wird aus einem weiteren messianischen Text ersichtlich, den Robert H. Eisenman aus den bislang unbekannten 4Q-Fragmenten ausgewählt, gut rekonstruiert und übersetzt hat. Er hat ihn zutreffend als »einen der schönsten und bedeutendsten im Qumran-Korpus« bewertet, allerdings nicht ganz glücklich mit dem Titel »Der Messias des Himmels und der Erden« überschrieben.[23] Im beigefügten Kommentar betont er, daß dieses Fragment die Gerechten und die Frommen, Sanftmütigen und Treuen hervorhebt und als die Schutzbefohlenen Gottes und Genossen des Messias beschreibt. Eisenman spricht deshalb von »neuen Themen«, zu denen er auch die Geistbegabung der Sanftmütigen, das Aufsuchen der Frommen, das Rufen der Gerechten und deren Verherrlichung am Thron des ewigen Reiches zählt. Er verbindet diese Themen sachgemäß mit dem Neuen Testament, wobei freilich auch der Name Jesus genannt werden müßte; statt dessen fühlt Eisenman sich an die jüdische Mystik und die Kabbala erinnert. Das ist aber zu weit hergeholt, denn mit dem »ewigen Königreich« *(malkuth)* dieses Textes ist keineswegs die zehnte Sephirah (Stufe) des kabbalistischen Systems gemeint. Verständlicherweise sagt Eisenman im Kommentar zu diesem 4Q-Fragment nichts vom Zelotismus der Qumran-Frommen und den »nationalistischen Untertönen«, wie er sie aus dem Text vom »getöteten Messias« heraushört;[24] gerade 4Q521 spricht ganz gegen die Verherrlichung des Starken, Kämpferisch-Politischen.

In diesem Loblied werden die Fürsorge und Wunderkraft Gottes sowie das Heilshandeln des Messias stellenweise hymnisch gepriesen. Überschwenglich klingt der Beginn: »Himmel und Erde sollen auf Seinen (d.h. Gottes) Gesalbten hören, [die Meere] und alles, was in ihnen ist. Er wird nicht weichen von den Geboten der Heiligen.« Eisenman interpretiert diesen kosmisch geweiteten Auftrag des Gesalbten Gottes unter Zuhilfenahme von Daniel 7: Der Messias sei »bis zu einem gewissen Grad eine übernatürliche Gestalt ... (wie) ›der Menschensohn, der auf den Wolken des Himmels kommt‹«[25]. Nicht nur Himmel und Erde seien dem Befehl des Messias unterstellt, sondern auch die »Heiligen« (qedoschim), d.h. die himmlischen Heerscharen.[26]

Aber das ist übertrieben. Denn offenbar geht es gar nicht um die messianische Herrschaft über Himmel und Erde und erst recht nicht um diejenige über die Engel. Eisenman übersetzt die Aufforderung an Himmel und Erde, auf den Messias zu hören (jischme'u), durch »gehorchen«, was aber hier nicht angebracht ist. Und auf keinen Fall ist ein Gehorsam der Engel gemeint – im Gegenteil: Der Messias »wird nicht von den Geboten der Heiligen weichen«, d.h. von den Weisungen Gottes, die auch die Engel, die besonderen und himmlischen Diener Gottes, befolgen. Der Messias ist also ein Mensch und dem Gesetz untertan.

In seinem Mittelteil, den Zeilen 3-8, handelt dieses Lied überraschenderweise nicht von der Gefolgschaft gegenüber dem Messias und von dessen heilschaffendem Wirken. Vielmehr preist es die Fürsorge Gottes für die Frommen und seine erlösende Macht: Die Gerechten wird Er beim Namen nennen, über den Sanftmütigen wird Sein Geist schweben; die Gläubigen wird Er stärken durch Seine Kraft und die Frommen am Thron Seiner ewigen Königsherrschaft verherrlichen. Dann wird – in Aufnahme von Psalm 146,7f – lobpreisend gesagt: »Er erlöst die Gebundenen, macht die Blinden sehend, richtet die Gebeugten auf« (Zeile 8). Das erweckt fast den Eindruck, als sei ein messianischer Erlöser gar nicht notwendig. Aber weiter unten, nach den stark beschädigten Zeilen 9-11, wird ein ähnlich wunderbares Heilshandeln verheißen, jedoch nicht im zeitlosen Partizipialstil, sondern im Tempus des Futurums und mit dem Hinweis auf eine endzeitliche Wende: »Dann wird er die Kranken heilen, die Toten zum Leben erwecken, den Armen die frohe Botschaft verkündigen ...« (Zeile 12).

Hier wird doch wohl das erlösende Handeln des Messias beschrieben, der zu dem von Gott vorherbestimmten Zeitpunkt, dem großen »Dann«, auftreten wird. Freilich ist sonst das Auferwecken der Toten das endzeitliche Tun Gottes, wie etwa die zweite Benediktion des Achtzehn-Bitten-Gebetes zeigt, das bis heute in den Synagogen gesprochen wird. Aber die gleichzeitig im Qumran-Text erwähnte Verkündigung der frohen Botschaft für die Armen kann nicht Gottes Aufgabe sein. Nach dem Propheten Jesaja gehört sie zum Programm des mit Gottes Geist Gesalbten und von Ihm Gesandten (Jesaja 61,1f). Und auch nach dem Qumran-Text 11QMelchizedek ist es der Messias, der die frohe Botschaft bringt und das große Jahr des göttlichen Wohlgefallens verkündigt (11QMelchizedek 2,9.18). Allerdings wird dieses Jubeljahr zuerst im Himmel ausgerufen und eingeleitet. Das geschieht dadurch, daß der Erzengel Michael, der Völkerengel Israels und Fürsprecher der Frommen (vgl. Daniel 10,21; 12,1), unter den Himmlischen als *melki-zedeq*, als »König der Gerechtigkeit«, inthronisiert wird (11QMelchizedek; 1QM 17,6).[27] Verschiedene Texte der Heiligen Schrift, vor allem Psalm 82, werden auf diesen Herrschaftswechsel im Himmel bezogen, von dem dann auch die Wende auf der Erde ausgeht. Denn Michael wird mit den himmlischen Heerscharen herabfahren und endlich den langen Krieg der »Kinder des Lichts« gegen die »Kinder der Finsternis« entscheiden. Wie er unter den göttlichen Wesen als Fürst regiert, so werden auf der Erde die Völker von Israel geführt; es wird nach der Kriegsrolle herrschen, d.h. ordnend wirken »unter allem Fleisch« (1QM 17,7f). Diese wichtige Funktion des Erzengels Michael, der im endzeitlichen Ringen gegen die Übermacht des Bösen die Wende bringt und so zum eigentlichen Helfer des Gottesvolkes wird, spricht gegen Eisenmans Deutung vom übernatürlichen, menschensohnähnlichen Messias in 4Q521. Vielmehr ist dieser ein Mensch und den Menschen verpflichtet, eben der »Fürst der ganzen Gemeinde« (1QM 5,1); als solcher wird er in der Kriegsrolle vom Engelfürsten Michael und dementsprechend in 4Q521 von einem übernatürlichen Menschensohn klar unterschieden. Nach der Kriegsrolle stehen die Namen der 12 Stämme Israels auf dem Schild, den der »Fürst der Gemeinde« trägt (1QM 5,1); sie beschreiben sein Herrschaftsgebiet, das sich somit auf der Erde befindet und das Gegenstück zum himmlischen Reich des Engelfürsten Michael darstellt.

Jesus wirkte nach den Evangelien gerade auch als Messias als ein Mensch unter Menschen. Das in 4Q521 (Zeile 12) verheißene Erlösungshandeln wurde von ihm als Programm und als Beweis für seine messianische Sendung verkündigt. In der Synagoge seines Heimatortes Nazaret predigte er über den Text Jesaja 61,1f und erklärte, dieses Prophetenwort werde mit seiner Sendung erfüllt:[28] Als der mit dem Geist Gottes Gesalbte verkündigte er den Armen frohe Botschaft, den Gefangenen Befreiung und den Blinden das Augenlicht (Lukasevangelium 4,18-21). Und dem an ihm zweifelnden Täufer gab er folgenden Bescheid: »Geht hin und berichtet dem Johannes: Blinde werden sehend, Lahme gehen, Aussätzige werden rein und Taube hören; Tote werden auferweckt, und den Armen wird die frohe Botschaft verkündigt!« (Lukasevangelium 7,22). Wie in 4Q521 wird in die auf Jesaja 61,1f und Jesaja 35,5f gegründeten Aussagen die Auferweckung der Toten als messianisches Handeln eingefügt.

In 4Q521 ist das wunderbar helfende Handeln Gottes, das der Fromme schon in der Gegenwart erfährt und das mit seiner Verherrlichung in Gottes Königreich vollendet wird, mit dem Erlösungswerk des Messias in der endzeitlichen Zukunft eng verbunden; es fällt schwer, beide auseinanderzuhalten. Diese Einheit des Wirkens wird in Jesaja 61,1 mit der Sendung und Geistbegabung des Gesalbten begründet, die in 4Q521 nicht eigens erwähnt sind. Der Gesandte vertritt nach dem semitischen Botenrecht den Sendenden und ist wie dieser selbst zu achten (vgl. Mischna, Berachoth 5,5): Er handelt in seiner Vollmacht. Nach Jesaja 61,1f, das wie die legitimierende Selbstvorstellung des göttlichen Gesandten formuliert ist, hat ihn Gott mit der Kraft Seines Geistes gesalbt. Das Fragment 4Q521 erlaubt den Schluß, daß die Qumran-Exegeten die Selbstvorstellung des Geistgesalbten und Gesandten Gottes nach Jesaja 61,1 nicht etwa auf den Propheten, sondern auf den Messias bezogen haben. Jesus hat sie geradezu als sein messianisches Programm deklariert, das auch aus den Seligpreisungen der Bergpredigt herausgehört werden kann (vgl. Matthäusevangelium 5,3f mit Jesaja 61,1f).[29]

Und doch besteht andererseits ein gewichtiger Unterschied. Der Lobpreis von der Erlösung in 4Q521 ist – gut alttestamentlich-jüdisch – einer gesetzlichen Frömmigkeit verpflichtet. Gott ist ein Gott der Gerechten; den Frommen (*chasidim*) gilt Seine Fürsorge und verherrlichende Kraft, den Demütigen wird die frohe Botschaft verkündigt. Wer den Herrn sucht, wird von Ihm besucht. Solche Gottsuche geschieht aber für den Qumran-Frommen so, daß man in Seinen Geboten forscht (Gemeinderegel 1QS 1,1f; 5,11). Das wird von unserem Text bestätigt: Das Gebot soll befolgt, ihm soll »nachgejagt« werden (4Q521 1,3,1). Auch der Messias wird nicht von den Geboten weichen, an die sich selbst die Engel halten (1,2,1). Jesus war gekommen, das Gesetz und die Propheten zu erfüllen (Matthäusevangelium 5,17). Aber er wußte sich als Messias gerade auch zu den verlorenen Schafen Israels gesandt (Matthäusevangelium 15,24); er rief die Sünder, und nicht die Gerechten (Markusevangelium 2,17).

Der Gottessohn in einem Text aus Höhle 4 (4Q246)

Man hat bisher meist angenommen, der Messias sei im Frühjudentum nicht als »Sohn Gottes« bezeichnet worden, während das im Neuen Testament oft geschieht (vgl. Römerbrief 1,3f). In der Tat galt der Messias als »Sohn Davids« *(ben dawid)*. Die Rabbinen sprachen meist vom »Davidssohn«, wenn sie den Messias meinten, und Jesus wurde von hilfesuchenden Menschen so angeredet (Markusevangelium 10,47; Matthäusevangelium 9,27; 15,22). Ja, er selbst hat den Messias als »Davidssohn« bezeichnet, aber die Gottessohnschaft als dessen eigentliche Würde angesehen (Markusevangelium 12,35-37). Das ist nämlich mit der Frage Jesu nach dem Davidssohn beabsichtigt. Er will in diesem Gespräch von Markus 12 nicht etwa die davidische Abkunft des Messias bestreiten; er war ja selbst Davidide. Aber der Messias ist nach 2. Samuel 7,14 der Sohn Gottes; deshalb kann ihn im Davidspsalm 110,1 der König als seinen »Herrn« anreden. Der Christus, so sagt es ein judenchristliches, von Paulus am Beginn des Römerbriefs zitiertes Bekenntnis, ist »Davids Sohn nach dem Fleisch« und »Sohn Gottes nach dem Heiligen Geist« (Römerbrief 1,3f).
Nun wird aber in dem aramäisch abgefaßten Text 4Q246, den Robert H. Eisenman näherhin als »messianisches Pseudo-Daniel-Fragment« bestimmt,[30] ein König mit dem Titel »Sohn Gottes«, »Sohn des Höchsten«, erwähnt (4Q246 2,1). Obwohl der interessanteste Teil dieses Qumran-Texts schon seit fast zwanzig Jahren bekannt

war,[31] gab es jetzt auch seinetwegen ein großes Getöse in der Presse. So kam eine führende englische Zeitung mit der Schlagzeile heraus: »Rollenfragment stellt eine Grundlage des Christentums in Frage.«[32] Wir können es uns deshalb nicht ersparen, dieses Rollenfragment genauer anzusehen.

Wer ist mit dem Gottessohn in 4Q246 gemeint? Der Kontext für diese Aussage ist höchst problematisch. Der leider sehr verstümmelte Anfang (4Q246 1,1f) wird in Anlehnung an die Traumvisionen des Königs Nebukadnezar rekonstruiert, die der Prophet Daniel auslegt (vgl. Daniel 2-5). Eine solche Traumdeutung scheint auch hier vorzuliegen, doch bleibt sie im ersten, nur halb erhaltenen Teil dieses Dokuments recht unklar und bedarf auch jetzt noch des deutenden Weisen. Zunächst wird in dunkler, apokalyptischer Sprache alles, was bis auf ewig kommen wird, angekündigt, nämlich Drangsal auf Erden und viele Kriege (Zeile 2-5). Dann steht in einer großen Lücke die Wendung »König von Assur« (Zeile 6); er wird groß sein auf Erden, alle werden ihm dienen (Zeile 7-8). Aber man muß gleich fragen: Kann denn der König von Assur (d.h. Syrien), mit dem in Qumran ein Seleukiden-Herrscher gemeint ist, als endzeitlicher Kosmokrator erwartet und gar »Sohn Gottes« genannt worden sein? Mit dieser Frage hat wohl Eisenman gerechnet und ähnlich wie Émile Puech[33] die große Lücke in 4Q246 1,6 so aufgefüllt: »... bis der König des Volkes aufstehen wird. Er wird der König von Syrien und Ägypten werden.« Auf diesen König von Gottes Gnaden bezöge sich dann die textlich gut erhaltene und religionsgeschichtlich wichtige Aussage: »Sohn Gottes *(bereh di'el)* wird er genannt werden, und Sohn des Höchsten *(bar 'eljon)* wird man ihn heißen« (4Q246 2,1).

Auch die Fortsetzung, die viel besser lesbare zweite Spalte von 4Q246, bietet manche Probleme, diesmal vor allem vom Inhalt her. Zunächst wird – gleichsam als Kontrast – noch einmal vom Chaos heidnischer Herrschaft gesprochen, und zwar in endzeitlicher Steigerung: Menschen und Völker werden einander zertrampeln, vernichten. Aber dieses selbstzerstörerische Chaos kann nur ein kurzes Intermezzo sein. Es wird mit Sternschnuppen verglichen, offenbar, weil es wie diese rasch fällt und verglüht (4Q246 2,1-3).

Dann folgt das Auftreten des Gottesvolkes und mit ihm die große Wende (Zeile 4-9): »Bis daß das Volk Gottes auftreten und alle zur Ruhe bringen wird, weg vom Schwert (Zeile 4). / Seine Herrschaft wird eine ewige Herrschaft sein, und alle seine Wege werden in Gerechtigkeit sein (Zeile 5). / Die Erde wird in Gerechtigkeit leben, und alles wird Frieden machen; das Schwert wird von der Erde verschwinden (Zeile 6). / Und alle Staaten werden ihn anbeten, den großen Gott in der Höhe (Zeile 7). / Er wird für es (das Gottesvolk) Krieg führen und ihre Völker in seine Hand geben (Zeile 8). / Alle wird er vor ihm niederwerfen. Seine Herrschaft wird eine ewige Herrschaft sein (Zeile 9).«

Für die Heilszeit gibt es demnach mehrere bestimmende Größen: Gott selbst, das Gottesvolk und möglicherweise den Gottessohn. Aber ist dieser letztere nicht doch ein weltlicher Regent, etwa der König von Syrien, der in die vorläufige Zeit der Drangsal gehört und im Gegensatz zum wahren Gott und dessen Volk steht? In diesem Falle würde in 2,1 gegen den Herrscherkult der Diadochen polemisiert und ihm durch den Auftritt des Gottesvolkes das Ende bereitet.[34] Aber es ist doch wohl beim Gottessohn an den Repräsentanten der neuen Zeit gedacht,[35] an den Messias-Menschensohn von Daniel 7,13f. Ihm tritt dann ab 2,4 das Gottesvolk an die Seite, so wie in Daniel 7,21.27 das Volk der Heiligen des Höchsten die Herrschaft des Menschensohnes übernimmt. Gerade im Buch Daniel erscheint ja die endzeitliche Dreiheit von Gottesherrschaft (Daniel 2,44), Inthronisation des Messias-Menschensohns (Daniel 7,13f) und Regiment des Gottesvolkes (Daniel 7,27). Und da das ganze apokalyptische Fragment 4Q246 vom Buch Daniel inspiriert ist, dürfte dies die beste Lösung für unser Problem sein.

Aber der Titel »Gottessohn« fehlt im Buch Daniel; er müßte für unseren Qumran-Text 4Q246 von anderen alttestamentlichen Stellen vorbereitet sein. Das ist in der Tat der Fall. An sich ist er keine Überraschung, wenn man an die Messiaserwartung Israels und an das Christus-Bekenntnis des Neuen Testaments denkt. Die Stelle 2. Samuel 7,12-14, die das Fundament für die Messiaserwartung des Alten Bundes darstellt, ist auch die Basis für die beiden messianischen Titel »Davidssohn« und »Gottessohn«. Denn nach dieser Weissagung, die der Prophet Natan dem König David verkündigte und die die Qumran-Gemeinde auf den Messias bezogen hat (4QFlorilegium 1), wird der verheißene, ewig regierende König zunächst ein leiblicher Nachkomme Davids sein (2. Samuel 7,12); von daher stammt die Bezeichnung »Davidssohn«. Aber Gott versprach auch, er wolle für diesen Davididen wie ein Vater sein und ihn wie einen Sohn erziehen (2. Samuel 7,14; vgl. Psalm 2,7); dieser Zusage entnahm man den messianischen Titel »Gottessohn«.

Als doppelte Sohnschaft hat die erste Christenheit die messianische Würde Jesu erklärt (Römerbrief 1,3f). Diese zweifache Sohneswürde erscheint schon in der Ankündigung der Geburt Jesu (Lukasevangelium 1,32); sie bietet die beste Parallele zum Fragment 4Q246 (Zeile 2,1). Denn der Engel Gabriel sagt vom Kind der Maria fast genau das gleiche wie der Qumran-Text: »Dieser wird groß sein (vgl. 4Q246 1,7) und Sohn des Höchsten geheißen werden (vgl. 4Q246 2,1). Und Gott der Herr wird ihm den Thron seines Vaters David geben (vgl. 2. Samuel 7,12f).« Deutlicher als unser Qumran-Text nimmt der Engel Gabriel die Weissagung Natans und vor allem die Davidssohnschaft auf. Aber auch das so stark von Daniel bestimmte Qumran-Fragment 4Q246 dürfte die Benennung des Messias als »Gottessohn« von 2. Samuel 7,14 abgeleitet haben; von daher müßte sich die Aussage in 4Q246 2,1 ebenfalls auf den davidischen Messias und nicht auf einen heidnischen König beziehen.[36] Das Qumran-Fragment 4Q246 zeigt, wie an einer wichtigen Stelle der lukanischen Geburtsgeschichte die Sprache nicht etwa heidnisch-griechisch, sondern palästinisch-jüdisch ist.

Die Messiaserwartung in Qumran und der Christus der Evangelien

Wenn man die Evangelien liest, dann gewinnt man den Eindruck, daß in den Tagen Jesu in weiten Teilen der jüdischen Bevölkerung eine brennende Erwartung des Messias herrschte. Dies ist in der exegetischen Wissenschaft verschiedentlich bestritten worden. In den Qumran-Schriften besitzen wir jetzt Originaldokumente aus neutestamentlicher Zeit, die belegen, wie fromme Juden gespannt nach der Wende der Zeiten Ausschau hielten und dazu in tiefstem Ernst und größter Anstrengung die Schriften des Alten Testaments durchforschten. Wir sehen dabei, wie die Aufmerksamkeit vor allem auf Stellen fiel, die dann auch im Neuen Testament eine große Rolle spielen, so etwa Jesaja 11 und 61 oder auch Daniel 7. Gleichzeitig erkennen wir, wie sehr die Deutungen auseinandergingen. Selbst die essenische Bewegung scheint nicht zu einer völlig einheitlichen Messiaserwartung gefunden zu haben. Einige Texte wie zum Beispiel die Gemeinderegel (1QS 9,10f) sprechen klar vom Auftreten zweier Messiasgestalten, dem König aus dem Davidshaus, aber auch einem ihm übergeordneten Hohenpriester. In der Damaskusschrift, die wohl auf einen weiteren Kreis essenischer Frommer zurückweist, scheint eher die Erwartung einer einzigen Messiasgestalt vorausgesetzt zu sein.[37]

Die Qumran-Texte zeigen aber auch, wie fest verwurzelt vom Alten Testament her die Erwartung eines kriegerischen Befreiers aus dem Davidshaus war. Hier ist wohl eine den meisten jüdischen Gruppen gemeinsame Überzeugung gegeben. Wir lernen auf diesem Hintergrund besser verstehen, wie Petrus es bei Cäsarea Philippi wagen konnte, Jesus zur Rede zu stellen, den er doch eben als den Messias bekannt hatte (Markusevangelium 8,27ff). Petrus glaubte die richtige Auslegung der Heiligen Schrift auf seiner Seite zu haben. Auch die Qumran-Texte bestätigen, trotz anderslautender Behauptungen, daß die Erwartung eines leidenden oder gar sterbenden Messias damals nicht im Blick war. In der Verbindung des leidenden Gottesknechtes von Jesaja 53, der aber dennoch, ja gerade auf Grund seiner gehorsamen Passion von Gott zum Menschensohn-Weltherrscher erhöht wird, mit dem Messias-König begegnen wir der neuen Exegese Jesu und seinem einmaligen Sendungsbewußtsein.

Der »Lehrer der Gerechtigkeit« bleibt eine der eindrucksvollsten Gestalten der jüdischen Frömmigkeit. Seine Anhänger glaubten, Gott habe ihm eine epochemachende Gabe, die Heilige Schrift auszulegen, geschenkt. Aber dieser Lehrer hat nie von sich behauptet, ein Prophet oder gar der Messias zu sein, so wie das Jesus zunächst indirekt und dann nach dem Petrus-Bekenntnis in zunehmender

Deutlichkeit und Entschiedenheit für sich beanspruchte. Das ist der unüberwindbare Unterschied zwischen Qumran und dem Urchristentum: Die Qumran-Texte zeigen uns jüdische Fromme, die in großer Intensität auf die messianische Zeit warten, das Neue Testament verkündet übereinstimmend durch alle seine Zeugen: Der Messias ist schon gekommen, die Zeitenwende durch sein Sterben und Auferstehen angebrochen.

7. Kritisieren die Qumran-Schriften Jesus als »Gottlosen Priester«?

Eine Professorin aus dem fernen Australien – Die Spätdatierung der Qumran-Texte – Johannes der Täufer als »Lehrer der Gerechtigkeit«? – Jesus als der »Gottlose Priester« und »Lügenmann«? – Das aufgefüllte Leben Jesu – Der neue Weg zur Entschlüsselung der Evangelien – Destruktiv und pseudo-wissenschaftlich

Eine Professorin aus dem fernen Australien

Auch Barbara Thiering, die an der Universität von Sydney in Australien lehrt, rechnet sich zu einer neuen Generation von Qumran-Wissenschaftlern. Sie lehnt den bisherigen Konsens der Fachgelehrten ab, die eine vorchristliche Herkunft der Qumran-Texte und der essenischen Bewegung annehmen. Ähnlich wie Robert H. Eisenman (Kap. 5) meint Frau Thiering, der »Lehrer der Gerechtigkeit« sei keinesfalls unter einem hasmonäischen Hohenpriester aufgetreten, so etwa unter Jonatan I. (152-143 v.Chr.) oder dessen Bruder Simon (143-134 v.Chr.) oder vielleicht auch unter dem Priesterkönig Alexander Jannai (Jonatan II., 103-76 v.Chr.). Solch eine Datierung hält sie »für einen der großen Irrtümer der zeitgenössischen Wissenschaft«.[1] Vielmehr sei dieser Lehrer wesentlich später anzusetzen; er gehöre in die neutestamentliche, speziell in die herodianische Zeit. Aber Frau Thiering identifiziert ihn nicht etwa mit Jakobus dem Gerechten, dem Bruder Jesu, wie Eisenman oder Baigent/Leigh, sondern mit Johannes dem Täufer. Sein Gegenspieler, der »Gottlose Priester«, sei jedoch kein amtierender Hoherpriester gewesen, sondern kein anderer als Jesus von Nazaret. Diese abenteuerliche, bislang von niemandem vertretene These[2] stammt von einer Frau, die fachkundig über die Texte vom Toten Meer geschrieben hat. Zwei wertvolle Aufsätze, die das schwierige Problem der rituellen Reinheit und der Waschungen in Qumran behandeln, stammen aus ihrer Feder.[3]

In den vergangenen Jahren ist Barbara Thiering allerdings aus dem Raum der wissenschaftlichen Fachzeitschriften herausgetreten; statt dessen erscheint ihr Name in den Schlagzeilen der Sensationspresse. So versuchte im Juli 1992 die »Bild-Zeitung« einen der beiden Autoren (R. Riesner) an seinem Urlaubsort (vergeblich) aufzuspüren, um eine Stellungnahme zu erhalten.[4] Unglaubliche Dinge werden nämlich in ihrem Buch »Jesus aus Qumran. Sein Leben – neu geschrieben« (Gütersloh 1993) ans Licht gebracht. Manches menschlich allzu Menschliche erfährt man dort aus dem Leben Jesu von Nazaret, der nach Frau Thiering zu den Essenern gehörte und sich meistens in der Wüste Juda aufhielt; so etwa, daß er im September des Jahres 30 Maria Magdalena geheiratet habe, im Jahre 33 zusammen mit Simon Magus und dem Zeloten Judas gekreuzigt worden sei, aber im letzten Augenblick, im Zustand der Ohnmacht, abgenommen werden konnte. Er habe überlebt, sei in den sechziger Jahren nach Rom gekommen, um dort das biblische Alter von 70 Jahren zu erreichen.

Was haben diese angeblichen Enthüllungen über Jesus aber mit dem »Rätsel der Rollen vom Toten Meer« zu tun?

Die Spätdatierung der Qumran-Texte

Kehren wir zunächst zu der These zurück, die Texte aus Qumran seien spät zu datieren – d.h. aus der hasmonäischen Geschichte in die herodianische Zeit zu versetzen – und in ihnen werde Johannes der Täufer als Lehrer der Gerechtigkeit verehrt. Als Konsequenz dieser These wird Jesus zum »Gottlosen Priester« und »Lügenmann« der Qumran-Texte degradiert. Es bedarf schon einer großen Schubkraft, um die Aussagen über den großen Lehrer der Qumran-Gemeinde in die neutestamentliche Zeit zu verfrachten. Frau Thiering kann zwar von der Tatsache profitieren, daß die Qumran-Texte für Insider geschrieben sind und deshalb manche Dinge und vor allem auch Personen nicht beim Namen nennen. Aber bei der Bereitung des Weges bis hin zu Johannes dem Täufer sind zahlreiche Hindernisse auszuräumen. Als Werkzeug wird zunächst der Zweifel benutzt: Mit der Wahrheit und Tragkraft der bisher angewandten Forschungsmethoden sei es nicht zum besten bestellt. Frau Thiering sucht krampfhaft nach Schwachstellen, Unsicherheiten oder gar Widersprüchen, an denen sie ansetzen könnte, um ihre Konstruktion durchzuführen.[5]

Bei der paläographischen Datierung der Texte, wie sie vor allem Frank M. Cross vorgenommen hat,[6] sieht Frau Thiering einige Differenzen und Probleme, die allerdings tendenziös aufgebauscht werden. Sie verweist zunächst auf die schwankende, individuell verschiedene und daher schwer einzuordnende Form der sogenannten »semikursiven Schreibweise«. Ferner gibt es die Gewohnheit, archaisierend zu schreiben, was zu einer falschen Frühdatierung des Texts führen kann. Außerdem solle man bei der Datierung flexibel sein und – ähnlich wie beim Radiokarbontest – eine Quote von plus oder minus 50 Jahren einräumen. Eine weitere Verschiebung könne sich aus der Zeitspanne ergeben, in der ein jüngerer Schreiber durch einen älteren geübt wird. Solche Möglichkeiten hat Frau Thiering einseitig zugunsten ihrer Spätdatierung addiert. Den Ausschlag geben für sie die Tempelrolle und die Pescharim. Die Tempelrolle (11QMiqd), deren Schrift zwar als »hasmonäisch halbformal« eingestuft wird, aber doch auch herodianische Züge aufweist, läßt laut Frau Thiering »vernünftigerweise keine Barriere verteidigen, die eine herodianische Datierung verwehrt«[7]. Und die Pescharim, die typischen Qumran-Kommentare zu biblischen Büchern und Stellen, stammen ihrer Meinung nach allesamt aus der herodianisch-römischen Zeit; in dieser Zeit würden die Weissagungen der alten Propheten erfüllt.

Entscheidend ist die Frage nach dem angeblich »herodianischen« Inhalt der spezifischen Qumran-Schriften. Wie Robert H. Eisenman greift Frau Thiering die Stelle im Habakuk-Pescher auf, die vom Überfall des »Gottlosen Priesters« am großen Versöhnungstag spricht (1QpHab 11,8). Diese stützt jedoch die hasmonäische Datierung und gibt Frau Thierings Thesen gerade keine Chance. Aber sie argumentiert anders als der rabbinisch-spekulativ exegesierende Eisenman. Sie stürzt sich zunächst nicht auf die Notiz vom Exil des »Lehrers der Gerechtigkeit« (Abeit-Galuto), der Eisenman so viele Hinweise auf eine Spätdatierung abgerungen hat. Vielmehr möchte sie in den Qumran-Texten jene Stellen entkräften, die man gegen ihre Spätdatierung ins Feld führen kann.

Vom »Gottlosen Priester« und seiner Amtsführung heißt es, er sei »im Namen der Wahrheit am Anfang seines Auftretens berufen worden«, dann aber auf Abwege geraten (1QpHab 8,9f). Das paßt nun recht gut zum hasmonäischen Hohenpriester Jonathan I. oder auch zu Alexander Jannai, also ins 2. oder vielleicht 1. Jahrhundert v.Chr. Frau Thiering aber versteht den Ausdruck »Wahrheit« ('emet) gleichsam technisch, in einem qumran-spezifischen Sinn: Er sei immer ein Inbegriff der besonderen Lehre der Essener. Sie haben die Wahrheit gepachtet, weil sie die Schrift wahr auslegen und auch die Wahrheit tun. Wurde der »Gottlose Priester« im Namen der Wahrheit berufen, so sei er ein Glied der »Gemeinde der Wahrheit« geworden. Für ihn gelte das gleiche wie für den »Lügenmann«: Von diesem werde ausdrücklich gesagt, er habe zur Gemeinde gehört und ihr später den Rücken gekehrt (1QpHab 2,1f; 10,9f; CD 20,15). »Gottloser Priester« und »Lügenmann« seien nur verschiedene Namen für ein und dieselbe Person (anders Eisenman!), nämlich für den Rivalen des »Lehrers der Gerechtigkeit«; ein hasmonäischer Hoherpriester könne aber niemals Mitglied der Qumran-Gemeinde gewesen sein. Frau Thiering will die These vom »Gottlosen Hohenpriester« und Gegner des Lehrers, wie sie im Qumran-Konsens vertreten wird, Stück für Stück abbauen. Dabei sind allerdings äußerst ungewöhnliche exegetische Schritte unvermeidlich. Für Barbara Thiering ziemlich störend wirkt die Auskunft, der »Gottlose Priester« habe über Israel »geherrscht« (maschal [1QpHab 8,9f]). Der unbefangene Leser muß dabei an einen König oder Hohenpriester in Israel denken; das aber waren gerade die Hasmonäer, die als Priester und Könige regierten. Wie der Begriff »Wahrheit« wird nun auch der Begriff »Israel« in einem angeblich qumran-spezifischen Sinn verstanden: Er meine nicht etwa die Nation, sondern speziell die Laien der Gemeinde im Unterschied zum Klerus, denn in der Damaskusschrift werde nach den Priestern und Leviten »Israel« als dritter Stand genannt (CD 14,4-6). Demnach hätte der »Gottlose Priester« die Laien der Gemeinde »regiert«.

Diese spitzfindigen Deutungen widersprechen jedoch dem Sprachgebrauch von Qumran. Denn beide Begriffe, »Wahrheit« und »Israel«, werden überwiegend im alttestamentlichen, allgemeineren Sinn verwendet. Die »Wahrheit« kann zwar auch einmal speziell die qumran-eigene Lehre sein, aber sie ist – ähnlich wie die Gerechtigkeit – in den allermeisten Fällen die Qualität und Offenbarungsweise Gottes. Ebenso ist »Israel« primär das von Gott erwählte, aber jetzt der Buße bedürftige Volk, in dessen Mitte die Qumran-Gemeinde den Gottesbund aufrechterhält. Außerdem spricht die scharfe Scheidung zwischen Klerus und Laien in Qumran gegen eine Vermischung, wie sie mit der Leitung der Laien durch einen Priester gegeben wäre. Schließlich wäre solch eine Leitungsaufgabe nie mit dem Wort »herrschen« bezeichnet worden.

Der so energisch vorgetragene Angriff gegen den Qumran-Konsens: »Es gibt keinen hasmonäischen Hohenpriester in den Schriftrollen!« geht ins Leere. Denn in den jetzt durch Robert H. Eisenman und M. Wise veröffentlichten Fragmenten aus Höhle 4 werden sogar mehrere hasmonäische Herrscher bzw. Hohepriester direkt beim Namen genannt (S. 91), und zwar Salome Alexandra (76-67 v.Chr.), ihr Sohn Hyrkan II. (ab 67 v.Chr.), vermutlich auch Johannes Hyrkan (134-104 v.Chr.).[8] Dagegen findet man keine Namen aus der herodianischen, neutestamentlichen Zeit, in der sich doch nach Frau Thiering die prophetischen Schriften erfüllen sollen.

Im Pescher (aktualisierender Kommentar) zum Propheten Nahum sind die Namen der syrischen Könige Antiochus und Demetrius erwähnt; der letztere bedrohte, von den Pharisäern um Hilfe gebeten, mit seinem Heer Jerusalem und den dort regierenden Priesterkönig Alexander Jannai (vgl. 4QpNah 1,2f). Er zog jedoch wieder ab. Daraufhin ließ Alexander 800 Pharisäer wegen Hochverrats kreuzigen.

Diese grausame Bestrafung wird sowohl im Nahum-Pescher (4Q-pNah 1,6-8) als auch vom jüdischen Historiker Flavius Josephus berichtet (Jüdischer Krieg I 92-98; Jüdische Altertümer XIII 377-383). Frau Thiering verschiebt diese Ereignisse um rund 100 Jahre und meint, Pilatus habe beim Protest der Juden gegen die römischen Feldzeichen eine Massenkreuzigung durchgeführt; dieser Akt sei im Nahum-Pescher gemeint. Davon kann jedoch keine Rede sein. Es kam nicht zum Blutvergießen, denn der überraschte Pilatus gab den Juden nach (vgl. Jüdischer Krieg II 169-174; Jüdische Altertümer XVIII 55-59). Abgesehen davon geht es nicht an, einen innerjüdischen Konflikt unter Alexander Jannai auf einen späteren jüdisch-römischen Zwischenfall zu beziehen.

Barbara Thiering stützt sich vor allem auf die Tempelrolle aus Höhle 11, die – wie auch sonst oft geurteilt wird – schon vor dem Auftreten des Lehrers entstanden sein soll. Frau Thiering sieht die Erweiterung des Jerusalemer Tempels, die Herodes der Große 20 v.Chr. in Angriff genommen hatte, als Hauptursache für die Abfassung dieser Rolle an: mit ihrer genauen Beschreibung der Bauten, Höfe, des Opferkults und der Feste, dazu den Reinheitsgeboten, sollte sie als von Gott verkündetes Programm dem Herodes beim Tempelbau als Vorlage dienen. Herodes habe sie dann freilich verworfen, weil das dort enthaltene strenge Königsgesetz seinem eigenen, freizügigen Lebenswandel nicht entsprach.[9] Außerdem sei die Tempelrolle von einer gemischten Gruppe von Frommen verfaßt worden, der neben Pharisäern und Zeloten auch Essener angehörten. Die letzteren hätten sich nach dem schweren Erdbeben, das 31 v.Chr. die Anlage in Qumran stark beschädigte und kultisch unrein machte, in Jerusalem niedergelassen. Eine Ansiedlung von Essenern unter Herodes in Jerusalem und ein Einfluß der Tempelrolle auf den Umbau des Tempels unter diesem jüdischen König sind diskutable Thesen, die auch von anderen Forschern unabhängig von Frau Thiering vertreten werden.[10] Aber diese Thesen stützen noch lange nicht die Ansetzung des »Lehrers der Gerechtigkeit« in herodianischer Zeit.

Nun ist es durchaus nicht so, daß für Frau Thiering der Essenismus (die Qumran-Gemeinde) ausschließlich ins 1. Jahrhundert n.Chr.

gehört. Vielmehr habe seine Geschichte im 2. Jahrhundert v.Chr. begonnen, als Qumran von Exulanten bewohnt war, die sich vom offiziellen Judentum getrennt hatten. In der Frühphase eines radikalen und auch nationalistischen Essenismus seien biblische Bücher abgeschrieben, aber auch pseudepigraphische Schriften verfaßt worden, wie Henoch, Daniel, das Jubiläenbuch und die Testamente der Zwölf Patriarchen.[11] Nach dem Erdbeben 31 v.Chr. hätten die Essener im herodianischen Jerusalem gewohnt. Aber ab 6 n.Chr., als Judäa von den Römern besetzt und verwaltet wurde, sei eine zum Zelotismus neigende Gruppe wieder nach Qumran und an andere Orte am Toten Meer gezogen, darunter Masada; damals sei die Kriegsrolle entstanden. Zelotische Umtriebe unter Vitellius machten nach Frau Thiering für einen Teil der Essener den Exilsaufenthalt im Lande Damaskus notwendig. In Palästina hätten diese Umtriebe schließlich zum ersten jüdischen Aufstand (66-70 n.Chr.), zum Fall Jerusalems mit der Zerstörung des Tempels (70 n.Chr.) und zum Ende der Zeloten in Masada (73/74 n.Chr.) geführt. Hier nähert sich Frau Thiering der verfehlten Pan-Zeloten-Hypothese von Robert H. Eisenman.

Johannes der Täufer als »Lehrer der Gerechtigkeit«?

Schon vom Begriff her will Barbara Thiering beweisen, daß sie das mit dem Titel »Lehrer der Gerechtigkeit« aufgegebene Rätsel richtig gelöst hat. Der gewöhnlich als »Lehrer der Gerechtigkeit« wiedergegebene hebräische Ausdruck *moreh zedeq* lasse sich auch so übersetzen: »Derjenige, der in Gerechtigkeit tauft«, »der Gerechtigkeit (wie Wasser) vergießt« (vgl. Joel 2,23). Johannes, der nach Frau Thiering offiziell am 16. September des Jahres 8 v.Chr. von Elisabet, der ursprünglich für längere Zeit einem Zölibat verpflichteten Frau des zadokidischen Priesters Zacharias, geboren worden sei, ist für sie in allegorischer Auslegung der Evangelien auch der »Mann, der von Jerusalem nach Jericho ging« (Thiering 66)[12]. Das sei im Jahr 26 n.Chr. geschehen, in dem Pilatus als römischer Statthalter nach Judäa kam, zwanzig Jahre nach dem Beginn der »Zeit des Zorns« der Damas-kusschrift (CD 1,9-11), die mit der römischen Verwaltung Judäas be-gonnen hatte. Johannes habe sich von seinen Eltern getrennt und als gesetzesstrenger und eifernder Frommer das Leben eines Asketen in der Wüste geführt, ehe er die Leitung der Qumran-Gemeinde über-nahm. Seine starke Persönlichkeit und Autorität würden in der Qumran-Hymne 1QHodajoth 2,8-14 zur Sprache gebracht (Thie-ring 47).

Johannes sei vom baldigen Anbruch der Zeitenwende fest überzeugt gewesen und habe sie auf die Jahre 29 oder 30 bzw. 31 datiert. Im Ge-gensatz zu den aufklärerischen jüdischen Freunden der Heiden sei er wie Jakobus, Kajaphas, Gamaliel oder der junge Saulus ein »He-bräer von Hebräern« gewesen, d.h. von Stolz auf die alttestament-lich-jüdische Tradition erfüllt. Für fünf Jahre habe er eine aus radi-kal-nationalistischen und heidenfreundlichen Essenern bestehende Qumran-Koalition regiert. Dann habe ihn Herodes Antipas verhaf-ten lassen, einmal, weil er über die Kritik des Täufers an seiner Ehe mit der Herodias erbost war, und zum anderen, weil ihm der Frem-denhaß in der Täuferpredigt politisch gefährlich erschien. Außerdem hatte sich die Vorhersage für eine Wende zum Heil auch im Jahr 31 nicht erfüllt. Der Täufer sei schließlich als falscher Prophet hinge-richtet worden (Thiering 401).

Seine rigorose, unversöhnliche Haltung habe Johannes auch unter den Essenern Gegner geschaffen. Während er als »Lehrer der Ge-rechtigkeit« wirkte, sei es zu einem Schisma in seiner Gemeinde ge-kommen: Die »gespaltenen *(schizomenoi)* Himmel« in der Ge-schichte von der Taufe Jesu (Markusevangelium 1,10) würden indi-rekt darauf hinweisen, und die Damaskusschrift davon im Klartext berichten: Eine gegen die rigorose Haltung des Johannes gerichtete Mehrheit erklärte sich für den konzilianten »Lügenmann« (CD 20,13-15). Am Großen Versöhnungstag sei es zum Konflikt gekom-men: Der Rivale wurde bezichtigt, auf den Tod des »Lehrers der Ge-rechtigkeit« hinzuarbeiten (vgl. 1QpHab 11,8), eine Anklage, die nicht grundlos gewesen sein soll. Nach der Hinrichtung des Täufers habe die Vergeltung auch den »Gottlosen Priester« und »Lügen-mann« getroffen. Gott gab ihn wegen der Schuld an dem »Lehrer der Gerechtigkeit« in »die Hände seiner Feinde, um ihn durch Schläge bis zur Vernichtung zu demütigen, durch Bitternisse der Seele, weil er gefrevelt hatte an seinem Auserwählten« (1QpHab 9,9-12). Damit beginnt die Geschichte Jesu. Er sei im Habakuk-Pescher mit den Namen »Gottloser Priester« und »Lügenmann« gemeint.

Dieses Bild des Johannes ist völlig verzerrt und in frei schwebender Phantasie erweitert:

1. Der Täufer war alles andere als ein nationalistischer Zelot, der die politische Wohlfahrt und Mission des Volkes Israel im Blick gehabt hätte. Frau Thiering übersieht geflissentlich, daß die Bußpredigt des Johannes – wie übrigens auch die des »Lehrers der Gerechtigkeit« – den Gedanken von der Einheit und Einzigkeit des Gottesvolkes entscheidend verändert und den Glauben an Erwählung und Heil auf eine neue Grundlage stellt. Das zeigt das Drohwort: »Glaubt nicht, daß ihr euch einreden könnt: ›Wir haben Abraham zum Vater!‹ Denn ich sage euch: Gott kann aus diesen Steinen dem Abraham Kinder erwecken!« (Matthäusevangelium 3,9 und Parallelen). Das bedeutet: Für Israel als Nation ist das Heil keineswegs garantiert. Das wahre Gottesvolk setzt sich aus einzelnen, von Gott vorherbestimmten »Kindern des Lichts«, den echten Söhnen Abrahams zusammen. Es ist eine verborgene, von Gott geschaffene Größe.

2. Von einer Leitung der Qumran-Gemeinde durch den Täufer wissen wir nichts; hätte es sie gegeben, hätte Flavius Josephus davon erzählt. Johannes ist wohl als Kind in Qumran aufgewachsen (vgl. Lukasevangelium 1,80), hat sich dann aber von der Gemeinde getrennt und als Bußprediger in der Wüste den Weg für den kommenden Herrn bereitet (Markusevangelium 1,2ff).[13]

3. Es gab keinen Bruch zwischen ihm und Jesus, der nach der Verhaftung des Täufers dessen Dienst übernahm (Markusevangelium 1,14) und ihn als den größten aller Propheten pries (Matthäusevangelium 11,11); wohl aber hatte Johannes nach seiner Gefangennahme durch Herodes Antipas Zweifel an Jesu Messianität (Matthäusevangelium 11,2-6).

Jesus als der »Gottlose Priester« und »Lügenmann«?

Barbara Thiering will nach dem wirklichen, historischen Jesus forschen, nicht nach dem Christus und Gottessohn, den die Kirche bekennt und ehrt (Thiering 73). Den Menschen von Fleisch und Blut bietet angeblich der »Pescher« der vier Evangelien, d.h. nicht etwa deren Klartext, sondern ihr zweiter, tieferer Sinn, auf den hin sie angelegt seien. Diesen Sinn müsse man suchen, da er unter der Oberfläche des Wortlauts liege. Barbara Thiering versucht Jesus auf ihre Weise als einen sympathischen Menschen darzustellen: Er sei wohl von kleiner Gestalt gewesen, da Maria Magdalena meinte, ihn wegtragen zu können (Johannesevangelium 20,15); auch hatte er das lange Haar und den Bart eines Nasiräers, d.h. Gottgeweihten (Thiering 73). Obwohl für das königliche Amt bestimmt, hat Jesus sich zu den Niedrigen gehalten und nahm Partei für die Unterdrückten und Ausgebeuteten, die Armen, die Behinderten, die Außenseiter (Thiering 74). Er war weitherzig, offen gegenüber Fremden und Andersdenkenden; dabei folgte er für seine Person der asketischen Disziplin der Essener, in der er erzogen worden war.

Warum aber wurde ausgerechnet dieser friedfertige Mann im Habakuk-Pescher diskriminierend als »Gottloser Priester« und »Lügenmann« bezeichnet? Dafür war nach Frau Thiering zunächst sein weltoffenes Wesen, die den national-jüdischen Eifer übersteigende und den allgemeinen Frieden erstrebende Haltung, maßgebend. Dem orthodoxen, traditionsbewußten und gesetzestreuen Flügel der Essener und einem Asketen wie Johannes dem Täufer sei diese Einstellung als gottlose Erweichung des vom Gesetz geforderten wahren Gehorsams erschienen. Sie sei deshalb als besonders unverantwortlich angesehen worden, weil Jesus auf Grund seiner Abstammung aus dem Geschlecht Davids zum Erben des Königsthrons in Israel bestimmt war. Aber er habe auch das Stigma seiner Geburt tragen müssen, deren Umstände ihn – streng gesetzlich geurteilt – als illegitimen Erben der königlichen Würde und deshalb als einen »Lügenmann« erscheinen ließen. Anerkennung oder Ablehnung hätten vom jeweiligen Hohenpriester abgehangen. Aber eben solche Unsicherheit und drohende Demütigung hätten Jesus empfänglich für die Diskriminierten in der Gesellschaft gemacht und bereit zum Frieden mit jedermann, auch den Heiden aus Rom.

Die wichtigsten Daten des Lebens Jesu, das sich großenteils in der Wüste am Toten Meer abspielte und nicht etwa im freundlichen Galiläa, hat Frau Thiering in staunenswerter Weise exakt festgelegt: Geboren wurde er im März des Jahres 7 v.Chr. unweit von Qumran. Zwölfjährig erhielt er eine erste Weihe in seinem von allerlei Zeremonien und Riten erfüllten Leben: Er wurde als Novize bei den Essenern aufgenommen und 17 n.Chr. ganz in den Orden eingegliedert. Sein Vater Josef starb im Jahre 23 n.Chr. Die Taufe Jesu durch Johannes, den damaligen Leiter (»Pope«, also Papst) der Essener, erfolgte im Jahre 29 n.Chr. Diese löste aber auch das Schisma aus, auf Grund dessen sich Jesus zusammen mit dem Zwölferrat der Apostel[14] von Johannes trennte. Im September des Jahres 30 n.Chr. heiratete er Maria Magdalena zunächst für eine dreijährige Probe-Ehe essenischer Art; als Davidide war er dazu verpflichtet, für einen leiblichen Sohn als Thronfolger zu sorgen.[15] Am Großen Versöhnungstag 32 n.Chr., den man als Zeitenwende erwartet hatte, erschien Jesus den Seinen im Ornat des Hohenpriesters. Frau Thiering entnimmt das der Verklärungsgeschichte (Markusevangelium 9,2ff). Aber der Anspruch, als Davidide zugleich ein »Sohn Zadoks« zu sein, sei für alle ein unerhörter, untragbarer Bruch mit der Tradition gewesen.

Als Jesus sich dann am Ende dieses Jahres auf die Seite der Zeloten geschlagen habe, sei er im März 33 n.Chr. auf einem Maultier reitend in Qumran (!) eingezogen. Weil er dabei wieder vergeblich ein wunderbares Eingreifen Gottes erhofft habe, verriet ihn der enttäuschte Judas Iskariot an Pilatus. Dieser sei in Qumran erschienen, um Jesus dort zusammen mit Simon Magus und dem Zeloten Judas aus Galiläa zu verhaften, sie zum Tode zu verurteilen und außerhalb der Siedlung kreuzigen zu lassen. (Es wird sogar ein Foto von der Hinrichtungsstätte geboten). Jesus habe man, durch einen Gifttrank betäubt und in schwerer Bewußtlosigkeit, vom Kreuz abnehmen können (Thiering 112-120); in einer der umliegenden Höhlen – und zwar in 7Q – sei er durch heilende Kräuter zum Leben erweckt worden.[16] Daraufhin erschien er vielen und stieg dann zum »Himmel« auf, zum Ort der »Götter und Engel«, was aber nur die Gebetsstätte der

essenischen Heiligen bedeute. So fügt Frau Thiering der unend-
lichen Geschichte vom Scheintod Jesu (S. 83-85) noch eine neue
Variante hinzu.
Jesus wäre also weiterhin mit den Essenern verbunden geblieben.
Im Jahr 36 n.Chr. sei ihm von Maria Magdalena eine Tochter, im Jahr
37 n.Chr. ein Sohn, Justus, geboren worden. Aber im Jahr 44 n.Chr.
habe sich seine Gattin von ihm getrennt und er darauf im Jahr 50
n.Chr. in zweiter Ehe die Purpurkrämerin Lydia von Philippi geheiratet, deren »Herz er geöffnet hatte« (Apostelgeschichte 16,14 [Thie-
ring 146-148]).[17] 58 n.Chr. habe er sich in Jerusalem aufgehalten und
sei 61 n.Chr. zusammen mit Paulus nach Rom gekommen, wo dieser
– zusammen mit Petrus – in der Neronischen Verfolgung das Marty-
rium erlitt. Jesus habe damals das biblische Alter von 70 Jahren erreicht. Von seinem Ende wisse man nichts; vielleicht sei er hochbe-
tagt in Rom gestorben oder habe mit seiner Familie Zuflucht auf
dem Landgut des Herodes in Südfrankreich gesucht.

Das aufgefüllte Leben Jesu

Doch so weit nur die herausragenden Ereignisse des Lebens Jesu.
Weitere Auskünfte gibt es in einer zweiten, detaillierten Chronologie (Thiering 208-284), die man freilich einer schwindelerregenden
Fülle von Daten entnehmen muß. Sie belegen ein reich bewegtes,
politisches und geistiges Ringen von Parteien und Personen, die uns
aus dem Neuen Testament, den Schriften des Josephus und den
Quellen der frühen Kirchengeschichte dem Namen nach bekannt
sind. Jesu Bild schwankt, von der Parteien Haß bzw. Gunst verstellt,
in dieser nunmehr enthüllten Geschichte; manchmal wird es auch
wieder völlig zugedeckt. Aber die bisher kategorisch bestrittene
Möglichkeit einer Jesus-Biographie wird nach Barbara Thiering jetzt
endlich Wirklichkeit. Die »verlorenen Jahre« (lost years) zwischen
der Geburt und dem ersten öffentlichen Auftreten sind durch sie
wiedergewonnen, rekonstruiert und präzise (manchmal bis auf fünf
Minuten genau) datiert. Und nach dem uns bekannten öffentlichen

Wirken gibt es ein weiteres, letztes Kapitel in der Biographie Jesu, dessen Blätter freilich fast völlig unbeschrieben sind; in ihm steht er im Schatten des Paulus, den er auf den Missionsreisen begleitet. Alles erscheint in einem neuen, allerdings äußerst trüben Licht.

Die Evangelien und die Apostelgeschichte werden von Frau Thiering gleichsam dechiffriert und in ihrer eigentlichen, verborgenen Bedeutung geboten; sie seien nämlich »allegorisch«, d.h. anders erzählt, als es auf den ersten Blick scheint. Frau Thiering nennt dies ein »Pescher-Verfahren«. Mit ihm sei es möglich, der lukanischen Kindheitsgeschichte (Kap. 1-2) weitere Ereignisse zu entnehmen, die in die Jugendzeit Jesu gehören; so könne man die bislang leeren Jahre füllen. Dann werden durch Frau Thiering die Wunder Jesu auf den Boden der natürlichen Wirklichkeit gestellt und die Gleichnisse historisch ausgedeutet, indem ihre anonymen Gestalten namhaft gemacht werden. Lukas beispielsweise soll nicht weniger als zwölf »historische« Gleichnisse bieten: Die ersten vier handeln von der Geschichte der Essener, weitere sechs vom Haus des Herodes und die beiden letzten von der ersten Generation im Tausendjährigen Reich Davids (Thiering 415). Der Mann, der »von Jerusalem nach Jericho ging« (Lukasevangelium 10,30), sei niemand anderer als Johannes der Täufer, der sich der Essener am Toten Meer annahm; sein Schicksal werde im Gleichnis vom barmherzigen Samariter erzählt (Thiering 60).

Der Vater im Gleichnis vom Verlorenen Sohn meine den Essener Simon, der den Traum des Königs Aristobul zu deuten verstand (Josephus, Jüdische Altertümer XVII 346-347) und mit dem greisen Simeon bei der Darstellung Jesu identisch sei (Lukasevangelium 2,25). Sein jüngerer Sohn sei Theudas gewesen, der Revolutionär aus der Apostelgeschichte 5,36, der freilich nicht getötet wurde – wie bisher alle Welt glaubte –, sondern nach seinem Scheitern das Leben eines Eremiten annahm! Als Führer der ägyptischen Therapeuten (einer Abart der Essener) habe er im fernen Qumran das Zusammenleben mit Frauen eingeführt und das väterliche Vermögen dadurch verschleudert, daß er Waffen für den Kampf gegen die Römer kaufte (Thiering 58f). So sei er für den friedliebenden Jesus zum Verlorenen Sohn und »Forscher nach glatten Dingen« geworden. Mit dem älteren Sohn des Gleichnisses könne nur der Zelot Judas, der Galiläer pharisäischer Herkunft, gemeint sein, und mit dem gemästeten Kalb der Herodessohn Archelaos, der im Jahre 6 n.Chr. geschlachtet, d.h. von den Römern abgesetzt wurde (Thiering 60-62). Man ist eigentlich geneigt, nach solchen Kostproben die Lektüre dieser Evangelien-Pescharim abzubrechen und auch den Leser mit solchen Darbietungen zu verschonen.

Ein neuer Weg zur Entschlüsselung der Evangelien?

Was als groteskes Phantasiegebilde erscheint, hat durchaus Methode. Alles, was Frau Thiering in ihrem materialreichen Buch bietet, ist wohl geordnet und mit »wissenschaftlicher« Akribie ausgeführt. Zur besseren Orientierung des Lesers werden manche Hilfen geboten: Nicht die knapp und auf ihre Weise spannend geschriebene Erzählung von immerhin 35 Kapiteln, sondern die Beilagen machen den Hauptteil des Buches aus. Da gibt es einen »Who is Who in Judaea«, d.h. einen Führer zu Personen und Ereignissen (Thiering 384-398). Ferner wird eine anschauliche Topographie geboten, die Skizzen und Bilder zu den Orten und Wegen Jesu enthält; leider führt sie uns nicht in die liebliche Landschaft am See Gennesaret, sondern in die trostlose Wüste Juda am Toten Meer (Thiering 285ff).
Schwindelerregend ist die Chronologie, die in mehrfacher Gestalt geboten wird: Zunächst in einer gedrängten Übersicht über die wichtigsten Ereignisse von 7 v.Chr. bis 64 n.Chr. (Thiering 398-404), dann in der schon erwähnten detaillierten Zeittafel; vorausgeschickt wird eine methodische Anleitung dazu, wie man mit Hilfe der Pescher-Auslegung zu einer (im wörtlichsten Sinn) minutiösen Datierung des Lebens Jesu kommen kann. Die verschiedenen Kalendersysteme werden erläutert, dann die in den Evangelien benutzten Zeitbezeichnungen. Auch recht allgemeine Adverbien (»sogleich«, »dann« usw.) haben angeblich einen präzisen, in Zahlen zu fassenden Sinn.
Aber wird hier das Wort »Pescher« richtig verstanden? Ist damit eine Methode der Schriftauslegung gemeint, die der moralisierenden

Allegorese eines Philo oder besser noch dem doppelten Schriftsinn der Kabbalisten gleicht? Frau Thiering will diese Art von Schriftauslegung aus Qumran übernommen haben und meint, sie werde auch von den Evangelisten vorausgesetzt. In Kapitel IV ihres Buches, das die Pescher-Technik erläutern und rechtfertigen soll, führt sie einige Beispiele aus dem Kommentar zum Propheten Habakuk an. So wird etwa die Stelle Habakuk 1,7, die von Schrecken erregenden Feinden spricht und damit die Babylonier meint, auf die Römer bezogen, die alle Völker mit Furcht erfüllen. Frau Thiering erläutert dann den biblischen Begriff »Pescher«, der »Deutung« eines Traums sein könne, etwa in der Josef-Geschichte oder im Danielbuch (Thiering 21). Sie vergleicht deshalb den Pescher mit der Auflösung eines Rätsels oder der Deutung eines Kryptogramms: Man müsse dazu den Schlüssel finden, eine besondere Technik anwenden. Die Pescher-Exegese impliziere zwei Ebenen des Schriftsinns: Eine erste mit allgemeinen religiösen Wahrheiten, gleichsam für die Säuglinge im Glauben, und daneben eine zweite, spezielle mit geheimnisvollem, historischem Tiefensinn, den nur der eingeweihte Exeget ermitteln kann.

Das ist nun aber eine eindeutig falsche Beurteilung des Pescher, wie er uns in Qumran geboten wird. Der Exeget, der den Habakuk-Kommentar verfaßt hat, sieht seine Textgrundlage nicht als Rätsel an. Er deutet nicht allegorisch, sondern analog und durchaus sinngemäß. Der Gerechte bleibt ein Gerechter, und der Gottlose wird als Frevler verstanden. Nur werden beide im Pescher näher bestimmt, auf Personen der eigenen Gegenwart bezogen: Was damals die Chaldäer taten, wird von den Römern, den jetzigen Feinden, ausgesagt. Das ist ein durchaus legitimes, einleuchtendes Verfahren, das die bleibende Bedeutung des Gotteswortes beherzigt. Im Habakuk-Pescher wird zwar von den Geheimnissen Gottes geredet (1QpHab 7,8), aber keine exegetische Geheimniskrämerei betrieben. Die Form des Peschers in Qumran ist klar definiert. Zuerst wird ein Stück aus dem Alten Testament zitiert, und dann folgt, meist eingeleitet durch die Formel *pischro* (seine Deutung), die aktualisierende Anwendung der Stelle.

Nun finden wir auch in den Evangelien vergleichbare Stellen, wo ein alttestamentliches Wort als im Wirken Jesu erfüllt zitiert wird (Matthäusevangelium 1,22f; 2,15 u.ö.). Aber das ist etwas völlig anderes als das Pescher-Verfahren von Frau Thiering, für das sie den Qumran-Ausdruck mißbraucht, um ihren Phantastereien einen seriösen Anstrich zu geben. Nirgends im Neuen Testament wird ein Wort oder eine Tat Jesu zitiert und dann behauptet, sie würden sich verschlüsselt auf einen völlig anderen geschichtlichen Vorgang beziehen. Die Evangelien und die Apostelgeschichte insgesamt zu Peschern zu erklären ist reine Willkür. Sie wollen keine Kryptogramme sein, ja nicht einmal als Pescharim in qumranischem Sinne verstanden werden. Was sie von Jesu Wirken berichten, ist unwiederholbare Vergangenheit. Auch wollen Jesu Wunder und Gleichnisse nicht allegorisch gedeutet werden und vom Ringen rivalisierender Parteihäupter erzählen, sondern von Menschen wie wir, die von Gott gefordert und zum Glauben an Jesus Christus eingeladen sind.

Destruktiv und pseudo-wissenschaftlich

War Jesus der »Gottlose Priester« der Damaskusschrift und des Habakuk-Peschers? Mitnichten! Wenn Barbara Thiering die Qumran-Schriften spät datiert und ihre Hauptpersonen mit Johannes dem Täufer und Jesus identifiziert, so ist das genauso falsch wie der Versuch Robert Eisenmans, den anonymen »Lehrer der Gerechtigkeit« mit dem Herrenbruder Jakobus gleichzusetzen. Jakobus und Jesus waren Davididen, keine Zadokiden. Von den Sadduzäern wurden sie zum Tode verurteilt, und dem Versuch der Pharisäer und Essener, priesterliche Reinheitsvorschriften auch den Laien vorzuschreiben und damit ganz Israel auf eine höhere Stufe der Heiligung zu heben, hat Jesus ganz entschieden widerstanden (Markusevangelium 7). Auch hat er das von Priestern dargebrachte Opfer im Tempel durch sein messianisches Selbstopfer aufgehoben (Johannesevangelium 19). In der Verklärungsgeschichte (Markusevangelium 9,2ff) hat er sich nicht etwa als Hoherpriester, sondern als der zum stellvertretenden Leiden bereite, im voraus verherrlichte Gottesknecht von Jesaja 53 offenbart.

Es ist kein Trost, daß Frau Thiering die Evangelien sehr früh datiert, das Johannesevangelium als erstes nicht später als 37 n. Chr.! Für den gläubigen Christen sind viele der Jesus-Phantasien von Frau Thiering blasphemisch. Wenn wir hier auf den Inhalt des Buches relativ ausführlich eingegangen sind, so auch deshalb, um möglichst vielen eine überflüssige Lektüre zu ersparen. Der angerichtete Schaden ist schon groß genug. Frau Thierings Thesen wurden in Australien am Palmsonntag (!) 1990 durch eine landesweite Fernsehausstrahlung popularisiert, die starke Beachtung fand wie schon lange keine religiöse Sendung zuvor. Das Buch einer Journalistin zur Sendung verstärkte ihre Wirkung.[18] Auch die deutsche Sensationspresse schlug sofort zu. »Theologin: Jesus war ganz anders« verkündigte das »Hamburger Abendblatt« auf seiner Titelseite.[19] In ihrer letzten Ausgabe des Jahres 1992 nahm sich dann die Illustrierte »Quick« der Volksaufklärung an. Dabei wurden das Qumran-Komplott à la Baigent/Leigh und die Skandal-Story von Frau Thiering miteinander zu einem ungenießbaren Brei vermixt,[20] und das alles in der ständigen Spalte »Mehr Wissen«, die vom Porträt Albert Einsteins geziert wird. Bezeichnend, daß über zwei große Druckseiten hinweg alle hebräisch gedruckten Wörter auf dem Kopf stehen.

Das Buch von Frau Thiering ist nicht nur eine Zumutung für den christlichen Glauben, sondern auch für die seriöse Wissenschaft. Auf welche Abwege man mit der angeblich übertragenen Bedeutung der Qumran-Texte gerät, zeigen Frau Thiering und Robert H. Eisenman auf ihre Weise. Beide beanspruchen, den Qumran-Code geknackt zu haben, nur schließen die Lösungen einander aus. Ihre jeweiligen »Methoden« öffnen nicht etwa die Texte, sondern nur der Willkür Tor und Tür. Man kann auf Thierings und Eisenmans methodischen Abwegen über Qumran, Jesus und die Urchristen behaupten, was immer man aus welchen Motiven will. In der »Biblical Archaeology Review« wird die Besprechung des Buches von Frau Thiering mit den Worten angekündigt »review of a silly book« (Rezension eines törichten Buches). Der Verfasser der Kritik ist der jüdische Publizist Hershel Shanks. Er schreibt: »Das wirkliche Geheimnis (des Buches) besteht darin, wie Harper San Francisco, eine Unterabteilung von Harper Collins, die im allgemeinen für solide wissenschaftliche Bücher bekannt sind, sich für die Herausgabe dieses Wälzers entscheiden konnte. Zweifellos hat die Antwort etwas mit dem zu tun, was auf den Tischen lag, die Jesus umstürzte.«[21]

8. Wurden in der 7. Qumran-Höhle neutestamentliche Handschriften gefunden?

Unverantwortliche Sensationsmache – Die diskutable Hypothese eines Spaniers mit irischem Namen – Der wissenschaftliche Streit: Von Rom über Münster nach Eichstätt – Das Fragment 7Q5 = Markusevangelium 6,52-53? – Der gegenwärtige Stand der Diskussion: Möglichkeit oder Wahrscheinlichkeit?

Unverantwortliche Sensationsmache

Mit dem brennenden Interesse von Christen an Israel lassen sich glänzende Verkaufserfolge erzielen. Besonders lukrativ sind sensationell aufgebauschte Berichte aus dem Bereich der Biblischen Archäologie. So weist die »Jerusalem Christian Review« gleich auf der Titelseite stolz auf ihre Auflagenhöhe von über zweihunderttausend Exemplaren hin. Thema ihrer Ausgabe von Ende 1992 waren die Qumran-Funde.[1] Gleich zu Anfang wird die Behauptung aufgestellt: »Die Entdeckung der Schriftrollen vom Toten Meer hat unwiderlegbar bewiesen, daß das Alte Testament, wie es die Juden des ersten Jahrhunderts einschließlich Jesu benutzten, exakt *Wort für Wort* dasselbe war, wie wir es heute benutzen.« Aussagen dieser Art werden selbst von seriösen christlichen Verlagen zu Werbezwecken verwendet. Trotzdem sind solche Behauptungen falsch.

Die alttestamentlichen Rollen von Qumran zeigen, daß hinter dem hebräischen Text, wie er der jüdischen und christlichen Bibel zugrunde liegt, eine sehr gute Überlieferung steht. So stellt es sich jedenfalls für das Altertum dar, als die Druckerkunst noch unbekannt war und Bücher mühsam von Hand abgeschrieben werden mußten.

Bei längeren Handschriften gibt es in der Antike kaum zwei Manuskripte ein und desselben Werkes, die in allen Buchstaben identisch sind. Das ist auch in Qumran so. Die unvollständige Jesaja-Handschrift aus Höhle 1 (1QJes[b]) stimmt in erstaunlicher Weise mit dem sogenannten Masoretischen Text überein, wie ihn die Rabbinen der ersten Jahrhunderte weitergaben, ist aber nicht völlig deckungsgleich. Die bekanntere vollständige Jesaja-Handschrift aus derselben Höhle (1QJes[a]) zeigt deutlich mehr Abweichungen von dieser Textform. Sind schon die Ausführungen über die Abschrift der alttestamentlichen Bücher in dieser Zeitschrift vergröbernd, um nicht zu sagen unverantwortlich, so damit nicht genug. »Nicht entzifferte Schriftrolle vom Toten Meer kann sich als Lukasevangelium herausstellen« lautet sodann eine Schlagzeile. Der Beitrag selbst legt sich zwar darauf nicht fest, doch bleibt beim Leser der Eindruck zurück, daß nach weiterer Entzifferungsarbeit doch ein Stück des dritten Evangeliums herauskommen könnte. Es geht um den Text 4Q246, auf den schon weiter oben eingegangen wurde (S. 115-118). Dieses Fragment ist deshalb hochbedeutsam, weil hier in einem vorchristlichen Dokument zweifelsfrei der Ausdruck »Sohn Gottes« für eine endzeitliche Gestalt gebraucht wird. Aber in diesem Text einen Bestandteil des Lukasevangeliums zu sehen, ist so absurd, daß selbst Robert Eisenman und Michael Wise sich hier zurückhielten.[2] Übrigens liegt der Text in seinem entscheidenden Teil schon längere Zeit entziffert und publiziert vor, was der Verfasser dieses Zeitschriftbeitrags offensichtlich nicht wußte.[3] Es gibt in 4Q246 einige Worte und Wendungen, die an Lukasevangelium 1,32-35 erinnern – nicht weniger, aber auch nicht mehr. Wenn 4Q246 ein Teil des Lukasevangeliums sein soll, dann könnte man ebenso behaupten, die Kriegsrolle sei das Matthäusevangelium, da in beiden der Ausdruck »Arme des Geistes« vorkommt (1QM 14,7; Matthäusevangelium 5,3).

Die diskutable Hypothese eines Spaniers mit irischem Namen

Von solch reiner Effekthascherei sind die Vorschläge zu unterscheiden, die von José O'Callaghan 1972 in die wissenschaftliche Debatte eingeführt wurden. Er war Professor für Papyrologie am Päpstlichen Bibelinstitut in Rom und leitet seit seiner Emeritierung das Papyrologische Seminar in Sant Cugat del Vallès (Barcelona). Als Spezialist für die Septuaginta, also die wichtigste griechische Übersetzung des Alten Testaments, beschäftigte er sich auch mit Qumran. Zu den großen Überraschungen der dortigen Funde gehörten nämlich Fragmente griechischer Bibelmanuskripte. Aus Höhle 4 stammen Fragmente von zwei Handschriften des 3. Buches Mose (Leviticus) sowie von einem Manuskript des 4. (Numeri) und einem des 5. Buches Mose (Deuteronomium), dazu noch offenbar eine Paraphrase zum 2. Buch Mose (Exodus) und ein unidentifizierter Text.[4] Wenn schon in einer jüdisch-konservativen Gemeinschaft wie den Essenern von Qumran griechische Bibeltexte vorhanden waren, dann läßt sich vorstellen, wie weit verbreitet die Kenntnis dieser Sprache zur Zeit Jesu gewesen ist.[5] Der Jesuitenpater O'Callaghan war – das muß erwähnt werden – keineswegs darauf aus, um jeden Preis neutestamentliche Texte in Qumran zu finden, auch mit alttestamentlichen Fragmenten hätte er sich durchaus zufriedengegeben. O'Callaghan richtete sein besonderes Augenmerk auf die spärlichen griechischen Fragmente aus der Höhle 7. Eines davon hatten die Herausgeber[6] als Bruchstück von 2. Mose 28,4-7 identifiziert (7Q1), ein anderes (7Q2) als Fragment aus dem sogenannten Brief des Jeremia, der als Anhang des Buches Baruch zu den deuterokanonischen Schriften der katholischen Bibel zählt. Die übrigen siebzehn Fragmente waren unidentifiziert geblieben. O'Callaghan hoffte nun, ihnen einen Sinn abgewinnen zu können. Doch alle Identifizierungsversuche mit Hilfe ausgedehnter Konkordanzarbeit scheiterten.

Daraufhin versuchte es O'Callaghan mit neutestamentlichen Texten. Zu seinem eigenen Erstaunen schienen für mehrere der unidentifizierten Fragmente neutestamentliche Zuweisungen als möglich. In der Reihenfolge der von O'Callaghan selbst unterschiedlich beurteilten Wahrscheinlichkeit waren das 7Q4 (1. Timotheusbrief 3,16 bis 4,3), 7Q5 (Markusevangelium 6,52-53); 7Q6 (Markusevangelium 4,28); 7Q6[2] (Apostelgeschichte 27,38); 7Q7 (Markusevangelium 12,17); 7Q8 (Jakobusbrief 1,23-24); 7Q9 (Römerbrief 5,11-12); 7Q10 (2. Petrusbrief 1,15) und 7Q15 (Markusevangelium 6,48). Für »sicher« hält O'Callaghan selbst nur 7Q4 und 7Q5. Der spanische

Forscher veröffentlichte diese Vorschläge in der renommierten Zeitschrift des Päpstlichen Bibelinstituts.[7] Bald darauf setzte nicht nur eine Diskussion unter den Fachleuten ein, sondern es erschienen auch viele Artikel in der kirchlichen und weltlichen Presse.

Der wissenschaftliche Streit: Von Rom über Münster nach Eichstätt

Die Brisanz der Thesen des spanischen Papyrologen O'Callaghan wird klar, wenn man auf die Mehrheitsmeinungen bei der Datierung neutestamentlicher Schriften achtet. Nach bis dahin unwidersprochener Ansicht wurde auch die Höhle 7 beim Herannahen der Römer im Jahr 68 n.Chr. versiegelt. Hätte O'Callaghan mit seinen Identifizierungsvorschlägen recht, dann müßten die Apostelgeschichte und der 2. Petrusbrief vor diesem Jahr geschrieben worden sein. Die meisten Forscher datieren das lukanische Werk jedoch in die achtziger Jahre des 1. Jahrhunderts und manche den 2. Petrusbrief als unechtes Schreiben erst an den Beginn des 2. Jahrhunderts n.Chr.[8] Beim Markusevangelium überwiegt eine Datierung kurz vor oder nach der Zerstörung Jerusalems im Jahr 70 n.Chr.[9] Der Papyrus 7Q5 (Markusevangelium 6,52-53?) aber ist im sogenannten herodianischen Zierstil geschrieben, dessen Ende in der Regel um das Jahr 50 n.Chr. angenommen wird.[10] Muß man also die Abfassung des Markusevangeliums in die vierziger Jahre vorverlegen, wie es aus anderen Gründen schon John A.T. Robinson in seinem provozierenden Buch »Redating the New Testament« zumindest für möglich gehalten hat?[11]

Noch stärker als in konservativen katholischen Kreisen wurden die Thesen von O'Callaghan in protestantisch-fundamentalistischen Gruppen der USA aufgenommen. Die verbreitete evangelikale Zeitschrift »Eternity« hat für ein Themenheft die Titelformulierung gewählt: »Kann ein kleines Fragment die Welt zum Beben bringen?«[12] Für viele schienen zwei Jahrhunderte kritischer Bibelwissenschaft überholt und wertlos.

In der Fachwelt fanden die Vorschläge von O'Callaghan eine weitgehend kritische Aufnahme. Für viele Neutestamentler war die Frage dadurch erledigt, daß sich der angesehene Textforscher Professor Kurt Aland in zwei Artikeln ablehnend zu den Identifizierungen äußerte.[13] Das starke Vertrauen, das man ihm als Fachmann entgegenbringt, ist verständlich, hat er doch das große Verdienst, das Institut für neutestamentliche Textforschung in Münster mit seinem einmaligen Dokumentationszentrum aufgebaut zu haben. Kurt Aland war an der Ausarbeitung der 26. Auflage des sogenannten Nestle-Aland führend beteiligt, der weltweit verbreitetsten Textausgabe des griechischen Neuen Testaments.[14] Als sich auch bekannte evangelikale Exegeten gegen die Identifizierungsvorschläge aussprachen,[15] wurde es zunehmend ruhiger um sie. Seit Ende der siebziger Jahre schien die Diskussion negativ entschieden, auch wenn ultra-fundamentalistische Autoren, die sonst nicht gerade als katholikenfreundlich gelten können, sich weiter auf die Seite von Pater O'Callaghan stellten.[16]

Doch nicht nur in der Politik, auch in der Wissenschaft soll man nicht zu schnell »Niemals« sagen. 1984 eröffnete der deutsche Literaturwissenschaftler Carsten Peter Thiede eine neue Runde der Diskussion,[17] indem er O'Callaghans Gleichsetzung von 7Q5 mit Markusevangelium 6,52-53 (also dem Schluß der Speisung der Fünftausend und Beginn der Krankenheilungen in Gennesaret) verteidigte. Thiedes Buch »Die älteste Evangelien-Handschrift? Das Markusfragment von Qumran und die Anfänge der schriftlichen Überlieferung des Neuen Testaments« erlebte innerhalb kurzer Zeit drei Auflagen[18] und wurde in mehrere Sprachen übersetzt. Thiede erntete in der Fachwelt teils vorsichtige bis deutliche Zustimmung,[19] teils harsche Kritik.[20] Neben ihm äußerte sich zum Thema am ausführlichsten ein interdisziplinär arbeitender katholischer Philosoph: Ferdinand Rohrhirsch von der Katholischen Universität Eichstätt wies nach, daß Kurt Aland bei seinen Computer-Untersuchungen nicht berücksichtigt hatte, daß es sich bei den Papyri aus 7Q nicht (wie sonst bei neutestamentlichen Handschriften) um doppelseitig beschriebene Kodex-Fragmente, sondern um einseitig beschriebene Rollenfragmente handelt.[21] Geschult an der Wissenschaftskritik des britischen Philosophen Karl Popper, vertrat Rohrhirsch die Ansicht, daß insbesondere die Identifizierung 7Q5 = Markusevangelium 6,52-53 unter allen bisher gemachten Vorschlägen der einzig mögliche ist.[22] Solange diese Gleichsetzung nicht falsifiziert sei (durch eine besser passende Identifizierung), könne man mit ihr arbeiten.

Im Oktober 1991 kamen in Eichstätt Forscher aus mehreren Ländern mit verschiedenem weltanschaulichem Hintergrund zu einem Symposium »Christen und Christliches in Qumran?« zusammen. Neben der Frage eines Jerusalemer Essener-Viertels (Kap. 10) bildeten die Probleme der 7. Höhle und besonders die Identität von 7Q5 einen Schwerpunkt der Diskussion. Die Gespräche verliefen in einer für kontroverse wissenschaftliche Debatten nicht immer selbstverständlichen Fairneß. Freimütig wurden die Argumente pro und contra ausgetauscht und auch nicht hinreichende Gründe offen eingestanden. Neben Thiede und Rohrhirsch plädierten unter anderem die Neutestamentler Harald Riesenfeld (Uppsala) und Eugen Ruckstuhl (Luzern) sowie der angesehene Papyrologe Herbert Hunger (Wien) für die Gleichsetzung 7Q5 = Markusevangelium 6,52-53. Widerspruch erhoben vor allem der Exeget Camille Focant (Löwen) und der Altphilologe Stuart R. Pickering (Macquarie University, Australien). Die Diskussion ist in einem vom Eichstätter Neutestamentler Bernhard Mayer herausgegebenen Sammelband dokumentiert.[23]

Seither kam es noch zu einer wichtigen Entwicklung. Carsten Peter Thiede konnte am 12. April 1992 eine kriminaltechnische Untersuchung des Fragments 7Q5 in einem Labor der israelischen Polizei erreichen, um die Lesung umstrittener Buchstaben weiter zu klären.[24] Die Glasplatte mit den 7Q-Fragmenten durfte mit einer Sondergenehmigung für einige Stunden das Rockefeller-Museum verlassen. Es gelang, weitere Buchstabenreste sichtbar zu machen. Diese neue Analyse spricht eher für den von O'Callaghan und Thiede in Zeile 2 angenommenen griechischen Buchstaben Nyn. Teile der Untersuchung wurden auch für einen Film des Zweiten Deutschen Fernsehens festgehalten.

Abb. 8. 7Q5 – Textbestand und Rekonstruktion (nach C. P. Thiede).

```
              ]ε[
           ]υτωνη[
      ]η    καιτι[
          ]γνησ[
5         ]θησα[
```

Umschrift des entzifferten Buchstabenbestands von 7Q5

Markus 6,52–53

```
        [συνηκαν]ε[πιτοισαρτοισ]
        [αλληνα]υτωνη[καρδιαπεπωρω]
        [μεν]η    καιτι[απερασαντεσ]
        [ηλθονεισΓε]γνησ[αρετκαι]
5       [προσωρμισ]θησα[νκαιεξελ]
```

Rekonstruierter Vollbestand der fünf Zeilen
des Fragments von 7Q5

```
[συνῆκαν] ἐ[πὶ τοῖς ἄρτοις,]
[ἀλλ᾽ἦν α]ὐτῶν ἡ [καρδία πεπωρω-]
[μέν]η · ⁵³Καὶ τι[απεράσαντες]
[ἦλθον εἰς Γε]γνησ[αρὲτ καὶ]
[προσωρμίσ]θησα[ν. ⁵⁴καὶ ἐξελ-]
```

Vervollständigte, textkritische Fassung

Markus 6,52–53 im rekonstruierten Text nach der Übersetzung Martin Luthers, Revision von 1984:

»... *verständiger geworden angesichts der Brote,*
sondern ihr Herz war verhär-
tet.   Und als sie hinübergefahren waren (ans Land),
kamen sie nach Genezareth und
legten an. Und als sie ...«

Das Fragment 7Q5 = Markusevangelium 6,52-53?

Das Fragment 7Q5 ist maximal 3,9 Zentimeter hoch und 2,7 Zentimeter breit, das heißt etwas größer als eine durchschnittliche Sonderbriefmarke. Erhalten sind insgesamt zwanzig Buchstaben bzw. Buchstabenreste auf fünf Zeilen. Keine kontroverse Auffassung gibt es über die Lesung von zehn Buchstaben, von den übrigen zehn sind einige in verschiedenem Grade umstritten. Warum es um die Identifizierung des Papyrus 7Q5 überhaupt Streit gibt, ist leicht zu verstehen, wenn man ihn mit dem berühmten Papyrus 52 vergleicht. Dessen Identifizierung mit einem Stück des Johannesevangeliums, nämlich 18,31-33 auf der Vorderseite und 18,37-38 auf der Rückseite, hat Colin H. Roberts im Jahr 1935 vorgenommen.[25] Sie ist seither von niemandem bestritten worden. Der P[52] wird um 125 n.Chr. datiert und damit nur kaum drei Jahrzehnte später als die wahrscheinlichste Abfassungszeit des Johannesevangeliums.

Es sind vor allem drei Sachverhalte, welche die Identifizierung des P[52] im Gegensatz zu 7Q5 sicher machen:

1. P[52] hat 105 gesicherte Buchstaben, 7Q5 10 gesicherte von insgesamt nur 20.

2. Auf P[52] lassen sich einige Worte bzw. Wortstämme erkennen, die besonders typisch für das Johannesevangelium sind wie *hoi Ioudai[oi]* (die Juden), *semaino[n]* (zeigend), *[apo]thneskein* (sterben), *mart[yreso]* (bezeugen), *alethe[ia]* (Wahrheit). Auf 7Q5 ist nur das Allerweltswort *kai* (und) in der dritten Zeile sicher zu lesen, das allerdings wegen eines vorausgehenden Zwischenraums am Beginn eines neuen Abschnitts zu stehen scheint. Satzanfänge mit *kai* sind bei Markus sehr häufig.

3. Der John-Rylands-Papyrus ist im Gegensatz zum Qumran-Fragment auf beiden Seiten beschrieben, was eine Identifizierung erleichtert und meist sicherer macht.

Die Fragen um die Identifizierung der Fragmente aus der 7. Höhle von Qumran können in diesem Rahmen nicht im einzelnen erörtert werden. Wir müssen uns hier darauf beschränken, bei drei Themenbereichen kurz das Für und Wider zu erwägen:

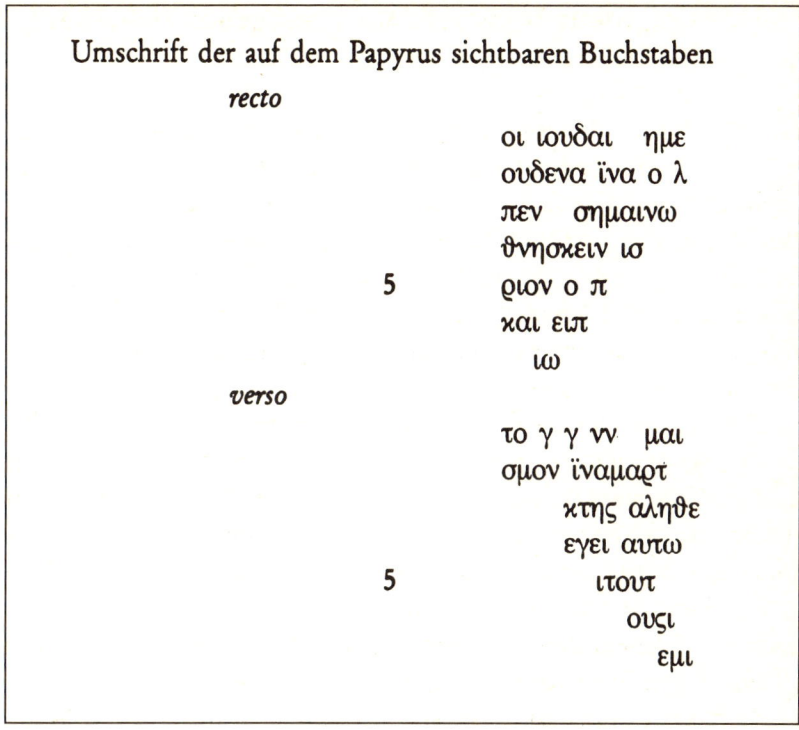

Abb. 9. Papyrus 52 – Textbestand (nach C. P. Thiede).

1. *Textabweichungen.* – Eine Identifikation von 7Q5 mit Markus-evangelium 6,52-53 setzt zwei Textvarianten voraus, die sonst in keiner neutestamentlichen Handschrift dieses Evangeliums vorhanden sind. Das ist bei einem solch kurzen Fragment durchaus nicht wenig. Es handelt sich um die Verschreibung von d zu t in Zeile 3. Außerdem muß man wegen der Stichometrie (der durchschnittlichen Länge der rekonstruierten Zeilen) am Ende der dritten Zeile die Auslassung der Worte *epi ten gen* (auf das Land) annehmen. Die Befürworter der Identifikation können darauf hinweisen, daß die angenommene Verschreibung auch in anderen biblischen und nichtbiblischen Handschriften nachweisbar ist.[26] Eine sonst nicht belegte Auslassung der beiden Worte *eis touto* (dazu) muß man auch für Zeile 2

auf der Rückseite des Papyrus 52 annehmen, und in dem unbestritten als »Brief des Jeremia« identifizierten Fragment 7Q2 kommt man auch nicht ohne die Annahme von Auslassungen aus.[27]

2. *Datierungsfragen.* – Gegen die neutestamentlichen Identifizierungen von 7Q-Fragmenten wird eingewandt, daß die Apostelgeschichte, der Jakobusbrief und der 2. Petrusbrief doch mit Sicherheit erst nach 70 n.Chr. entstanden seien. Sie könnten deshalb unmöglich in einer Höhle gefunden werden, die schon im Jahr 68 verschlossen wurde. Nun vertritt aber für die Apostelgeschichte und den Jakobusbrief eine namhafte Minderheit von Neutestamentlern eine Abfassung vor 70 n.Chr. Einige Exegeten halten den Jakobusbrief sogar überhaupt für die älteste Schrift des Neuen Testaments.[28] Beim 2. Petrusbrief kann man die wissenschaftlichen Befürworter einer Datierung vor 70 tatsächlich an ein oder zwei Händen abzählen, allerdings bezeichnete O'Callaghan selbst die Identifizierung 7Q10 = 2. Petrusbrief 1,15 nur als sehr hypothetisch. Grundsätzlich gilt aber in jedem Fall: Die Ansetzung von Schriften, die nicht durch äußere Bezeugung oder unbestreitbare innere Hinweise datiert werden können, muß sich stets durch neue Evidenz hinterfragen lassen. Ob Identifizierungen von 7Q-Fragmenten mit neutestamentlichen Schriften plausibel sind, muß für sich selbst, d.h. nach den Buchstabenbeständen, entschieden werden.

3. *Der Fundort.* – Wären die 7Q-Papyri in den weiter entfernten Höhlen 11Q oder gar 3Q entdeckt worden, dann könnte man verhältnismäßig leicht einen Zusammenhang mit der Essener-Siedlung Qumran bestreiten. Man dürfte dann z.B. annehmen, daß Judenchristen auf der Flucht aus der Heiligen Stadt neutestamentliche Schriften in einer Höhle verbargen. 7Q liegt aber in unmittelbarer Nähe von Qumran und nicht weit von Höhle 4, in der unzweifelhaft essenische Schriften gefunden wurden und die sogar eine Bibliothek der Klostersiedlung gewesen sein muß. Wie Essener an urchristliche Schriften gekommen wären, ist nicht ganz leicht zu erklären. Immerhin können Anhänger der neutestamentlichen Identifizierungen auf zwei auffällige Besonderheiten von 7Q hinweisen: Nur in dieser Höhle fand man ausschließlich Papyri und (mit vielleicht einer Ausnahme[28a]) nur griechische Fragmente. Jede deutsche Uni-

versitätsbibliothek besitzt ihren »Giftschrank«, in dem unter anderem manche Werke aus der Nazi-Zeit lagern. War 7Q eine *Genizah* (jüdischer Aufbewahrungsort nicht benutzter Schriften) für häretische Dokumente, wie der Qumran-Forscher Hans Burgmann annahm?[29] Auch andere Szenarios wurden auf dem Eichstätter Symposium vorgeschlagen.[30] Es ist zu wünschen, daß die Höhle 7Q, die zu beträchtlichen Teilen ins Wadi Qumran abgerutscht ist, nochmals mit modernen archäologischen Methoden untersucht wird. Erfreulicherweise hat der zuständige Archäologe Yitzchak Magen dies in Aussicht gestellt.[31]

Der gegenwärtige Stand der Diskussion: Möglichkeit oder Wahrscheinlichkeit?

Als vorläufiges Fazit der Diskussion darf man formulieren: Sicher ist die Identifizierung von 7Q5 mit Markusevangelium 6,52-53 nicht, sie bleibt aber sehr wohl möglich. Ob von Wahrscheinlichkeit gesprochen werden kann, darüber geht der Streit. Er wäre entschieden, wenn man einsichtigere Gleichsetzungen als die von O'Callaghan vorgeschlagenen begründen könnte. Für die von O'Callaghan vorgetragene Lesart von 7Q5 konnte mit Hilfe des »Ibykus«-Computerprogramms, das die gesamte erhaltene antike griechische Literatur erfaßt, allerdings der Nachweis erbracht werden, daß sie nur mit Markusevangelium 6,52-53 übereinstimmt.

Professor Hartmut Stegemann von der Qumran-Forschungsstelle der Universität Göttingen ist aber optimistisch, 7Q5 doch noch als Genealogie (Stammbaum) erweisen zu können.[32] Schon früher hatte man vorgeschlagen, die Buchstabenfolge *nnes* in Zeile 4 zum griechischen Wort *[ege]nnes[en]* (er zeugte) zu ergänzen. Die Debatte geht also weiter. Es wird hoffentlich ohne negativen Einfluß auf sie bleiben, daß extrem katholisch-traditionalistische Richtungen in triumphalistischer Weise das Fragment 7Q5 an ihre Standarten heften.[33] Obwohl Baigent/Leigh und Eisenman/Wise dieses Wasser auf ihre Mühlen leiten könnten, erörtert keiner von ihnen die Frage der 7Q-Papyri. Auch Barbara Thiering stellt zwischen dem von ihr angenommenen Grab Jesu in 7Q und den dort tatsächlich gefundenen Papyri keine Verbindung her. Man muß hier von einem mehrfachen Glücksfall sprechen, denn sicher trägt dieses merkwürdige Schweigen zu einer Versachlichung der Diskussion bei.

Wie weit wir von einem Konsens der Forschung noch entfernt sind, mögen drei Stellungnahmen aus jüngster Zeit zeigen. Émile Puech von der École Biblique, dem wir hervorragende Rekonstruktionen von Qumran-Fragmenten aus dem Anteil von Jean Starcky verdanken, spricht brüsk von »aus der Luft gegriffenen Identifizierungen (identifications fantaisistes)«[34]. Dagegen urteilt Shemaryahu Talmon, der zum neuen Kontrollgremium für die Herausgabe der Qumran-Schriften gehört: »Einige Deutungsversuche müssen als wissenschaftlich bewertet werden und haben deswegen auch einen berechtigten Anspruch darauf, in der Wissenschaft diskutiert zu werden. Hier denke ich vor allem an die Veröffentlichung von Carsten Peter Thiede, der an den spanischen Experten José O'Callaghan anknüpft ...«[35]

Überlassen wir das Schlußwort Ferdinand Rohrhirsch, einem Anhänger der neutestamentlichen Identifizierung von 7Q5, der gleichwohl vorsichtig feststellt: »Ein eindeutiges Urteil, zugunsten einer bestimmten Richtung, ist, meiner Meinung nach, zur Zeit nicht möglich. Wer behauptet, die Identifizierung von 7Q5 mit Mk 6,52-53 sei *sicher,* und damit meint, daß endgültig alle Zweifel an der Identifizierung ausgeräumt sind, der kann das als Privatmeinung kundtun. Wissenschaftlich vertreten läßt sich diese Aussage nicht. Doch auch das Gegenteil muß gesagt werden: Es gibt keinen *sicheren* Beweis gegen die Möglichkeit der Identifizierung von 7Q5 mit Mk 6,52-53. Meiner Meinung nach sollte die Identifizierungsthese als brauchbare Arbeitshypothese in den wissenschaftlichen Diskurs aufgenommen werden.«[36]

9. Was bedeuten die Qumran-Texte für das Verständnis Jesu von Nazaret?

Die gemeinsame Arbeit von Juden und Christen an den Qumran-Schriften – Vielfalt und Einheit in den Qumran-Texten – Der »Lehrer der Gerechtigkeit« und Jesus – Die Sinai-Überlieferung, Qumran und die Bergpredigt – Der große Unterschied: Jesu Zuwendung zu den Sündern – Qumran und die Lebensform des Jüngerkreises Jesu – Qumran und der sogenannte »historische Jesus«

Die gemeinsame Arbeit von Juden und Christen an den Qumran-Schriften

Die Qumran-Texte werden nicht etwa dadurch für Christen aktuell, daß man sie allesamt in die neutestamentliche Zeit versetzt und sie verschlüsselt von Johannes dem Täufer und Jesus, von Jakobus und Paulus reden läßt. Die Schriftrollen vom Toten Meer wurden von Juden verfaßt; man sollte sie nicht verchristlichen, gleichsam zur Taufe schleppen. Gerade als Zeugnisse einer vorchristlichen und auch mitchristlichen Frömmigkeit sind sie Christen wichtig und wert. Wir dürfen sie als unerwartete, große Gabe Gottes ansehen, können viel von ihnen lernen und durch sie unseren christlichen Glauben besser verstehen. Es ist auch nicht nötig, Jesus für einen Essener zu halten, wie dies schon Friedrich der Große tat und wie es seit der Entdeckung der Qumran-Schriften immer wieder geschieht. Für eine Erziehung Johannes' des Täufers in der Qumrangemeinde spricht freilich manches: die Art seiner Taufe und seiner Predigt, und vor allem die Notiz im Lukasevangelium 1,80, er sei als Kind in der Wüste aufgewachsen[1]. Die Einordnung der Qumran-Schriften in die vorchristliche Zeit entspringt keineswegs nur einer verzweifelten Apologetik oder Berührungsangst gegenüber dem Judentum; sie ist auch nicht vom Vatikan diktiert, sondern wird als wissenschaftlich gesicherte Tatsache auch von evangelischen, jüdischen oder religiös nicht gebundenen Qumran-Forschern akzeptiert. Nicht ein dogmatischer Konsensus hat der Auslegung dieser Texte Gewalt angetan und ihre freie Erforschung behindert. Dies tun vielmehr manche der neuen »Lösungen« zum Qumran-Problem, die aus dem Protest gegen den Konsensus und auch gegen das Christentum geboren sind. Manchmal scheinen sie von der Lust zum Abwegigen und zum Abenteuer getragen zu sein, selbst auf das Risiko des wissenschaftlichen Selbstmords hin. Totallösungen wurden angeboten, ohne daß man die dazu notwendigen Texte besaß. Es hätte zumindest stutzig machen müssen, daß das interkonfessionelle wissenschaftliche Herausgeberteam, das alle Texte kannte, nie auf den Gedanken kam, die Essener-These zugunsten der Hypothese aufzugeben, die Qumran-Höhlen hätten als Deponie für verschiedenartige Schriften aus Jerusalemer Bibliotheken gedient, oder durch die Annahme zu ersetzen, in den Rollen vom Toten Meer wären zelotische oder frühchristliche Glaubens- und Parteikämpfe verewigt.

Die Qumran-Schriften haben Juden und Christen zu einer schon Jahrzehnte anhaltenden, fruchtbaren Zusammenarbeit geführt und sie auf manchen Kongressen vereinigt. Und wenn es Differenzen gab, so hatten sie selten mit der Datierung oder dem Inhalt dieser Dokumente zu tun; viel eher betrafen sie Probleme technischer oder juristischer Art. Selbst die Tatsache, daß die Schriftrollen vom Toten Meer im politisch gespaltenen Palästina getrennte Wege gingen, einesteils nach Israel verkauft wurden und in die Hände jüdischer Wissenschaftler gelangten, anderenteils von einem Erzbischof der Syrischen Kirche erworben und amerikanischen Gelehrten anvertraut wurden, hat ihrer raschen Veröffentlichung und dem einsetzenden Studium keinen Abbruch getan. Rein wissenschaftlich betrachtet, war es gleichgültig, wer die Rollen besaß. Nicht nur den Stacheldraht in Jerusalem, sondern auch den Eisernen Vorhang hat die Qumran-Forschung überwunden: In Rußland, Polen, Rumänien und der Tschechoslowakei wurden auch schon vor 1989 privat oder in den Instituten für orientalische Sprachen die Qumran-Texte erforscht. Wertvolle Arbeit leistete u.a. der jüdisch-russische Forscher Joseph Amussin, der auch deswegen vom kommunistischen Regime verfolgt wurde.[2]

Die gemeinsam, überkonfessionell und international betriebene Forschungsarbeit an den Qumran-Schriften bleibt weiterhin wichtig. Diese Texte sind ja für Juden und Christen von großer Bedeutung und bedürfen deshalb der gemeinsamen Anstrengung. Abgesehen von den dazu notwendigen Spezialisten für Archäologie und Paläographie, hebräische und aramäische Sprache, Geschichte und Geographie braucht man auch den universal gebildeten Gelehrten. Denn trotz ihrer jüdisch-orthodoxen Grundhaltung, der Bindung an die Heilige Schrift und die hebräische Sprache, gehörte die Qumran-Gemeinde auch in die Welt des Hellenismus, jener Synthese von orientalischer und griechischer Kultur.[3] Dementsprechend sollten die Qumran-Forscher nicht nur einseitig judaistisch gebildet sein, sondern auch die Sprachen des klassischen Altertums, vor allem das Griechische, gut verstehen. Philo und Flavius Josephus schrieben Griechisch, neben der hebräischen Bibel existierte die griechische Übersetzung der Septuaginta; die Apokryphen und Pseudepigraphen, von denen viele den Qumran-Schriften nahestehen, sind manchmal nur in griechischer, lateinischer oder auch anderssprachiger Übersetzung vorhanden.[4]

Vielfalt und Einheit in den Qumran-Texten

Seit der Veröffentlichung der 4Q-Fragmente wird zunehmend von einer Vielfalt und auch Verschiedenheit der Qumran-Texte gesprochen und die einheitlich essenische Herkunft in Frage gestellt. Eine endgültige Entscheidung ist so lange nicht möglich, als nicht alle Fragmente in lesbarer Form veröffentlicht und erschöpfend diskutiert sind. Gewisse Unterschiede wären aber auch dann durchaus möglich, wenn alle diese Dokumente aus der gleichen Religionspartei hervorgegangen, also essenisch sein sollten. Immerhin ist ein Zeitraum von 200-250 Jahren anzunehmen, in dem sie entstanden sind. Auch eine »Einung«, wie sie die Qumran-Gemeinde darstellen will, kann in solch langen Jahren eine Entwicklung durchmachen und Veränderungen erleben. Man sollte sich an die Vielfalt der neutestamentlichen Schriften erinnern; sie hat immer wieder Exegeten zu der irrigen Behauptung verleitet, schon am ersten Anfang des Christentums habe das Nebeneinander verschiedener Gruppierungen zu einem Gegeneinander sich ausschließender »Theologien« geführt.

Vor allem aber muß man beachten, daß es nach Philo in ganz Palästina Essener gab (Apologie § 1) und daß Josephus zwei verschiedene Gruppen kennt, nämlich ehelos Lebende und Verheiratete (Jüdischer Krieg II 16of). Anders als die Gemeinderegel, die zu dem Orden der mönchisch-zölibatären Essener paßt, könnte die Damaskusschrift für die verstreut im Lande wohnenden, verheirateten Mitglieder der Essener geschrieben sein; so werden in ihr Ehefrau und Ehemann wie selbstverständlich erwähnt (CD 16,10). Für solche »Außen-Essener« gab es offensichtlich keinen strikt durchgeführten Güterkommunismus, wie er in der Gemeinderegel gefordert und in den Schilderungen des Philo, Josephus und Plinius gerühmt wird; denn es ist vom Privatvermögen (CD 12,7) die Rede, ferner der Verkauf von Tieren und landwirtschaftlichen Produkten an Heiden verboten (CD 12,8-11). Dennoch ist auch für diese Gruppen ein Zusammenleben unter der Leitung eines Aufsehers und eines priesterlichen Beraters vorgesehen (CD 13,1ff).

Auch in den neu erschienenen Fragmenten aus der Höhle 4 gibt es deutliche Hinweise auf Menschen, die unter weltlichen Bedingungen und Besitzverhältnissen existieren. Weisheitliche Mahnungen sollen den rechten Umgang mit Menschen lehren, die nicht vertrauenswürdig sind, ihre Arbeit nicht sorgfältig verrichten und als Heuchler erfunden werden; sie können also doch wohl kaum Mitglieder der Essener-Gemeinde sein. Gerade diese Weltmenschen kommen nun aber nach dem Text 4Q424 (früher 4QSl 61) für die Verwaltung des eigenen Vermögens und die Beschaffung von Gütern in Frage, die den Bedürfnissen der hier Belehrten dienen. Man soll aber einen »Mann mit einem bösen Auge« (d.h. einen verschlagenen Menschen [vgl. Lukasevangelium 11,34-36]) nicht über das eigene Vermögen *(hon)* »regieren« lassen. Inhalt und Sprachgebrauch dieser Weisheitsregeln erinnern an die Gleichnisse Jesu, vor allem an seine Vergleiche mit den schlechten Verwaltern (z.B. Lukas 16,1-13).

Der »Lehrer der Gerechtigkeit« und Jesus

Mit Recht wird von der neuen Generation der Qumran-Forscher die große Bedeutung des historischen Fragens betont: die Entstehung und geschichtliche Entfaltung der Qumran-Gemeinde, ihr Verhältnis zu den jüdischen Religionsparteien und den politisch bestimmenden Größen, dazu ihr Einfluß auf das frühe Christentum. Freilich war es nicht die Absicht der Schreiber der Qumran-Rollen, Außenstehende über die eigene Geschichte zu informieren und sie mit historischen Daten zu versehen. Man wollte vielmehr die Gemeindeglieder leiten und trösten, sie über den Willen Gottes und seinen endzeitlichen Weg unterrichten; der »Weise« *(maskil)* kommt in ihnen zu Wort. Ohne einen Philo und vor allem Flavius Josephus wüßten wir nicht viel von der Geschichte der essenischen Qumran-Gemeinde. Aber die Entdeckung ihres Schrifttums hat auch die historische Erforschung des Neuen Testaments belebt und vor allem die bei uns in Deutschland lange verschlossene Tür zum »historischen Jesus« geöffnet.

Die große Bedeutung einer Lehrerpersönlichkeit, die den Schulbetrieb der rabbinischen Meister bestimmte, geht ebenfalls aus den Qumran-Schriften hervor: Auch eine Gott mit ganzem Herzen suchende Buß- und Reformbewegung, so sagt es die Damaskusschrift, bleibt blind und geht lange Jahre hindurch nur mühsam tastend voran, solange ihr nicht ein »Lehrer der Gerechtigkeit« geschenkt wird, der sie auf dem Weg nach Gottes Herzen führt und ihr den Kairos der endzeitlichen Entscheidung ins Bewußtsein ruft (CD 1,8 bis 12). Zwar wird in den Qumran-Schriften nicht eigens erwähnt, ob sie von dem »Lehrer der Gerechtigkeit« verfaßt sind. Aber in manchen der Loblieder spricht der Beter so deutlich von seiner großen Autorität und Wirkung (z.B. 1QH 2-4; 7-8), daß man sie diesem Lehrer zuschreiben muß.[5] Das gleiche gilt wohl von der Gemeinderegel (1QS) und vor allem von den Abschnitten, die dem »Weisen« *(maskil)* zugeschrieben sind; vermutlich ist er auch der Autor der Tempelrolle.[6] In den Evangelien des Neuen Testaments wird dagegen ausdrücklich berichtet, was Jesus lehrte und tat. Um so weniger ist der Zweifel berechtigt, man könne nicht mehr wissen, was die authentische Verkündigung Jesu war.[7]

Vor allem ist vor dem Hintergrund der Qumran-Texte deutlich zu erkennen, wo Jesus mit den Überzeugungen des »Lehrers der Gerechtigkeit« übereinstimmt und was ihn von diesem trennt. Beide standen unter dem Eindruck, das Ende der Geschichte sei ganz nahe herbeigekommen, die Gerechtigkeit Gottes werde der Welt in Kürze geoffenbart. Aber Jesus verkündigte die große Wende nicht wie der »Lehrer der Gerechtigkeit« im Habakuk-Pescher als Strafgericht (1QpHab 2,6f; 7,1-8), sondern als das Kommen der Gottesherrschaft und als Offenbarung des Heils für alle, die Gott brauchen und Buße tun (Markusevangelium 1,14f). Ja, mit seinem Wirken beginnt die neue Zeit. Wenn er mit dem Geist Gottes die unreinen Geister austreibt und so in das Reich des Bösen erfolgreich einbricht, so ist die Herrschaft Gottes schon da (Matthäusevangelium 12,28). Seine Verkündigung ist von Heilungswundern begleitet und wird so als Frohbotschaft der Erlösung, als Evangelium, qualifiziert (Matthäusevangelium 4,23-25). Das ist ein Zeichen dafür, daß Jesus sich als Messias Gottes gesandt wußte, wie das nicht nur in den Evangelien bezeugt, sondern auch von Paulus vorausgesetzt wird.

Die Sinai-Überlieferung, Qumran und die Bergpredigt

Besonders beeindruckend für die antike Welt – einen Philo oder Plinius, aber auch Josephus – war die essenische *vita communis*, eine asketische, mönchsartige Lebensführung mit Besitzverzicht, Ehelosigkeit und Gehorsam gegenüber Gottes Gebot. Dieser weder alttestamentliche noch jüdische Lebensstil hatte Nachwirkungen bis hinein in das christliche Mönchtum; aber auch Jesus und seine Jünger scheinen davon geprägt zu sein. Beide, der »Lehrer der Gerechtigkeit« und auch Jesus, predigten Buße, forderten ein neues Selbstverständnis angesichts des Kommens Gottes; sie wollten, daß ein jeder das Endgericht gleichsam täglich einübe und sich im Licht des absoluten Gotteswillens prüfe. Das sollte jedoch in der Gemeinschaft des Gottesvolkes geschehen. Dazu mußte Israel wieder werden, wozu es berufen war, nämlich Gottes heiliges Volk, bestehend aus den zwölf Stämmen der Mosezeit. In Qumran wurde ein Rat von zwölf Männern (Laien?) und drei Priestern gebildet (1QS 8,1). Jesus berief zwölf Jünger, die Israel regieren sollten (Matthäusevangelium 19,28).

Das große Vorbild für die auffallende Lebensweise der essenischen Qumran-Gemeinde war mit der Sinai-Überlieferung gegeben.[8] Nach ihrem Auszug aus Ägypten kamen die Israeliten in die Wüste Sinai und schlugen am Fuß des Berges ihr Lager auf; so erwarteten sie das Erscheinen Gottes und die Manifestation Seines heiligen Willens. Ähnlich handelten die Büßer unter dem »Lehrer der Gerechtigkeit«: Sie verließen das Kulturland, als sei es das unreine Ägypten, zogen in die Wüste, wohnten in Lagern und wollten dem kommenden Gott den Weg bereiten. Wie geschah das?

Wahrscheinlich ist die Umsetzung der alten Sinai-Überlieferung in das Leben einer jüdischen Gemeinde des 2. Jahrhunderts v.Chr. ausschließlich das Werk des »Lehrers der Gerechtigkeit«; auf ihn geht das viel bewunderte klösterliche Leben der Qumran-Gemeinde zurück. Das Volk Israel hatte am Sinai die ideale Bestimmung erhalten, »das heilige Eigentumsvolk Gottes und ein Königreich von Priestern zu sein« (2. Mose 19,5f). Diese Auszeichnung wurde mit der einmütigen Erklärung beantwortet: »Alles, was der Herr befiehlt, wollen wir tun!« (2. Mose 19,8).

Die erste Weisung Gottes betraf die rituelle Reinigung des Volkes, als Vorbereitung für die Erscheinung Gottes: »Gehe hin zum Volke und ordne an, daß sie sich heute und morgen rein halten und ihre Kleider waschen und auf übermorgen bereit seien!« (2. Mose 19,10f). Zu dieser Bereitschaft gehörte auch sexuelle Enthaltsamkeit: »Keiner nahe sich einem Weibe!« (2. Mose 19,15). Diese Gebote der Heiligung hat der »Lehrer der Gerechtigkeit« in Verbindung mit den Anordnungen für den priesterlichen Dienst (Ezechiel 44) zur Ausgestaltung des heiligen, asketisch-monastischen Gemeinschaftslebens in Qumran benutzt. Dabei wurde die Weisung zur Reinheit und Enthaltsamkeit zeitlich entschränkt und von drei Tagen auf unbestimmte Zeit ausgedehnt: Man konnte ja nicht wissen, wann Gott zum Gericht erscheinen würde, und wollte deshalb allezeit bereit sein. Und was nach Ezechiel 44 für den Dienst der Priester im Tempel gelten sollte, wurde gleichsam demokratisiert und auf die Laien ausgedehnt, eben weil Priester und Laien am Sinai eine »Einung« bildeten, im einmütigen Gehorsam gegenüber Gott.

Dieses priesterlich reine Gottesvolk der »Einung« (hebräisch *jachad*) vollzog einen heiligen Dienst mit kultischer Bedeutung. In der Wüste Juda, abgeschieden von Jerusalem, bildete es nach der Gemeinderegel als »Königtum von Priestern« ein lebendiges Heiligtum, »um zu sühnen für das Land« (1QS 8,8f.6). Was der Opferkult im Jerusalemer Tempel bewirken sollte, aber auf Grund seiner unreinen Priesterschaft nicht vollbrachte, das sollte das »königliche Priestertum« der Qumran-Gemeinde leisten: Es schaffte Sühne für das befleckte Land und schützte es auf diese Weise vor dem göttlichen Strafgericht. Das Lobopfer der Lippen, die Liturgie im Einklang mit den Engeln im Himmel, und die Werke des Gesetzes waren besser als der Weihrauch und die Tieropfer im Jerusalemer Heiligtum (1QS 9,4f). Die Übergabe des eigenen Lebens, der ganzen Person mit ihrer geistigen und körperlichen Kraft sowie des Privatvermögens an die Gemeinschaft Gottes (1QS 1,11f) bildete die Voraussetzung für die Teilnahme am Dienst des »königlichen Priestertums«. Denn in dieser Gemeinschaft wurden die persönlichen Eigenschaften und Güter des weltlichen Menschen durch die Wahrheit Gottes geläutert; dann erst haben sie sühnende Kraft (1QS 1,12f).

Auch Jesus übernahm diese Überlieferung vom Sinai und verwandelte sie für den endzeitlichen Dienst. Als Messias folgte er aber nicht so sehr dem Beispiel Israels, sondern dem Vorbild Moses, des »ersten Erlösers«. Matthäus hat deshalb mit Recht Jesu Bergpredigt dem Geschehen am Sinai nachgebildet: Jesus steigt auf den Berg und spricht zu dem vor ihm gelagerten Volk, dem Israel des Neuen Bundes (Matthäusevangelium 5,1f). Er selbst verkündigt den aus Knechtschaft rettenden Gott (Matthäusevangelium 5,3-12; vgl. 2. Mose 19,4), dazu die Bestimmung für das wahre Gottesvolk, wobei er diese über Israel hinaus ausweitet und verwandelt: Das Königtum von Priestern wird dadurch verwirklicht, daß Israel zum Salz der Erde und zum Licht der Welt wird und seine guten Werke vor den

Menschen tut (Matthäusevangelium 5,13-16; vgl. 2. Mose 19,5f).
Und das große »Ja« zum uneingeschränkten Tun des Gotteswillens
spricht er allein: »Ich bin nicht dazu gekommen, das Gesetz oder die
Propheten aufzulösen. Ich bin nicht gekommen, aufzulösen, son-
dern zu erfüllen« (Matthäusevangelium 5,17; vgl. 2. Mose 19,8).
Diese Erfüllung geschieht durch das Tun der besseren Gerechtigkeit
(Matthäusevangelium 5,20) und durch den Vollzug des Liebesgebo-
tes (Matthäusevangelium 5,43-48).

Der große Unterschied:
Jesu Zuwendung zu den Sündern

Mit seiner in der Bergpredigt gegebenen radikalen Deutung des Liebesgebots unterschied sich Jesus von der Ethik der Qumran-Gemeinde. Diese meinte, wie es die Gemeinderegel sagt, man müsse
»alle lieben, die Gott erwählt hat, und alle hassen, die Er verworfen
hat; man soll sich fernhalten von allem Bösen, aber allen guten Werken anhangen und Wahrheit, Gerechtigkeit und Recht tun im
Lande« (1QS 1,3-6). Es fällt auf, daß diese ethische Maxime theologisch begründet, am Verhalten Gottes orientiert ist: Weil Er Gute
und Böse, die Kinder des Lichts und die Kinder der Finsternis vor-
hergesehen und vorherbestimmt hat, weil sie in ihrem Handeln und
Wandeln Gottes herrlichen Plan erfüllen bis hin zum Gericht mit
endgültiger Scheidung (1QS 3,13 - 4,8), darum soll auch der Mensch
im Umgang mit dem Mitmenschen dieser Entscheidung folgen und
diejenigen lieben, die Gott erwählt hat, nicht aber solche, die von
Ihm verworfen sind.
Als Jesus das Gebot der Nächstenliebe für das Volk des Neuen Bundes auslegte, konnte er ebenfalls auf das beispielhafte Verhalten Gottes verweisen. Dabei stand ihm doch wohl die in Qumran gegebene
Auslegung vor Augen, wenn er in der letzten seiner Antithesen fest-
stellte: »Ihr habt gehört, daß gesagt ist: Du sollst deinen Nächsten
lieben, aber deinen Feind hassen« (Matthäusevangelium 5,43). Im
Alten Testament wird nämlich nirgends das Hassen des Feindes be-
fohlen. Aber das geschieht eben in der Gemeinderegel von Qumran,

zusammen mit dem direkten Verweis auf Gott. Jesus widersprach dieser Deutung mit seiner messianischen Autorität: »Ich aber sage euch: Liebt eure Feinde und bittet für die, welche euch verfolgen, damit ihr Söhne eures Vaters im Himmel seid! Denn Er läßt seine Sonne aufgehen über Böse und Gute und läßt regnen über Gerechte und Ungerechte« (Matthäusevangelium 5,44f). Damit soll nun nicht mehr das vorzeitliche, verborgene und die menschliche Weisheit weit übersteigende Erwählungshandeln Gottes für unser mitmenschliches Verhalten maßgebend sein, sondern die täglich erfahrene, durch Sonnenschein und Regen anschaulich werdende Güte Gottes, die Er unterschiedslos allen Geschöpfen schenkt. Nicht der Glaube an die Vorherbestimmung Gottes, sondern das Vertrauen auf die Vorsehung und Fürsorge des himmlischen Vaters bestimmt Jesu Theologie (Matthäusevangelium 6,19-34) und seine Deutung des Liebesgebots.

Das unterschiedliche Gottesbild hat Folgen für die Art des Dienstes an der Welt, der im Angesicht der nahen Gottesherrschaft und des drohenden Gerichts besonders dringlich ist. Da die Gemeinde des »Lehrers der Gerechtigkeit« das prädestinierende (vorherbestimmende) Handeln Gottes in Rechnung stellte, war ihr Engagement für die Rettung der Menschen eingeschränkt. Sie konnte in ihrer heiligen Siedlung auf das Kommen der Erwählten warten, die als »Willige« um Zulassung zur Heilsgemeinde baten (1QS 5,1-4). Aufgrund ihres von Ezechiel 44 bestimmten priesterlichen Reinheitsdenkens wollten die Qumran-Frommen sich von der Welt rein und unbefleckt erhalten. Denn nur der Gottesdienst eines heiligen Volkes und königlichen Priestertums konnte sühnend wirken und das Land Israel vor dem Gericht bewahren. Die Bindung an die Priestertora und deren Ausweitung auf die ganze Gemeinde verlangte somit die Distanz zur Welt, wenn der heilige Dienst gelingen und Gott wohlgefällig sein sollte.

Dagegen ging Jesus in die unreine Welt und richtete an sie seine Bußpredigt als Einladung zum Gottesreich aus (Matthäusevangelium 4,17-25). Seinen messianischen Auftrag verstand er im Einklang mit dem schrankenlosen Liebesgebot: Er wußte sich besonders zu den verlorenen Schafen Israels gesandt (Matthäusevangelium 15,24), wollte das ganze Volk sammeln und für die Gottesherrschaft, das Tun der besseren Gerechtigkeit und den neuen Bund gewinnen. Nicht Ezechiel 44, die Magna Charta für den vollkommenen priesterlichen Dienst, sondern Ezechiel 34, das Kapitel vom guten Hirten, bestimmte Jesu Verhalten zu Israel. Und weil sich die Qualität eines königlichen Hirten an der Fürsorge für die Kranken und Verirrten der Herde offenbart (Ezechiel 34,4.12.16), darum wandte sich Jesus besonders den Außenseitern in Israel zu (Markusevangelium 2,17); er suchte nach den Verlorenen (Lukasevangelium 15). Die rituellen Reinheitsgebote und die Demokratisierung der Priestertora waren für solch ein Vorgehen ein Hindernis, das Jesus entschlossen durchbrach (Markusevangelium 7); diese Beseitigung der Barriere der kultischen Reinheit bereitete den Weg des Evangeliums zu den Heiden und ermöglichte damit die nachösterliche Weltmission der Apostel.

Der Sammlung Israels und dem Dienst an Zöllnern und Sündern hätte auch ein zelotischer Eifer für die politische Befreiung und theokratische Reinigung Israels im Wege gestanden, obwohl dies alles gerade jetzt wieder der Jesus-Bewegung von Autoren wie Baigent/Leigh und Robert H. Eisenman angedichtet wird. Aber Jesus lehrte und wirkte antizelotisch. Er warnte vor der richtenden Verurteilung des Bruders und vor fanatischen Aktionen: Es ist unzulässig, daß man die Unreinen und Gottlosen durch Gewalt aus dem Gottesvolk ausmerzt und vor der Ernte Gottes das Unkraut im Weizen entfernt (Matthäusevangelium 13,24-30). Genau das war das Ziel der zelotischen Sikarier, die glaubten, zur höheren Ehre Gottes Israel läutern und von Kollaborateuren mit Rom durch Ermordung befreien zu müssen. Vielmehr wird das Volk Gottes dadurch gerettet und rein, daß der Menschensohn-Messias sich als Gottesknecht versteht und das eigene Leben für die Vielen in den Tod gibt (Markusevangelium 10,45). Durch solch ein Lösegeld (kopher) schafft er Sühne (kapparah), und zwar nicht etwa für das Land, sondern für das Volk Gottes, das er von seinen Sünden rettet (Matthäusevangelium 1,21). Der stellvertretende Sühnetod des Christus und Gottessohnes hatte eine über die Grenzen Israels hinausgehende Wirkung, gerade weil er die Liebe Gottes für Gerechte und Ungerechte endgeschichtlich offenbart. Die Vergebung der Sünden und die Gerechtigkeit, die vor Gott gilt, werden nun nicht mehr durch Gesetzeserfüllung verdient, sondern allein durch den Glauben erworben.

Diese universale Heilsbedeutung des Kreuzes Christi war der eigentliche Grund für die Weltmission und die Ausbreitung des Christentums bis hin zu den Enden der damals bekannten Welt. Das missionarische Werben für den Glauben war damals sowohl bei den Juden als auch bei den Heiden unbekannt. Es geht klar auf Jesus zurück. Abweichend von der Haltung der Qumran-Frommen, aber auch im Alten Testament in dieser Weise nicht vorbereitet, ist die Aussendung und Bevollmächtigung der zwölf Jünger, an die Jesus seine eigene Aufgabe delegierte: Sie sollten Dämonen austreiben, Kranke und Aussätzige heilen und verkündigen, die Gottesherrschaft sei ganz nahe (Matthäusevangelium 10,1.7f). Damit wurde sein messianisches Wirken auf missionarische Weise weiter fortgeführt. Die Jünger, die der Meister in die Nachfolge und seine Gemeinschaft berufen hatte, wurden nun als Apostel ausgesandt. Diese zentrifugale, flächendeckende Kraft des Dienstes Jesu steht im Gegensatz zur zentripetalen Tendenz der Tätigkeit des »Lehrers der Gerechtigkeit« und seines Gemeindeaufbaus in Qumran. Denn dort war alles auf Abgrenzung, Sicherung und Verteidigung der kleinen Schar der Getreuen bedacht: Die Gemeinde wird nicht nur als Heiligtum, sondern in den Lobliedern auch als befestigte Stadt dargestellt, die sich gegen den Ansturm der Gottlosigkeit, die endzeitliche Entfesselung der Chaosmächte, behaupten muß (1QH 6,26ff). Jesus hingegen verhielt sich offensiv im Kampf gegen das Böse;[9] er brach in das befestigte Haus des »Starken« – des Teufels – ein, um ihm seine Beute, die gefangenen Menschen, abzujagen (Matthäusevangelium 12,29).

Qumran und die Lebensform des Jüngerkreises Jesu

Die zweifache Art einer Lebensführung, die von der Erwartung der Gottesherrschaft geprägt ist, begegnet uns auch in den Evangelien; sie ist in mancher Hinsicht mit der *vita communis* der Essener verwandt.[10] Jesus und seine Jünger bildeten eine Gemeinschaft, die sich aus der normalen jüdischen Lebensweise herausgelöst hatte, allerdings grundsätzlich im Kulturland blieb. Aufgegeben war die Bindung an Beruf, Familie und Dorfgemeinschaft; Petrus konnte zu Jesus sagen: »Siehe, wir haben alles verlassen und sind dir nachgefolgt!« (Markusevangelium 10,28). Jesu Antwort betont die Notwendigkeit, um seinetwillen aus dem Kreis der Familie herauszutreten (Markusevangelium 10,29f). »Wer Vater oder Mutter mehr liebt als mich, ist meiner nicht wert!« (Matthäusevangelium 10,37). Auch der »Lehrer der Gerechtigkeit« bildete mit seinen Schülern eine Art von geistlicher Familie, die an die Stelle der leiblichen Eltern und Geschwister trat, wie die Loblieder zeigen (1QH 7,20-22; 9,33f).

Jesus konnte die Täter des Gotteswillens als seine wahren Verwandten bezeichnen (Markusevangelium 3,35), und seine Jünger sollten untereinander wie Brüder sein (Matthäusevangelium 23,8). Er selbst war – wie Johannes der Täufer – ehelos. Das stellte damals bei den Juden eine große Ausnahme dar, abgesehen von den Qumran-Essenern. Bei diesen wurde der Zölibat mit der Naherwartung des heiligen Gottes und mit priesterlichen Grundsätzen begründet; Jesus tat dies im Blick auf das Gottesreich. Er mag an die Essener gedacht haben, als er das dunkle Wort von den »Eunuchen des Himmelreichs« sprach (Matthäusevangelium 19,10-12). Er meinte damit die Menschen, die angesichts der großen Wende und des den ganzen Menschen fordernden Einsatzes für das Gottesreich auf die Ehe und Familie verzichten, ähnlich wie der Apostel Paulus: Wegen der bevorstehenden endzeitlichen Drangsal ist es gut, nicht verheiratet zu sein (1. Korintherbrief 7,26); der Unverheiratete sorgt sich um die Sache des Herrn (1. Korintherbrief 7,32).

Ebenso galt für den Kreis der zwölf Jünger die Gütergemeinschaft. Man hatte eine gemeinsame Kasse, aus der die Gemeinschaftsmahle bestritten und die Armen versorgt wurden. Judas Iskariot, der den Beutel trug (Johannesevangelium 13,29), war der Vermögensverwalter. Und wie bei den Essenern wurden solche Gemeinschaftsmahle im Vorgriff auf die messianische Zeit, auf die vollendete »Einung« beim Mahl in der Gottesherrschaft, gefeiert. Während aber das Mahl in Qumran den Vollmitgliedern als den völlig Reinen vorbehalten war, standen die von Jesus als Tischherrn geleiteten Mahlzeiten allen möglichen Gästen offen; das zeigt etwa die Speisung der Fünftausend in der Wüste (Markusevangelium 6,35ff). Und wie Jesus bei einem Pharisäer zu Tisch sitzen konnte (Lukasevangelium 7,36-50), so auch bei Zöllnern wie Levi (Markusevangelium 2,13-17) und Zachäus (Lukasevangelium 19,7). Es ist ferner bemerkenswert, daß die Jerusalemer Urgemeinde abwechselnd in den Häusern das Brot brach, d.h. damit die gemeinsamen Mahle der Jünger mit Jesus und auch die Gütergemeinschaft fortsetzte (Apostelgeschichte 2,42-47). Daneben gab es aber auch Fromme, welche die Sache Jesu auf eine Weise unterstützten, wie es der zweite Orden von (verheirateten) Essenern für die in der Wüste lebende Kerngruppe getan haben mag. Dazu gehörten etwa die verheirateten Frauen, die nach dem Lukasevangelium 8,1-3 den Jüngern mit ihrem Vermögen dienten. Das Zeitwort »dienen« ist ein spezifisch christlicher, am Vorbild Jesu orientierter Begriff (Markusevangelium 10,45; Johannesevangelium 13), aber die Sache solchen Dienstes war auch in der Qumran-Gemeinde da. Sie ist auch kennzeichnend für die miteinander lebenden drei Freunde Jesu in Betanien. Maria, Marta und Lazarus waren nicht verheiratet; vielleicht gehörten sie ursprünglich dem außerhalb des Klosters lebenden »zweiten Orden« der Essener an.[11] Sie nahmen Jesus und seine Jünger auf und bewirteten sie (Lukasevangelium 10,38-42). Solche Gastfreundschaft war nach Josephus für die Essener bezeichnend: »Den von auswärts kommenden Sektenangehörigen steht alles bei ihnen Befindliche so zur Verfügung, als ob es eigenes Gut sei, und bei Menschen, die sie nie zuvor gesehen haben, treten sie wie bei längst Vertrauten ein« (Jüdischer Krieg II 124). Mit dieser Selbstverständlichkeit kam auch Jesus zu den Geschwistern. Die von Lukas geschilderten Gestalten der Kindheitsgeschichte Jesu: Zacharias und Elisabet, Josef und Maria, Simeon und Hanna haben die Frömmigkeit der Demütigen oder Armen (ʻanawim), wie sie die Essener gekennzeichnet hat.[12] Es sind Menschen, die ihre Hoffnung ganz auf Gott setzen, von dem sie die endzeitliche Tröstung, die Erlösung Israels erwarten.

Qumran und der sogenannte »historische Jesus«

Am 30. Dezember 1991 wurde vom Norddeutschen Rundfunk eine aus den USA übernommene Fernsehsendung über die Schriftrollen vom Toten Meer ausgestrahlt, in der Robert H. Eisenman als »Experte« im Mittelpunkt stand. Die Sendung endete in Abweichung vom amerikanischen Original mit der Feststellung: »Die Geschichte des Christentums wird vielleicht neu geschrieben werden müssen. Der historische Jesus wird vom Christus des Glaubens getrennt werden müssen. Für die Kirche ein blasphemisches Unterfangen. Für sie war die historisch-archäologische Forschung schon immer ein Werkzeug des Teufels. Mit Recht, wie man jetzt sieht.«[13] Dieses Urteil ist ebenso dumm wie verleumderisch. Die historisch-archäologische Forschung als solche wurde von den Kirchen nie als »Werkzeug des Teufels« angesehen, sondern von ihnen gefördert und gerade auch im Heiligen Land erfolgreich betrieben. Seit über hundert Jahren arbeitet etwa der »Deutsche Verein zur Erforschung Palästinas« neben manchen anderen ausländischen Schulen und Instituten an der geographischen und archäologischen Erforschung des Landes und seiner biblischen Stätten. Die Ergebnisse dieser Arbeit helfen bei der Auslegung der Bibel; sie haben sowohl zur Bestätigung als auch zur Korrektur bisheriger Annahmen geführt.

Dasselbe gilt von den Texten aus Qumran. Ihre Entdeckung war sensationell, ihr Inhalt hat die ersten Erwartungen übertroffen und natürlich auch zu einer Bereicherung und Präzisierung unserer Kenntnisse über das Judentum, über die Umwelt Jesu und der neutestamentlichen Schriften geführt. Aber das geschichtliche Bild Jesu wurde dadurch nicht wesentlich verändert, der Glaube an Christus nicht erschüttert – im Gegenteil! Alle anders lautenden Hypothesen sind rasch von der Bildfläche verschwunden, wie es auch den jetzt erschienenen »Bestsellern« vorausgesagt werden kann. Ihre Jesus-Figuren gleichen Schneemännern, die in der Sonne ernsthafter Wissenschaft rasch zerfließen.

Dazu sei nur an zwei Vorgänge aus der vergangenen Forschungsgeschichte erinnert: Die Nachrichten der Mari-Texte (vom Beginn des 2. Jahrtausends v.Chr.) über Hofpropheten in dieser syrischen Stadt am Euphrat lassen sich durchaus mit den Berichten über das Auftreten der klassischen Propheten der Bibel vergleichen. Aber das Einzigartige der den Propheten für das Volk Israel geschenkten Offenbarung wird gerade deshalb deutlich, weil aus der Umwelt ähnliche Themen und auch Einzelheiten geboten werden.

Auch die gnostischen Originaldokumente, die 1945 in Nag Hammadi (Ägypten) gefunden wurden, haben in positiver Weise für diejenigen Exegeten desillusionierend gewirkt, die meinten, die Gnosis habe das Christus-Bild eines Paulus oder Johannes geprägt oder den Dualismus des vierten Evangeliums hervorgebracht. Die Gnosis, das zeigen die Funde, gehört aber in die Kirchengeschichte und nicht in die Vorgeschichte des Neuen Testaments.[14] Die Gnosis ist eine christliche Häresie, wir kennen keinen wirklich gnostischen Text aus vorneutestamentlicher Zeit. Dagegen ist die essenische Qumran-Gemeinde älter als die christliche Kirche. In ihren Schriften finden wir die besten Parallelen zum Dualismus, wie er uns im johanneischen Schrifttum entgegentritt, nämlich den ethisch relevanten Gegensatz zwischen Licht und Finsternis, Wahrheit und Lüge, Kindern des Lichts und Kindern der Finsternis, Geist der Wahrheit und Geist der Lüge. Die Denk- und Sprachformen des vierten Evangeliums sind also nicht hellenistisch-gnostisch, sondern jüdisch und haben ihre Wurzeln in Palästina.

Eine große Hilfe sind die Qumran-Schriften auch für viele schwierige Fragen des Prozesses Jesu.[15] Vor dem Hintergrund der Auslegung, die in der Tempelrolle von der wichtigen Stelle 5. Mose 21,22-23 geboten wird (11QMiqd 64,6-13), wird das ganze Verfahren gegen Jesus durchsichtiger. In der Tempelrolle wird nämlich das Hängen des Delinquenten »an das Holz« (5. Mose 21,22f) als Kreuzigung interpretiert, um das Verbrechen des Hochverrats am Gottesvolk zu ahnden. Im Licht anderer Qumran-Schriften ergibt auch das bei Markus äußerst gerafft dargestellte Verfahren vor dem Hohen Rat mit Zeugenverhör, Messiasfrage und Verurteilung Jesu (Markusevangelium 14,53-65) einen durchaus sinnvollen Zusammenhang.[16] So erweist sich auch der Hergang des Prozesses Jesu, wie er in den Evangelien berichtet wird, als historisch gut begründet.[17] Es handelt sich um keine aus dem Glauben der Gemeinde an Christus und der

Judenfeindlichkeit der Evangelisten geborene Legende, wie man vielfach angenommen hat.

Gegenüber der Behauptung, daß die Geschichte des Christentums neu geschrieben werden müsse, ist festzuhalten: Die Geschichte des Christentums ist zwar einmal geschehen, aber ihre Darstellung ist natürlich immer wieder neu in Angriff zu nehmen. Diese Aufgabe ist kein leidiges »Muß«, das uns jetzt durch die Qumran-Texte aufgezwungen wäre. Sie wurde seit der Apostelgeschichte des Lukas und der Kirchengeschichte des Eusebius immer wieder unternommen, mit Freude und nicht mit dem Mut der Verzweiflung. Das wird auch in Zukunft so bleiben. Was die Qumran-Rollen an Begriffen und Anschauungen bieten, geht in die Bibellexika, in die Kommentare zum Neuen Testament und die Bücher über Jesus und die Theologie eines Paulus oder Johannes ein; alles wird dankbar aufgenommen. Die Herausgabe der Qumran-Texte ist zwar immer noch nicht abgeschlossen, aber sensationelle Enthüllungen oder Erschütterungen des Christentums sind nicht zu erwarten.[18] Auch der »Konsensus« über die Gleichsetzung der Qumran-Gemeinde mit den Essenern ist nicht wirklich ernsthaft gefährdet. Gleichwohl gibt es im einzelnen noch viel zu tun, auch für den christlichen Bibelwissenschaftler. Themen wie »Qumran und das Frühjudentum« oder »Die Qumran-Schriften und das Neue Testament« werden noch lange Zeit Gegenstand der Beschäftigung sein.

Was die Forderung anbetrifft, den historischen Jesus vom Christus des Glaubens zu trennen, so ist auch das für die christliche Theologie kein neues, sie erschütterndes Unternehmen. Eine solche Unterscheidung wurde vor genau hundert Jahren von dem konservativen Theologen Martin Kähler (1835-1912) vorgenommen. Seine Schrift, die eine große Wirkung hatte, trug den Titel »Der sogenannte historische Jesus und der geschichtliche biblische Christus«[19]. Kähler betonte darin, daß der durch die Bibel bezeugte, von der Kirche verkündigte und in ihrer Geschichte wirksam gewordene Christus zu unterscheiden ist von den dauernd wechselnden, subjektiv gefärbten und darum recht kurzlebigen Bildern, die mit dem Etikett des »historischen Jesus« versehen werden. Das gilt für einen Jesus-Roman wie den von Ernest Renan genauso wie für »Verschlußsache

Jesus« oder den Jesus-Pescher einer Barbara Thiering. Gerade die Qumran-Schriften können uns aber auch zu sehen helfen, daß der »geschichtliche Christus« der Bibel nicht einfach ein anderer ist als der historisch erkennbare Jesus von Nazaret: Er hat sich von Gott zum Messias berufen gewußt und diesen Auftrag auf einzigartige Weise mit dem Weg des leidenden Gottesknechts verbunden.[20]

10. Haben sich Essener zu Jesus als dem Messias bekehrt?

Die Ähnlichkeiten zwischen Qumran und dem Urchristentum – Von den Frommen der Perserzeit zur Bußbewegung des Täufers – Das Jerusalemer Essener-Viertel und die Urgemeinde – Positive und negative Einflüsse bekehrter Essener – Die Bedeutung der Qumran-Texte für das Neue Testament

Die Ähnlichkeiten zwischen Qumran und dem Urchristentum

Die sensationell aufgemachten Qumran-Bücher, angefangen von Johannes Lehmanns »Jesus-Report«[1], leben davon, daß es tatsächlich Wendungen, Auslegungstechniken sowie Denk- und Lebensformen gibt, die den Qumran-Essenern und den ersten Christen gemeinsam waren. Das wurde durch christliche Qumran-Forscher von Anfang an keineswegs zu einer Verschlußsache erklärt, wie Michael Baigent und Richard Leigh behaupten.[2] Es gab zwar gelegentlich Versuche, die vorhandenen Ähnlichkeiten weitgehend zu bestreiten, doch blieben solche unnötigen apologetischen Bemühungen in der Minderheit.[3] Aus der Feder von christlichen, und unter ihnen besonders auch von katholischen Gelehrten stammen viele Aufsätze und Bücher zum Thema »Qumran, Jesus, Urchristentum«, die unvoreingenommen die Parallelen zwischen den Qumran-Schriften und dem Neuen Testament untersuchen. Die Ergebnisse dieser Arbeit wurden weiten Kreisen in einer ganzen Anzahl von englischsprachigen Sammelbänden zugänglich gemacht.[4] Wertvolle deutsche Gesamtdarstellungen stammen durchweg aus den fünfziger und sechziger Jahren, so daß sie bis auf einen Titel nicht mehr zu erhalten sind.[5] Es ist schon darauf hingewiesen worden, daß die Fachwissenschaft es hier in Deutschland während der letzten dreißig Jahre wirklich versäumt hat, eine interessierte Öffentlichkeit einigermaßen umfassend zu informieren.

Die Ähnlichkeiten zwischen Qumran und dem Neuen Testament waren übrigens nicht nur manchen konservativen Christen unsympathisch, sondern interessanterweise auch einigen jüdischen Forschern. So schreibt der verdiente Qumran-Mäzen Manfred R. Lehman, der selbst als Amateurforscher ein paar Beiträge zur Qumran-Forschung vorgelegt hat: »Die Angehörigen der Bundesgemeinde [von Qumran] waren Sadduzäer und nicht Essener. Und als Sadduzäer hatten sie eine viel strengere Haltung gegenüber der Halachah (der mündlichen Gesetzesüberlieferung) als die authentischen pharisäischen Rabbiner in Jerusalem. Eine Konsequenz davon ist, daß die weitverbreitete populäre Idee, daß die Schriftrollen eine Art Abstammungsverbindung zwischen Christentum und Judentum darstellen, total falsch ist... Wir müssen die oft wiederholte Feststellung der ›New York Times‹ und anderer zurückweisen, daß das [Juden]christentum und das ›rabbinische Judentum‹ zur selben Zeit geboren wurden. Das ist eine irreführende Zeitungsente. Das authentische Judentum geht 3500 Jahre zurück. Das Christentum entstand vor ungefähr 1800 (!) Jahren aus einer Mixtur von heidnischen Riten und paulinischen Lehren.«[6]

Wir haben gesehen, daß sich eine sadduzäische Herkunft der Schriftrollen vom Toten Meer nicht halten läßt (Kap. 3). Auch sonst würden viele jüdische Forscher heute solchen Sätzen, wenn vielleicht nicht öffentlich in einem Zeitungsartikel, so doch im geschützten Raum wissenschaftlicher Publikationen widersprechen. Die völlig ungebrochene Traditionslinie zwischen Mose und dem heutigen orthodoxen Judentum ist eine geschichtliche Fiktion. Pharisäer, Sadduzäer und Essener stellten jüdische Religionsparteien dar, die annähernd gleichzeitig in der hasmonäischen Zeit entstanden. Vor 70 n.Chr. war noch keineswegs entschieden, welche dieser Religionsparteien das Judentum am authentischsten repräsentierte. Selbst das rabbinische Judentum nach 70 war keine ungebrochene Fortsetzung des Pharisäismus der Zeit davor.

Das Christentum entstand vor dem Jahr 70 n.Chr., und in der Form des Judenchristentums war es zunächst – von außen her gesehen – eine neue jüdische Religionspartei. Ein Vergleich mit den Qumran-Texten zeigt immer wieder, wie jüdisch das Neue Testament ist. Das scheint auch nicht erstaunlich, da doch die Verfasser der neutestamentlichen Schriften bis auf (vielleicht) eine Ausnahme Juden waren. Die Kontroversen über den jüdischen Charakter des antiken Judenchristentums sind nicht nur Vergangenheit. Wie man die historischen Fragen beantwortet, wird auch Auswirkungen darauf haben, ob heutige Judenchristen Vollbürger des Staates Israel sein können. Für die Berührungen zwischen den Qumran-Schriften und dem Neuen Testament sollte man sich vor einer einlinigen Erklärung hüten. Ein Grund für manche Parallele liegt schon einfach darin, daß Essener und Christen im Alten Testament lebten. Aber das erklärt noch nicht alles. Mindestens zwei andere Erklärungen müssen noch hinzugenommen werden, auf die im folgenden kurz hingewiesen werden soll. Viele der ersten Nachfolger Jesu kamen aus jener großen Frömmigkeitsbewegung der *chasidim*, die für uns von der Perserzeit an greifbar zu werden beginnt. Essener, Pharisäer, Täufergruppen und Judenchristen schöpften aus diesem breiten apokalyptischen Traditionsstrom. Aber auch das reicht noch nicht ganz als Antwort auf unsere Fragestellung aus. Die schon oft allgemein ausgesprochene Annahme, daß auch manche Essener Christen wurden, läßt sich nun durch moderne archäologische Erkenntnisse untermauern. Verfolgen wir erst kurz den Weg einiger Erneuerungsbewegungen im Judentum nach dem Babylonischen Exil bis in die neutestamentliche Zeit, bevor wir uns dieser These zuwenden.

Von den Frommen der Perserzeit zur Bußbewegung des Täufers

Die Wurzeln des Judentums der Zeit Jesu liegen vor allem auch im 4. und 3. Jahrhundert v.Chr., als Palästina nach der Rückkehr von

Juden aus dem babylonischen Exil unter der Herrschaft der persischen Großkönige stand. Leider besitzen wir über diese Zeit verhältnismäßig wenige Geschichtsquellen, so daß viele Einzelheiten für uns dunkel bleiben.[7] Schon vor Beginn des makkabäischen Freiheitskampfes stellte um 175 v.Chr. die »Versammlung der Frommen *(synagoge Asidaion)*« eine festgefügte Gruppe im Judentum dar (1. Makkabäer 2,42). Otto Plöger hat durch seine Untersuchungen wahrscheinlich gemacht, daß ihre Vorgeschichte bis weit in die persische Zeit zurückreicht.[8] Die vormakkabäischen »Frommen« pflegten – wenn auch in apokalyptisch umgebildeter Form – prophetische Traditionen und waren vielleicht wirklich die geistlichen Erben früherer »prophetischer Konventikel« (vgl. Ezechiel 8,1; 14,1ff; 33,31). Es ist nicht auszuschließen, daß die »Gemeinde der Frommen *(qehal chasidim)*« schon in einigen spät-nachexilischen Psalmen (wie 149,1) sowie in apokryphen Qumran-Psalmen (11QPs[a] 18,4) zu Wort kommt. Viele Forscher nehmen auch an, daß diese jüdische Frömmigkeitsbewegung hinter den makkabäischen Teilen des Buches Daniel steht (z.B. Daniel 11-12). Kennzeichen der »Frommen« waren vor allem Toratreue, intensive Schriftforschung, regelmäßiges Gebet, eine gewisse asketische Neigung (Fasten) und die Zugehörigkeit zur nicht besonders vermögenden Bevölkerung. In diesem Zusammenhang erhielt der Begriff »arm« (hebräisch *'ebjon* bzw. *'anaw*) bereits in vorneutestamentlicher Zeit eine religiöse Färbung.[9]

Während der Regierungszeit des hasmonäischen Königs und Hohenpriesters Jonatan (152-143 v.Chr.) kam es zur Gründung der essenischen Gemeinschaft unter der Führung des »Lehrers der Gerechtigkeit« und bald zur Abspaltung der pharisäischen Bewegung. Neben der innerpalästinischen Entwicklung gab es vielleicht auch Verbindungen des frühen Essenismus zur babylonischen Diaspora.[10] Zur prophetisch-apokalyptisch bestimmten Laien-Frömmigkeit der Chasidim trat bei den Essenern (wohl vor allem durch den »Lehrer der Gerechtigkeit«) ein stark priesterliches Element. Man kann weiterfragen, ob nicht auch Traditionen der Rechabiter (Jeremia 35,1-19; Nehemia 3,14) nachwirkten.[11]

Nun pflegt das Leben vielgestaltig zu sein. Es ist deshalb sehr unwahrscheinlich, daß alle vormakkabäischen Chasidim den Weg eines exklusiven Essenismus oder strikten Pharisäertums gingen.[12] So könnte es »Fromme« gegeben haben, die zwar wie die Essener den alten priesterlichen Sonnen-Kalender für gottgewollt hielten, seine Einhaltung aber nicht zur Vorbedingung machten, um weiterhin am Tempelkult teilzunehmen. Auch die sich bildenden pharisäischen Gemeinschaften *(chaburoth)* knüpften wohl in unterschiedlich starker Weise an das chasidische Erbe an. Möglicherweise gab es Pharisäer, die in stärkerem Ausmaß theologische Überzeugungen und Lebenshaltungen teilten, wie sie sonst eher für Essener üblich waren. Damit ist noch lange nicht die These Robert Eisenmans vom Einheitsbrei jüdisch-nationalistischer Gruppen in neutestamentlicher Zeit richtig. Es gab wirklich Essener, Pharisäer und Zeloten, die man eindeutig bestimmten Grundüberzeugungen zuordnen konnte. Aber gewisse Berührungen und Übergänge zwischen den Gruppen braucht man nicht zu bestreiten.

Sehr wichtig ist es, sich immer bewußt zu bleiben, daß der Essenismus nicht nur eine über zweihundertjährige Geschichte durchlief, sondern eine durchaus breite Bewegung darstellte, die keineswegs auf das Wüstenkloster von Qumran und seine Zweigniederlassungen beschränkt war. Sowohl Philo (Apologie §1) wie auch Josephus (Jüdischer Krieg II 124) bezeugen übereinstimmend, daß es Essener in ganz Palästina gab. Darüber hinaus wird immer deutlicher, daß es sich beim »Land Damaskus«, das in der Damaskusschrift mehrfach erwähnt wird (CD 6,5ff; 7,15ff; 8,21; 19,34; 20,12), nicht um einen Decknamen für Babylon oder Qumran handelt, sondern tatsächlich um die Umgebung der syrischen Metropole. Hier und auch sonst im nördlichen Trans-Jordanien existierten essenische Niederlassungen,[13] wofür vor allem auch die Kupferrolle aus Qumran (3Q15) wichtige Hinweise gibt. Auf diese Siedlungen scheinen sich vor allem die Bestimmungen der Damaskusschrift zu beziehen, die nicht ganz dieselbe Exklusivität wie andere Qumran-Schriften zeigen. Der verheiratete Zweig der Essener dürfte überhaupt stärkeren Kontakt zur übrigen jüdischen Bevölkerung gehabt haben als die Elite in der Klostersiedlung Qumran. Es fällt auf, daß die Damaskusschrift nur eine Messiasgestalt zu erwarten scheint (S. 119). Auch in manchen theologischen Überzeugungen könnten also einige essenische Gruppen näher beim Hauptstrom des frommen Judentums gestanden haben als andere.

Vorbereitet durch die Chasidim und Essener war die große Tauf-und Umkehrbewegung des Johannes. Es spricht ziemlich viel dafür, daß der Täufer ursprünglich von einem essenischen oder zumindest chasidischen Hintergrund her kam.[14] So glich seine Ernährungsweise (Markusevangelium 1,6) der eines Esseners, der sich außerhalb von Gemeinschaftssiedlungen aufhielt.[15] Vielleicht wollte Johannes durch das Festhalten an den scharfen Reinheitsvorschriften klarmachen, daß er sich nicht aus Leichtsinn von der essenischen Richtung getrennt hatte, sondern durch Gottes prophetischen Ruf auf einen neuen Weg gestellt worden war (Lukasevangelium 1,80). Johannes taufte vor allem an Orten, in deren Nähe sich Essener-Siedlungen befanden.[16] Über den Täufer könnte es eine Beziehung der hinter dem johanneischen Schrifttum stehenden priesterlich geprägten Tradition zum Essenismus geben.[17]

In den weiteren Kreis der chasidischen Frömmigkeitsbewegung dürfte auch die Familie Jesu gehören.[18] Bei der Geburtsgeschichte im Lukasevangelium 1-2 wie überhaupt in der lukanischen Sonderüberlieferung fällt eine sprachlich hebraisierende Prägung sowie eine gewisse Nähe zu Sprachformen und Vorstellungen auf, die ihre nächsten Parallelen in den Qumran-Schriften finden.[19] Der Ausdruck »Menschen des (göttlichen) Wohlgefallens« (Lukasevangelium 2,14) ist dafür nur das berühmteste Beispiel (vgl. 1QH 4,32f; 11,9).[20] Durch die Qumran-Texte konnte hier ein altes textkritisches Problem eindeutig entschieden werden.[21]

Ein so konservativ-protestantisch ausgerichtetes Bibellexikon wie das von Fritz Rienecker herausgegebene sprach 1960 im Blick auf die Qumran-Schriften die Vermutung aus: »Eine Verbindung mit den jüd[ischen] Kreisen, die auf den Heiland Gottes warteten (Lk 1; 2,27-38) erscheint ... nicht ausgeschlossen.«[22] Ähnlich äußerten sich die katholischen Forscher Rudolf Mayer und Joseph Reuß. Sie versuchten eine Antwort auf den rätselhaften Tatbestand, daß das Neue Testament zwar Sadduzäer, Pharisäer, Sikarier und wohl auch Zeloten nennt, nicht aber die Essener: »Vielleicht sind die Anhänger der Qumrangemeinde so wie die Essener im Neuen Testament zusam-

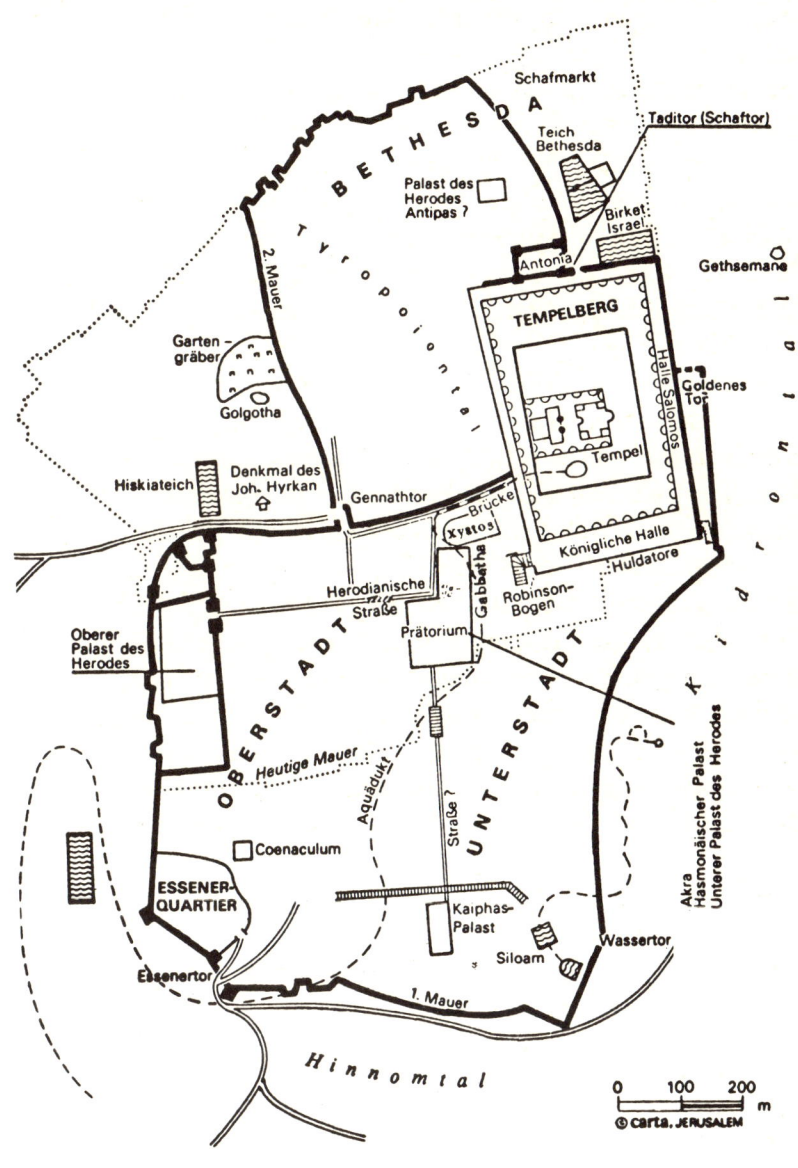

Abb. 10. Jerusalem zur Zeit des Neuen Testaments (nach B. Pixner).

mengefaßt unter jener Gruppe, die bezeichnet wird als die, die ›auf das Reich Gottes warteten‹ (vgl. Mk 15,43; Lk 23,51; 2,25; 2,38).«[23] Konnte schon Jesus selbst im weiteren Kreis der chasidischen Frommen Anhänger gewinnen, so stellt sich erst recht die Frage, wie sich die Essener gegenüber der nachösterlichen Verkündigung der Urgemeinde von Kreuz und Auferstehung Jesu verhielten.

Das Jerusalemer Essener-Viertel und die Urgemeinde

Von ehemaligen Pharisäern wissen wir mit Sicherheit, daß sie Christen geworden sind (Apostelgeschichte 15,5). Der Apostel Paulus ist nur das berühmteste Beispiel dafür (Philipperbrief 3,5). Es hat von vornherein eine gewisse Wahrscheinlichkeit für sich, daß auch einzelne Essener sich dem neuen Messiasglauben anschlossen. In der Tat sehen viele Forscher in der Bemerkung der Apostelgeschichte »Es wurde aber auch eine große Schar von Priestern dem Glauben gehorsam« (Kap. 6,7) einen Hinweis auf die Bekehrung von Essenern.[24] Die hohepriesterliche Partei der Sadduzäer stand der Urgemeinde durchweg feindlich gegenüber, die Pharisäer aber waren im Gegensatz zu den stark priesterlich geprägten Essenern eine Laienbewegung. Doch vermutlich sind Essener zu einer noch früheren Zeit Mitglieder der Urkirche geworden.

Einer der schönsten Teile der heutigen Altstadt von Jerusalem ist der Südwesthügel, der heute Zionsberg heißt. Dorthin verlegt die christliche Ortsüberlieferung den ersten Versammlungsort der Urgemeinde.[25] Da sich diese Lokaltradition in den Quellen bis an die Wende vom 1. zum 2. Jahrhundert n.Chr. zurückverfolgen läßt, darf sie als zuverlässig gelten.[26] In unmittelbarer Nähe des Ortes, auf den die christliche Ortstradition führt (Abb. 11), hat der Benediktiner-Archäologe Bargil Pixner ein Tor (Taf. 11) aus neutestamentlicher Zeit ausgegraben.[27] Es kann sich dabei nur um jenes Tor handeln, das Flavius Josephus das »Tor der Essener« nennt (Jüdischer Krieg V 145). Seit dem großen englischen Gelehrten Joseph B. Lightfoot[28] haben Forscher immer wieder die Ansicht vertreten, daß sich der Name des Tores daraus erklärt, daß es zur Jerusalemer Gemein-

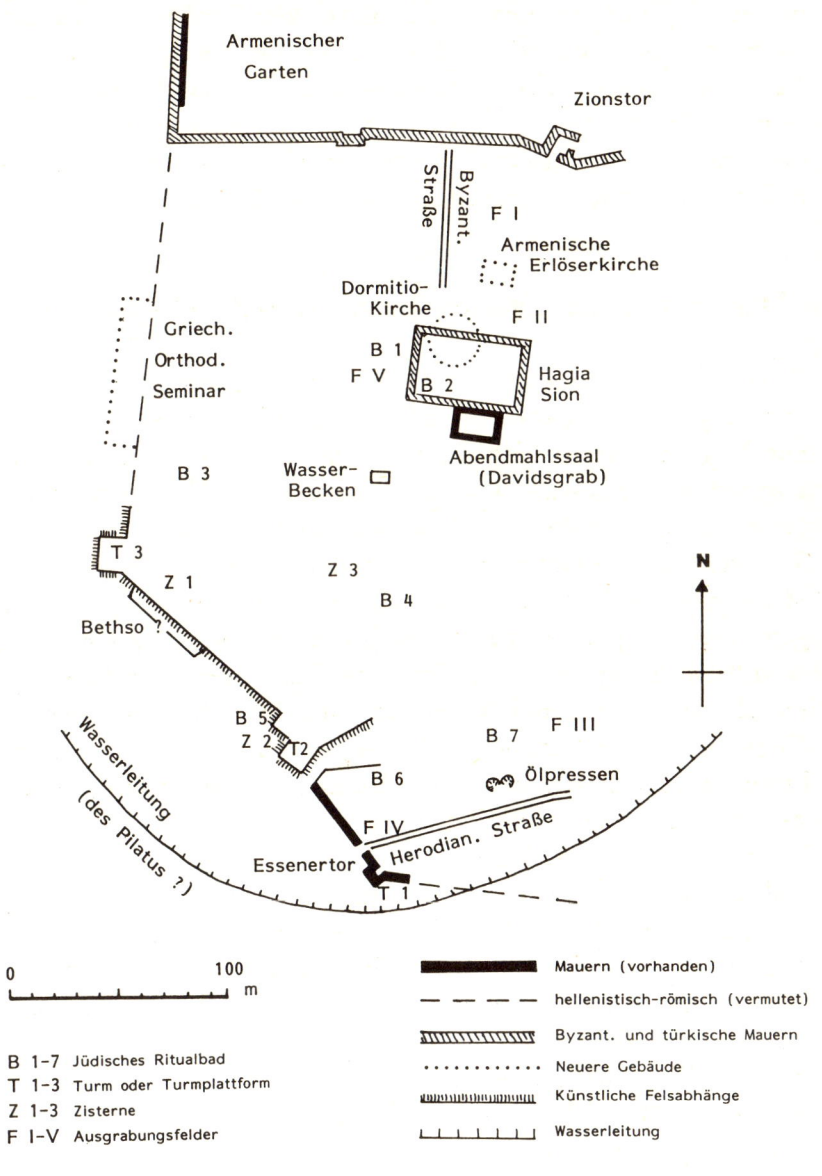

Abb. 11. Plan des Jerusalemer Essener-Viertels (nach R. Riesner).

Inside the figure:

Armenischer Garten

Zionstor

Byzant. Straße

F I

Armenische Erlöserkirche

Dormitio-Kirche

F II

Griech. Orthod. Seminar

B 1
F V
B 2

Hagia Sion

B 3

Wasser-Becken

Abendmahlssaal (Davidsgrab)

T 3

Z 1

Z 3

B 4

N

Bethso ?

B 5
Z 2 T2

B 7   F III

B 6

Ölpressen

F IV

Essenertor

Herodian. Straße

T 1

Wasserleitung (des Pilatus ?)

0   100
                      m

Mauern (vorhanden)

hellenistisch-römisch (vermutet)

Byzant. und türkische Mauern

Neuere Gebäude

Künstliche Felsabhänge

Wasserleitung

B 1-7 Jüdisches Ritualbad
T 1-3 Turm oder Turmplattform
Z 1-3 Zisterne
F I-V Ausgrabungsfelder

177

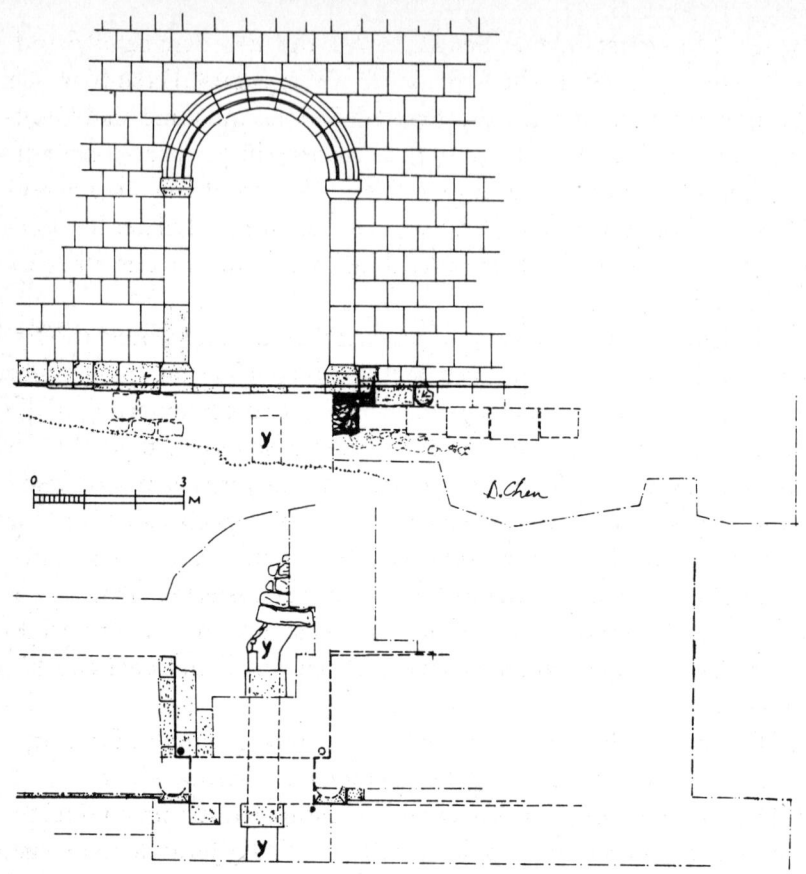

Abb. 12. Das Essenertor – Ausgrabung und Rekonstruktion (D. Chen – 1989). Blick von außerhalb des Tors.
y – Abwasserkanal
Unter dem rechten Flankenstein ist gut das Stückwerk bei der Einfügung des herodianischen Tors in die hasmonäische Mauer zu sehen.

schaftssiedlung von Essenern führte.[29] Zur Annahme einer solchen essenischen Niederlassung passen Ritualbäder (Taf. 12), die sich in ihrer auffälligen Größe mit Anlagen in der Klostersiedlung Qumran (Taf. 2) vergleichen lassen. Das Jerusalemer Essener-Viertel ist am ehesten zu Beginn der Regierung von Herodes dem Großen

178

(37-4 v. Chr.) entstanden,[30] der anfänglich den Essenern sehr freundlich gesinnt war (Jüdische Altertümer XV 373-379). Dazu fügt sich die archäologisch immer noch gut begründete Annahme, daß Qumran gerade während der Regierungszeit dieses jüdischen Königs aufgegeben war.[31] Die Wiederbesiedlung erfolgte in deutlich kleinerem Maßstab. Das könnte darauf hindeuten, daß nur ein Teil der Jerusalemer Essener nach Qumran zurückkehrte, vielleicht der striktere und exklusivere Teil.

Nach dem archäologischen und literarischen Befund lebten also Essener und Urchristen in Jerusalem sozusagen Tür an Tür. Es gibt mögliche Anzeichen im Pfingstbericht, daß er die Erinnerung an die Bekehrung einer nennenswerten Zahl von Essenern festhält.[32] Es ist von »frommen Männern« die Rede, »die in Jerusalem wohnten« (Apostelgeschichte 2,5). Übersetzt man das griechische Wort für fromm *(eulabes)* ins Aramäische, so wird daraus *chase'*. Dieser Ausdruck aber steht wahrscheinlich hinter der gräzisierten Gruppenbezeichnung *Essenos*. Für essenische Beziehungen der Pfingstgeschichte (Apostelgeschichte 2,1ff) sprechen vor allem zwei Beobachtungen:

1. Die Art, wie das Sinai-Geschehen im Hintergrund des Pfingstgeschehens steht, besitzt deutliche Parallelen in Qumran-Texten.[33]
2. Die auffällige Lebensform einer verbindlichen strengen Güttergemeinschaft, wie sie anfangs den größeren Teil der Jerusalemer Urgemeinde auszeichnete (Apostelgeschichte 2,44-45; 4,32-35), läßt sich am besten als Eingehen auf eine essenische Umgebung erklären.[34] Wenn sich die erste Jerusalemer Gemeinde im Windschatten des Essener-Viertels entwickelte, das eine Art von religiöser Autonomie besaß, dann wäre auch leichter zu erklären, wie sich die ersten Christen in der Heiligen Stadt halten konnten, obwohl hier ihre Feinde herrschten, die den Meister hingerichtet hatten.

Positive und negative Einflüsse bekehrter Essener

Wie unter den neubekehrten Pharisäern gab es auch unter den zum Glauben gekommenen Essenern solche, die mit ihrer Vorprägung

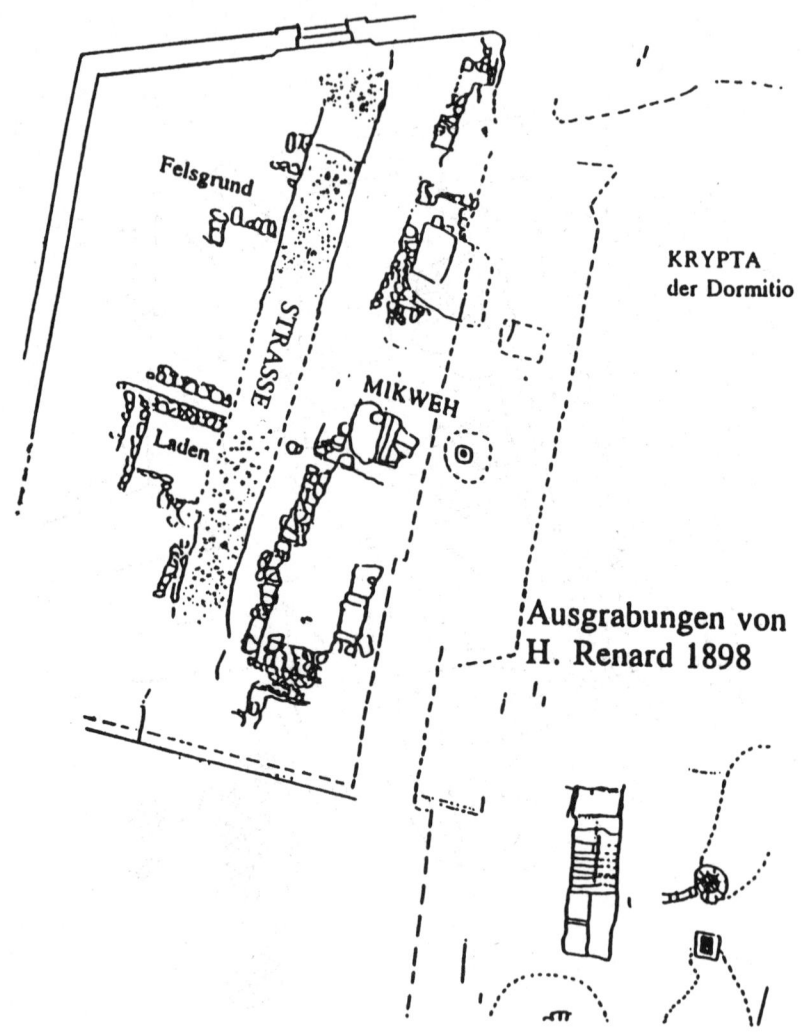

Ausgrabung 1983

Felsgrund

STRASSE

KRYPTA
der Dormitio

MIKWEH

Laden

Ausgrabungen von
H. Renard 1898

*Abb. 13. Bauten aus neutestamentlicher Zeit auf dem Zionsberg –
Grabungsplan und Rekonstruktion (nach D. Chen – B. Pixner,
1991).*

Isometrische Rekonstruktion

zum Gewinn und andere, die zur Gefahr für das frühe Christentum wurden. Der Ebionitismus war zwar nicht die ursprüngliche Form des palästinischen Judenchristentums, wie Hans-Joachim Schoeps meinte,[35] als Gefährdung war er jedoch offenbar schon seit früher Zeit vorhanden. Spuren dieser judenchristlichen Irrlehre mit ihren auffälligen Berührungen mit essenischen Vorstellungen lassen sich bis in die pseudo-klementinische Literatur des 2. und 3. Jahrhunderts n.Chr. verfolgen.[36] Gerade auch jüdische Forscher glauben, daß der Hebräerbrief sich kritisch mit Vorstellungen auseinandersetzt, wie sie sich bei Judenchristen unter essenischem Einfluß hätten bilden können.[37] Vor allem der große Erforscher des Judenchristentums Jean Daniélou ist der Wirkung einer essenischen Strömung im Judenchristentum nachgegangen.[38]

Aber blicken wir noch auf jene bekehrten Essener, die mit ihrer Vorprägung eine Bereicherung für die junge Kirche bedeuteten. Eine einflußreiche Richtung der Evangelienforschung wurde durch Rudolf Bultmann[39] und Martin Dibelius[40] begründet. Diese sogenannte »klassische Formgeschichte« vertrat ihre weitgehende Skepsis gegenüber der Überlieferung in den drei ersten Evangelien unter anderem mit dem doppelten Argument: 1. Die Christen der ersten beiden Jahrhunderte gehörten zu den ungebildeten Schichten und waren deshalb weder willens noch fähig, eine zuverlässige Überlieferung von Jesus weiterzugeben. 2. Schon gar nicht aber hätten sie etwas aufgeschrieben, denn sie warteten brennend auf das Ende der Zeiten. Gegenüber diesen Behauptungen ist ein Vergleich mit Qumran sehr hilfreich, vor allem dann, wenn man mit bekehrten Essenern rechnet.

Die Qumran-Essener lebten wie die ersten Christen in der Erwartung des nahen Endes. Deshalb haben sie sich aber noch lange nicht als bloße Rufer vor dem Ende betätigt. Vielmehr hatte gerade deswegen das intensive Studium der Heiligen Schrift einen festen Platz unter ihnen; ein Drittel des Tageslaufs war ihm nach der Gemeinderegel gewidmet (1QS 6,6-8).[41] Es ist sehr auffällig, wie häufig sich Es-

Abb. 14. Das Essenerviertel – Rekonstruktion.

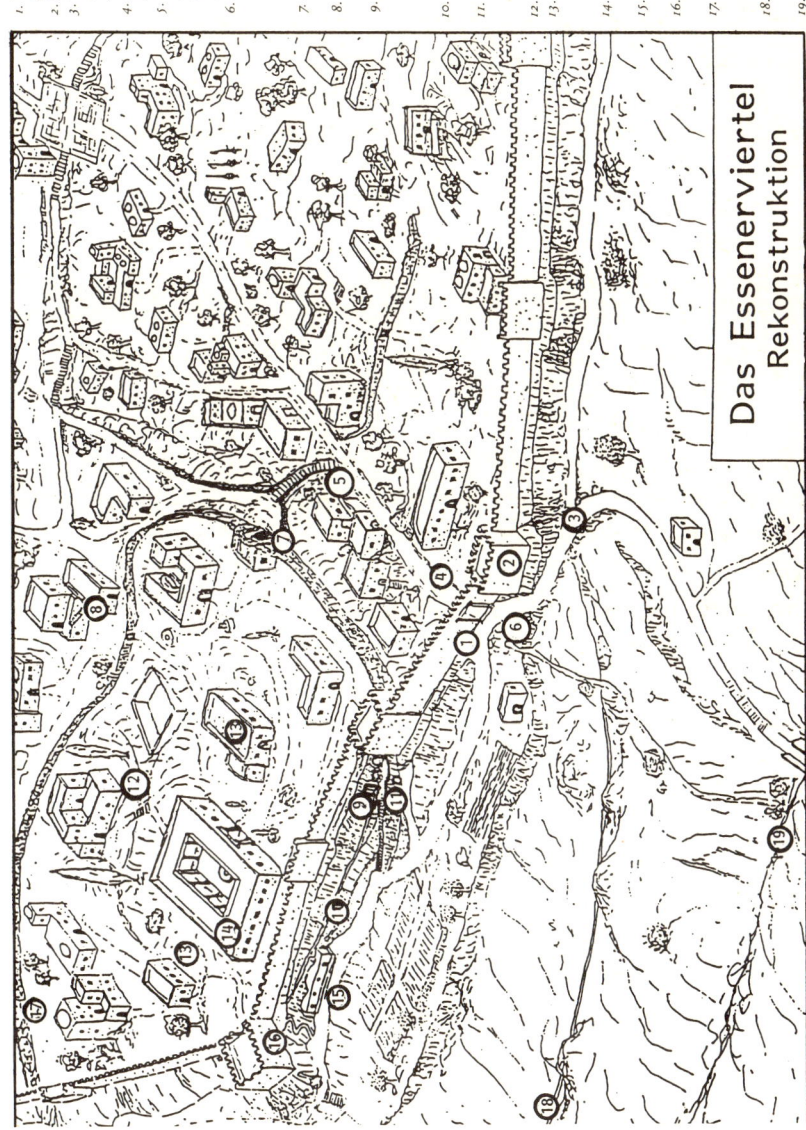

Das Essenerviertel
Rekonstruktion

1. Tor der Essener (Josephus; Archäologie)
2. Südwest-Turm der Stadtmauer
3. Weg durch das Gehinnom nach Bethlehem und Pfad entlang der Südmauer
4. Straße vom Essener-Tor zum Stadtzentrum (Archäologie)
5. Ölpresse und Stufen (Archäologie), die zum Osttor (Kupferrolle) des monastischen Teiles des Essenerquartiers führten.
6. Abwasserkanal, der der Straße 4 entlang lief und sich hier in das Gehinnom entleerte (Archäologie)
7. Eingangstor zum essenischen Klosterbereich (Kupferrolle)
8. Gästehaus (KATALYMA/Mk 14,14) mit Abendmahlsaal
9. Ritualbäder (Archäologie) außerhalb der Stadtmauer (vgl. Dtn 23,10) mit einer Flachtpforte (MANOS [Kupferrolle])
10. Wasserleitung zu Nr. 9 und 11 (Archäologie)
11. Bewässerungszisterne unter der Stadtmauer (Kupferrolle; Archäologie)
12. Tel Kochlit (Kupferrolle)
13. Zwei Ritualbäder innerhalb der Klosteranlage (Kupferrolle; Archäologie)
14. Peristyl mit großer Zisterne (? [Kupferrolle])
15. Bethso (Essenerlatrinen [Josephus; Tempelrolle])
16. Kriegsturm (Milcham? [Kupferrolle])
17. Mauer um das Klostergelände; dahinter Gartenanlage des herodianischen Palastes
18. Aquaedukt (Pontius Pilatus?) zum Tempelplatz (Archäologie)
19. Hinnom-Tal (Gehenna)

senismus und Urchristentum auf eine ganz bestimmte Gruppe von alttestamentlichen Texten beziehen.[42] Hier dürfte dieselbe exegetische Tradition vorliegen. Natürlich müssen an ihrem Beginn Essener gestanden haben und nicht Christen. Trotz einer gespannten Naherwartung haben sich die Qumran-Bewohner nicht vom Schreiben abhalten lassen. Ihre Buchproduktion war vielmehr immens, und zwar nicht erst in der Spätzeit der Gruppe, wie neuerdings der Radiokarbontest gezeigt hat. Weder bei ihnen noch – wenn man nach der Analogie heutiger christlich-charismatischer Bewegungen urteilen darf, in denen auch »des vielen Büchermachens kein Ende ist« (Prediger 12,12) – im Urchristentum muß das intensiv erfahrene Wirken des Heiligen Geistes ein Hinderungsgrund gewesen sein, etwas aufzuschreiben.

Besonders interessant ist für die Frage der urchristlichen Traditionsbildung der endlich 1994 offiziell publizierte Text »Miqsat Ma'ase ha-Torah« aus Höhle 4. Wie wir gesehen haben, handelt es sich wahrscheinlich um einen Brief des »Lehrers der Gerechtigkeit«, also des Begründers der Gruppe (Kap. 3). Der Brief ist fragmentarisch in mindestens sechs Kopien vorhanden, was zeigt, wie wichtig es war, die Lehre des Gemeinschaftsgründers zu bewahren. Von einem solchen zeitgenössischen Beispiel her wird nicht leicht verständlich, warum die frühen Christen erst frühestens zwanzig Jahre nach Kreuz und Auferstehung etwas über Jesus aufgeschrieben haben sollten. Mit anderen Argumenten vertreten jetzt auch Rudolf Pesch[43] und Gerd Theißen[44] die Abfassung wesentlicher Stücke der synoptischen Tradition schon vor 40 n. Chr. Wenn bekehrte Essener zur Urgemeinde gestoßen waren, dann gab es in ihr eine Gruppe von höchster schriftgelehrter Bildung, die mit Tradition umzugehen wußte.[45] Man muß dann auch vorsichtig sein, tief durchdachte theologische Aussagen ohne weiteres erst einer späteren Zeit zuzuweisen. Solche Lehrüberzeugungen können vielmehr schon früh vorhanden und palästinisch sein.

Die Bedeutung der Qumran-Texte
für das Neue Testament

Wenn wir diese Bedeutung zusammenzufassen versuchen, wird man folgendes Fazit formulieren dürfen: Die kaum zu unterschätzende Bedeutung der Qumran-Funde liegt darin, daß es sich unzweifelhaft um Dokumente handelt, die uns den Glauben frommer Juden vor dem Auftreten Jesu zeigen. Besonders aufschlußreich ist für uns die gespannte Erwartung der messianischen Wende und die sich daraus ergebende Deutung der Heiligen Schrift. Wir dürfen auch damit rechnen, daß eine ganze Anzahl von Essenern sich zu Jesus als dem Messias bekehrten. Diese konvertierten Essener bildeten einen für die damalige Zeit hochqualifizierten Kreis von Theologen. Sie waren fähig, in tiefer Weise gedanklich zu verarbeiten, wer Jesus war und wie er unser Heil geschaffen hat. Ein Vergleich mit den Qumran-Texten zeigt, daß neutestamentliche Ausdrücke und Vorstellungen, die viele für griechisch und spät hielten, vielmehr palästinisch und früh sind. Das betrifft gerade auch so umstrittene Teile des Neuen Testaments wie das Johannesevangelium und die ersten Kapitel der Apostelgeschichte. Die Alte Kirche hat viel über die *praeparatio Evangelica* nachgedacht, d.h., wie Gott die Offenbarung des Evangeliums schon im Gang der Weltgeschichte vorbereitet hat. Man dachte z.B. an die Zusammenfassung der damaligen Welt in der einen politischen Einheit des Römischen Reiches oder an die Verbreitung der griechischen Sprache. Vielleicht darf man bei all ihren deutlichen Grenzen auch die essenische Bewegung zu dieser Vorbereitung des Evangeliums rechnen.

11. Nachtrag:
Die Qumran-Forschung geht weiter

Seit dem Wirbel um „Verschlußsache Jesus" im Jahr 1991 ist die seriöse wissenschaftliche Diskussion kräftig weitergegangen. Es fanden große Qumran-Kongresse und Symposien statt, so 1991 in Madrid[1], Mogilany/Polen[2], Eichstätt[3] und Kansas City[4], 1992 in Paris[5], New York[6] und Graz[7], 1993 in Krakau[8] und Münster[9] sowie 1994 in Austin/Texas[10]. Auch dem neuerwachten Interesse einer größeren Öffentlichkeit hat man in den vergangenen drei Jahren von wissenschaftlicher Seite immer mehr gerecht zu werden versucht. In der berühmten „Library of Congress" in Washington waren 1993 zum ersten Mal Qumran-Rollen außerhalb des Heiligen Landes ausgestellt[11], ab Juni 1994 sind sie auch in Europa in der Vatikan-Bibliothek zu sehen[12]. Neben einer wachsenden Zahl von Buch-, Zeitschriften- und Zeitungsveröffentlichungen aus der Feder von Fachleuten gab es im November 1993 an der Theologischen Fakultät Paderborn eine Ringvorlesung zum Thema „Qumran und das Neue Testament". Eine ganze Reihe von Wissenschaftlern bemühte sich darüber hinaus durch eine Fülle von Vorträgen in Akademien, Volkshochschulen und Gemeindehäusern die durch unverantwortliche Publikationen entstandene Verwirrung zu beenden und zuverlässige Information zu vermitteln.

Allerdings hat man noch immer nicht in allen Teilen der akademischen Theologie begriffen, welcher Schaden wirklich entstanden ist[13]. Er kann sogar noch größer werden. Ein etwas verdünnter Aufguß der Thesen von Robert Eisenmann soll demnächst den deutschen Buchmarkt beglücken[14]. Der WDR war sich noch im November 1994 nicht zu schade, sie völlig unverdünnt zu servieren[15]. Wie man publikumswirksam und doch zuverlässig informieren kann, zeigt dagegen eine von Alexander Schick zusammengestellte Bibelausstellung, welche die Qumran-Funde stark berücksichtigt und schon an vielen Orten gezeigt wurde[16]. Im folgenden soll noch auf einige archäologische, historische und theologische Fragen eingegangen werden, die sich im Zusammenhang mit den Qumran-Funden stellen.

Archäologische Probleme

Bis zu seinem plötzlichen Tod im Jahr 1971 hatte Roland de Vaux an einem abschließenden Grabungsbericht über Qumran gearbeitet (S. 68). Seitdem war die Archäologie von Qumran eher stiefmütterlich behandelt worden[17]. Auch das hat mancherlei Spekulationen und sensationellen Thesen Vorschub geleistet. Durch eine Reihe von Fernsehsendungen entstand für eine größere Öffentlichkeit der Eindruck, Frau Pauline Donceel-Voûte sei von der École Biblique in Jerusalem offiziell mit der Herausgabe des abschließenden Berichtes betraut. Um so mehr Aufmerksamkeit erregte ihre Behauptung, Qumran sei keine Niederlassung der Essener, sondern eine herodianische Wintervilla gewesen[18]. Gegen diese These spricht schon allein die Art der Anlage des Friedhofes in unmittelbarer Nachbarschaft der Siedlung (S. 77f). Darüber hinaus zeigt eine Analyse der aufgefundenen Keramik durch Jodi Magness, daß ganz im Gegensatz zu herodianischen Villen in Qumran so gut wie keine importierte, sondern fast ausschließlich am Ort hergestellte Ware Verwendung fand[19]. Das ist ein beredtes Zeichen für die selbstgewählte Abgeschlossenheit seiner Bewohner von den Konsum-Raffinessen der Umwelt.
Der Keramikbefund spricht auch gegen die Hypothese des sonst mehr als Fachmann für samaritanische Fragen hervorgetretenen Alan Crown, der Qumran als ein Handelsstützpunkt ansieht[20]. Um Qumran in keiner Phase mit den Essenern verbinden zu müssen, verweist Crown wieder einmal auf Spannungen zwischen den Selbstaussagen der Qumran-Texte und den Essener-Zeugnissen der antiken Quellen. Crown begeht dabei einen zwar häufigen, aber

deshalb nicht minder schweren methodischen Fehler. Er walzt die Handvoll möglicher Divergenzen aus, ohne der übergroßen Zahl frappierender Übereinstimmungen das gebührende Gewicht zu geben. Mit vehementer Polemik gegen fast alle Fachkollegen hat Norman Golb erneut seine These von Qumran als hasmonäisch-herodianischer Festung (S. 69-74) vertreten[21]. In seiner Vorliebe für Außenseiterthesen gab das Nachrichtenmagazin „Der Spiegel" publizistische Schützenhilfe (samt auf dem Kopf stehendem Hebräisch)[22]. Große Bedeutung mißt Golb für seine Behauptungen dem Friedhof östlich der Siedlung bei. Aber die allerneueste Diskussion des Gräberfeldes durch die israelische Spezialistin Ruth Hachlili zeigt, wie sehr es von allem abweicht, was wir sonst über jüdische Bestattungen wissen und wie gut der Befund zu einer abgeschlossenen jüdischen Sondergemeinschaft paßt[23].

Den abschließenden Grabungsbericht gibt Jean-Baptiste Humbert, ein Archäologe der École Biblique der Dominikaner, heraus. Der erste Band ist tatsächlich noch im Nov. 1994 erschienen[24]. Humbert hat in einem wissenschaftlichen[25] und in einem allgemeinverständlichen Artikel[26] eine Vorschau auf seine Gesamtinterpretation von Qumran gegeben. Dabei zeigt sich, wie absurd der Vorwurf ist, in der École Biblique sei die Freiheit der Wissenschaft behindert. Humbert ist nämlich an zwei wichtigen Punkten anderer Meinung als sein Ordensbruder Roland de Vaux. Humbert rechnet mit einer Besiedlung erst seit dem 1. Jahrhundert und nicht schon seit dem 2. Jahrhundert v. Chr. Diese These ist nicht spektakulär, sondern wurde schon vorher von anderen Forschern vertreten[27], wobei aber auch der Ansatz von de Vaux bis heute Verteidiger findet[28]. Weitergehend ist schon die Annahme von Humbert, Qumran sei in der ersten Phase eine hasmonäische Domäne gewesen. Er begründet das außer mit den allgemeinen politischen Umständen (Gegensatz von Essenern und regierenden Hasmonäern in der ersten Hälfte des 1. Jahrhunderts v. Chr.) vor allem archäologisch. Humbert sieht die erste Bauphase von Qumran durch einen Grundplan gekennzeichnet wie er für hasmonäische Landgüter typisch sei. Die Siedlung habe zu dieser Zeit aus einer fast quadratischen Anlage (32 x 37m) bestanden, die um einen zentralen Hof angelegt war. Zeichen eines gewissen Luxus war eine Säulenkolonnade.

In einer zweiten Phase, über deren genauen Beginn im 1. Jahrhundert (schon vor oder erst nach dem Regierungsantritt von Herodes dem Großen ab 37 v.Chr.) sich Humbert nicht klar ist, prägten dann die Essener durch eine Reihe von Anbauten der Siedlung ihren Stempel auf. Es wurde ein ausgeklügeltes Netz von Ritualbädern ausgebaut (Abb. 4). Besonders provozierend ist die These von Humbert, daß am Beginn ihrer Besiedlung von Qumran die Essener Tieropfer dargebracht hätten. Eine solche Ansicht war schon in der Pionierzeit der Qumran-Forschung von S.H. Steckoll vertreten worden[29], aber auf wenig Gegenliebe gestoßen[30]. Auch die Hypothese von Humbert wird gewiß eine lebhafte Diskussion auslösen. Nach dem Erdbeben von 31 v. Chr. hätten die Essener nach Humbert die Opfer in Qumran aufgegeben. Er erklärt das mit einer vergeistigten Auffassung des Kultes durch die Essener. Aber wenn man etwa anhand der Tempelrolle (11QMiqdasch) sieht, wie sehr die Essener auf einen erneuerten irdischen Tempel hofften, scheint diese Auskunft problematisch. Die These von Humbert wird vielmehr die Frage intensivieren, ob Essener bei den für sie politisch günstigen Umständen unter Herodes dem Großen (S. 178f) wieder in irgendeiner Form am Tempelkult teilnahmen, wie es etwa Günter Stemberger erwägt[31].

Auch die politische Situation wirft wieder einmal ihre Schatten auf die Qumran-Diskussion. Nach dem Gaza-Jericho-Abkommen zwischen Israel und der PLO ist unsicher, wer künftig für die Verwaltung der Ruinen- und Touristenstätte zuständig sein wird. Im November und Dezember 1993 suchten deshalb israelische Archäologen und Freiwillige die Felskliffs bei Jericho und Qumran ab. Bis auf Wirtschaftsdokumente aus der Zeit des Bar-Kochba-Aufstandes (132-135 n.Chr.), die man in einer Höhle am „Berg der Versuchung" oberhalb von Jericho entdeckte, und einer hebräisch beschrifteten Topfscherbe war die Suche nach Schriftfunden vergeblich[32]. Darüber hinaus ordnete der Leiter des Israel Department of Antiquities, Ex-General Amir Drori, in aller Stille einige Stichgrabungen durch Yitzhak Magen in Qumran selbst an. Dieser Vorgang wurde erst jüngst der Öffentlichkeit bekannt[33]. Drori und Magen scheinen aufgrund der Sondierungen ähnliche Ansichten zu vertreten wie Humbert. Für die in unserem Buch verhandelten Probleme können die neuaufgeworfenen archäologischen Fragen offenbleiben. Sowohl Humbert wie auch Drori und Magen stimmen mit der weitaus überwiegenden Mehrzahl der Forscher darin überein, daß Qumran spätestens seit der Regierung von Herodes dem Großen (und damit auch in neutestamentlicher Zeit) eine essenische Niederlassung war.

Gelegentlich wurde an unserer Darstellung bemängelt, daß die These einer Nähe von Essener-Viertel und erstem Zentrum der Urgemeinde auf dem Jerusalemer Südwesthügel (Kap. 10) zu sicher vorgetragen würde[34]. Richtig ist an dieser Kritik bestimmt, daß hier aus Raumgründen nur eine äußerst knappe Zusammenfassung von einigen Argumenten gegeben werden konnte. Zur näheren Begründung müssen wir auf andere Veröffentlichungen hinweisen[35]. Ganz unabhängig haben israelische Archäologen aufgrund von den Qumran-Bestattungen vergleichbaren Schachtgräbern, die sich in Ost-Talpiot (nicht weit vom Zionsberg) fanden, auf eine essenische Niederlassung in Jerusalem geschlossen[36]. Inzwischen hat sich auch der große jüdische Forscher David Flusser unserer These von einem Essenerviertel auf dem Jerusalemer Südwesthügel angeschlossen[37].
Fast alle Forscher geben zu, daß es auffallende Berührungen zwischen manchen neutestamentlichen Abschnitten und Qumran-Schriften gibt. Oftmals bleibt man aber die Begründung schuldig, warum es diese Parallelen gibt und warum sie in manchen Teilen des Neuen Testaments so häufig sind. Der Straßburger Exeget Christian Grappe hat versucht, die Annahme eines frühen Anschlusses von Essenern an die Jerusalemer Urgemeinde (S. 179f) für die Erklärung der ersten Kapitel der Apostelgeschichte fruchtbar zu machen[38]. Auch für das Verständnis der antiken Essener-Texte scheint die Wiederentdeckung des „Tores der Essener“ (Jüdischer Krieg V 145) nicht ohne Wert. Weil Roland Bergmeier die Darstellung bei Josephus weitgehend für literarische Fiktion hält, bleibt das „Essenertor der topographischen Quelle bell. 5,136-247“ für ihn ein „historisches Rätsel“[39]. In der Tat ist schwer einzusehen, wie ein real existierendes Stadttor nach nichtexistenten Essenern hätte benannt werden sollen. So kann ein Faktum der Archäologie manchmal daran hindern, sich in die literarkritischen Wolken zu erheben.

Historische und religionsgeschichtliche Fragen

Hartmut Stegemann hat nun auch in allgemeinverständlicher Form seine Sicht der Geschichte des Essenismus vorgelegt[40]. Sicher wird über vieles noch diskutiert werden müssen. Immer klarer zeichnet sich aber ab, daß der „Lehrer der Gerechtigkeit" zur Zeit des Makkabäers Jonathan (161-143 v.Chr.) auftrat, der als erster neben der politischen Führungsrolle auch das Hohepriesteramt usurpierte und damit die Separation der Essener vom Tempel provozierte. Der im September 1994 offiziell veröffentlichte, wenn auch unter Wissenschaftlern schon früher weithin bekannte Text[41] Miqzat Maʿase ha-Torah (4QMMT) wirft darauf neues Licht. Gerade nach diesem Text sollte man nicht bestreiten, daß sich die Essener ihrem Selbstanspruch nach von der überwiegenden Mehrheit des abgeirrten Volkes Israel getrennt sahen (4QMMT C 7 „wir haben uns von der Menge des Volkes abgesondert" *[paraschnu mi-rob ha-am]*).

Auch sonst bergen andere noch nicht veröffentlichte Texte wenn auch nicht gerade das Christentum erschütternde Sensationen so doch Stoff zu interessanten neuen Hypothesen über Einzelzüge der Qumran-Gemeinschaft. Edward M. Cook, der als junger evangelikaler Forscher am großen Projekt eines aramäischen Lexikons des amerikanisch-jüdischen „Hebrew Union College" in Cincinnati mitarbeitet, hat auf einige noch nicht veröffentlichte Fragmente aus Höhle IV hingewiesen[42]. Sie könnten die Berufung des „Lehrers der Gerechtigkeit" durch den Engel Michael schildern, „um das Gesetz zu tun und zu veranlassen... vor der Gemeinschaft". Der „Lehrer der Gerechtigkeit" hätte dann nach diesem Text Zedekiah geheißen und dieser ursprüngliche Name könnte auch gut den Ehrennamen *moreh ha-zedeq* „Lehrer der Gerechtigkeit" miterklären.

Nach der archäologischen Mehrheitsmeinung, die mit einer Besiedlung von Qumran frühestens um das Jahr 100 v.Chr. rechnet, kann der „Lehrer der Gerechtigkeit" nicht der Begründer dieser Niederlassung gewesen sein. Das war aufgrund der politischen Umstände auch schon immer unwahrscheinlich. Der „Frevelpriester" verfolgte ja den „Lehrer der Gerechtigkeit" (1QpHab 11,2-8) und da wäre Qumran, wenige Wegstunden von Jerusalem entfernt, nicht gerade der richtige

Zufluchtsort gewesen. Wo aber hielt sich der „Lehrer der Gerechtigkeit" dann im Exil auf? Hartmut Stegemann dürfte im Recht sein, wenn er dafür das „Land Damaskus" angibt, das nicht einen Decknamen darstellt, sondern wirklich das Gebiet der syrischen Metropole meint. Es gibt mögliche archäologische Evidenz für eine essenische Niederlassung in Abila in der Dekapolis[43]. So dürften Bargil Pixner[44] und Bastian van Elderen[45] Recht haben, wenn sie im nördlichen Transjordanien (besonders im Umkreis des Jarmuk) ein für Essener wie später für einen Teil der Judenchristen (Eusebius, Kirchengeschichte III 5,3) gleichermaßen wichtiges Gebiet sehen.

Mit einer wachsenden Anzahl von Forschern bestreitet Hartmut Stegemann, daß man von einer Art Zölibat bei den Essenern sprechen könne[46]. Während er sonst den antiken Essener-Berichten großen Kredit gibt, meint Stegemann, daß Philo von Alexandrien (Apologie 14 [bei Eusebius, Praeparatio Evangelica VIII 6), Plinius der Ältere (Naturgeschichte V 17,4) und auch Flavius Josephus einem falschen Eindruck gefolgt seien. Aber für eine zölibatäre Gruppe als Kern der essenischen Gemeinschaft spricht, daß die Vorschriften der Gemeinderegel (1QS) sich ausschließlich auf Männer beziehen. Ein Text der Damaskus-Schrift (CD 6,11-7,6) dürfte im Gegenüber zu den verheirateten Gruppenmitgliedern auch ehelose Essener voraussetzen[47]. Die Damaskus-Schrift verbietet in Jerusalem die eheliche Gemeinschaft (CD 12,1-2), und die Tempelrolle (11QMiqd) sieht für die heilige Stadt keine Reinigungsorte für Frauen vor. Das eschatologisch wiederhergestellte Jerusalem war offenbar nur als Wohnort für Männer bestimmt. Wahrscheinlich wurde die besondere Heiligkeit Jerusalems auf jenen Teil der essenischen Gemeinschaft übertragen, der sich in exklusiver Weise als geistlicher Tempel verstand und damit war faktisch Ehelosigkeit gegeben[48]. Interessant sind in diesem Zusammenhang enge Berührungen in Terminologie und Vorstellungswelt zwischen Qumran und dem frühen syrischen Mönchtum[49].

Lange Debatten hat es auch über die Frage gegeben, ob die Essener die leibliche Auferstehung der Toten erwarteten. Die neuen Texte (S. 112) haben diese Frage positiv entschieden, wie jetzt vor allem Émile Puech in einer großen Arbeit gezeigt hat[50]. Dabei rehabilitiert Puech Hippolyt von Rom zumindest teilweise als eigenständige

Quelle über die Essener[51]. Während Flavius Josephus die Essener in Anpassung an sein griechisch gebildetes Leserpublikum als Anhänger der Unsterblichkeit der Seele darstellte (Jüdischer Krieg II 154f), sprach Hippolyt (Refutatio 9,27) ausdrücklich von der Auferstehung der Toten[52]. Der Gang der Diskussion über die Eschatologie der Essener birgt auch eine beherzigenswerte Lehre für das Neue Testament. Bevor die neuen Qumran-Texte veröffentlicht wurden, konnte man versuchen, die bekannten nach dem Modell des Josephus zu interpretieren. Jetzt wissen wir, welche Spannweite die eschatologische Erwartung der Qumran-Gemeinschaft hatte. Man sollte deshalb vorsichtig sein, die verschiedenen eschatologischen Akzentsetzungen innerhalb des johanneischen Schrifttums (Offenbarung, Evangelium, Briefe) zu schnell gegeneinander auszuspielen. Auch die im Neuen Testament unter dem Namen des Johannes stehenden Schriften können die Geschichte einer ganzen Generation umspannen und mancherlei Krisen und Entwicklungen widerspiegeln[53].

Theologische Streitpunkte

Während unser Buch bei mancher Kritik in Einzelheiten von den meisten Rezensenten als hilfreicher Beitrag empfunden wurde[54], gab es von einigen theologischen Kollegen heftige Kritik. Sie betraf vor allem drei Bereiche: unsere Position zur Frage von Glaube und Geschichte, unsere Darstellung des neutestamentlichen Judentums und die Charakterisierung der Person Jesu. In einer auf lange Strecken positiven Besprechung hat Ingo Broer eingewandt: „So sehr die phantasievollen und abstrusen Ansichten in neueren Büchern zu Qumran wegen der von ihnen ausgehenden Verunsicherungen widerlegt werden sollen und müssen, so wenig darf man sich bei der Widerlegung auf das Niveau der Autoren herabziehen lassen. Der von Lessing schon in seinem Essay *Über den Beweis des Geistes und der Kraft* grundgelegte Gedanke von der letztlichen Inkompatibilität von Glauben und Geschichte (‚Zufällige Geschichtswahrheiten können der Beweis von notwendigen Vernunftwahrheiten nie werden‘) wäre hier zu bedenken gewesen…"[55] So wenig Glaube und Geschichte einfach identifiziert werden können, den berühmten Satz Lessings halten wir für ein mit dem heilsgeschichtlichen Denken der Bibel unvereinbares philosophisches Vorurteil. Gerade die neue Qumran-Debatte zeigt, wie wenig sich auch moderne Menschen mit der wirklichkeitsfremden Trennung von Glaube und Geschichte abfinden, wie sie von maßgeblichen theologischen Strömungen immer noch empfohlen wird.

Vor allem Klaus Berger hat uns vorgehalten, daß wir Qumran zu sehr im alten Klischee gesetzlicher jüdischer Frömmigkeit gezeichnet hätten[56]. Wir überlassen es unseren Lesern, all die mehrheitlich positiven Charakterisierungen der essenischen Frommen nachzuprüfen. Sie gipfeln darin, daß wir geneigt sind, in Qumran eine „praeparatio Evangelica" zu sehen, ein vorbereitendes Wirken Gottes auf die Offenbarung des Evangeliums hin. Daß nun aber das Neue Testament, ohne in Antinomismus zu verfallen, eine andere Stellung gegenüber dem alttestamentlichen Gesetz einnimmt, sollte man schlechterdings nicht bestreiten. Diese neue Sicht begann nicht erst mit Paulus, sondern geht schon auf Jesus selbst zurück (S. 159-162), dessen kongenialer Schüler der Apostel hier war[57]. Bei aller Berührung sogar in der Rechtfertigungsthematik hilft uns gerade ein neuer Qumran-Text wie 4QMMT auch bei Paulus das unterscheidend Christliche historisch noch überzeugender herauszustellen[58]. Berger hat uns weiter vorgeworfen, wir würden Qumran ein anderes Gottesbild unterstellen, als es Jesus hatte. Aber er selbst kann wenige Seiten nach diesem Vorwurf schreiben: „Das Neue liegt in der Weise, wie er (Jesus) den Menschen Gott sichtbar gemacht hat"[59]. Ist ein neues Bild nicht auch ein anderes Bild? Wir haben nirgends geschrieben, in Qumran ginge es um einen anderen Gott als bei Jesus, nur diese Behauptung wäre diskriminierend gewesen.

Wolfgang Stegemann hat es uns nicht nur verübelt, daß wir die Faktizität der Auferstehung Jesu als Unterschied zur bloßen Auferstehungshoffnung der Essener herausgestellt haben. Doch selbst der radikalste Skeptiker wird nicht bezweifeln wollen, daß die Urgemeinde beginnend mit den ersten Jüngern immer an die schon geschehene Auferstehung Jesu glaubte und in ihr den endgültigen Anbruch der Vollendung sah. In derselben Besprechung heißt es weiter

„*Betz/Riesner* reagieren betroffen und werfen Eisenman, dessen Thesen *Baigent/Leigh* hier popularisierend nachschreiben, Verleumdung des Apostels Paulus vor und halten die Thesen gar für glaubens-verletzend (101). Bei aller Empörung über das phantastische Konstrukt – an Paulus glauben wir ja doch wohl nicht"[60]. In dem letzten Satz wird, wie es auch in der gesellschaftlich-politischen Diskussion immer häufiger geschieht, zu Recht eine falsche Aussage kritisiert, die wir nur gar nicht gemacht haben. Es geht um etwas anderes. Nach Paulus kann die Glaubwürdigkeit des Evangeliums nicht völlig von der Glaubwürdigkeit des Apostels getrennt werden. Wäre Paulus nicht dieser Überzeugung gewesen, hätte er sich weite polemische Passagen seiner Briefe sparen können. Wenn Polemik in Glaubensfragen als störend empfunden wird, so hängt das nicht immer mit gesteigerter Sensibilität zusammen, sondern oft mit einem Verlust des theologischen Wahrheitsbewußtseins. Das manchmal auch notwendig polemische Ringen um die theologische Wahrheit wird mittlerweile nur zu oft durch polemische Unterstellungen zu Themen gegenwärtiger „political correctness" ersetzt.

Auch wie wir unser (vom übrigen Text deutlich abgesetztes) Nachwort schließen, hat jenem Rezensenten sehr mißfallen. Er schreibt: „Mit einer Art von Glaubensbekenntnis beenden *Betz/Riesner* denn auch ihr Buch: ‚Gerade auch im Licht der Schriftrollen vom Toten Meer bleibt es dabei, was ein frommer (vielleicht essener-naher) Jude über Jesus sagte (Lukasevangelium 2,34): Siehe, dieser ist gesetzt zum Fall und Aufstehen vieler [nicht nur] in Israel und zu einem Zeichen dem widersprochen wird' (189)... Selbst das in eckige Klammern gesetzte ‚nicht nur' kann nicht darüber hinwegtäuschen, daß hier wieder einmal Jesus als Gerichtsdrohung für Israel manifestiert wird"[61]. Wichtiger ist uns das Urteil von jüdischen Christen in Israel, welche die englische Ausgabe unseres Buches[62] als hilfreich für das messianische Zeugnis gegenüber ihren Brüdern und Schwestern empfinden. Mit diesen Judenchristen glauben wir, daß sich an der Person Jesu Heil und Unheil für das Gottesvolk Israel und für uns Heiden entscheidet. So hat es auch schon Jesus selbst gesehen: „Wer euch hört, der hört mich und wer euch verachtet, verachtet mich; wer aber mich verachtet, verachtet den, der mich gesandt hat" (Lukasevangelium 10,16).

Nachwort

Das große Interesse, auf das die Schriftrollen von Qumran in den vergangenen fünf Jahren erneut gestoßen sind, ist ein bemerkenswertes Phänomen. Für die starke Anteilnahme der Öffentlichkeit gibt es erfreuliche und bedenkliche Gründe. Wenn in letzter Zeit wieder die Erkenntnis wächst, daß wir die Gegenwart nur dann richtig zu beurteilen vermögen, wenn wir die Geschichte kennen, so kann das nur begrüßt werden. Es ist dabei verständlich, daß man sich mit besonderer Aufmerksamkeit den Anfängen des Christentums zuwendet. Schließlich wurde die westliche Welt bis zum heutigen Tag von keiner anderen Bewegung innerlich und äußerlich derart stark geprägt. Richtig ist auch das Bewußtsein, daß einer geistigen oder religiösen Bewegung, die schon an ihrem Ursprung mit Lüge, Haß und Gewalt verquickt ist, mit höchster Skepsis begegnet werden muß. Verständlich scheint ferner die Verwunderung, ja das Befremden weiter Kreise über die in den letzten zwanzig Jahren äußerst schleppende Herausgabe der restlichen unveröffentlichten Qumran-Texte.

Die Mischung aus Interesse an einzigartigen antiken Originaldokumenten und dem Unmut über manche Begleiterscheinungen ihrer Erforschung wurde von einigen Autoren in geschickter, aber unverantwortlicher Weise zu einer Kampagne ausgenutzt. Dabei konnten gewisse Verfasser/innen vor allem im deutschen Sprachraum aus einem Versäumnis der seriösen Wissenschaft ihren Vorteil ziehen: Die große Zahl von Nichtfachleuten, die sich für die Qumran-Entdeckungen und die Anfänge des Christentums interessiert, wurde nicht genügend informiert. Besonders fehlten seit den sechziger Jahren Gesamtdarstellungen zum Thema »Qumran, Jesus und die Urkirche«.

Dieses Vakuum machte den großen Erfolg minderwertiger, ja die Sachverhalte verfälschender Literatur erst möglich. Es wird nicht leicht sein, den dabei angerichteten Schaden zu begrenzen oder gar wieder in Ordnung zu bringen. Wer auf reißerische Behauptungen hereingefallen ist, der liest oft gar nicht mehr die späteren Widerlegungen, auch wenn sie die Wahrheit auf ihrer Seite haben. Diese Situation war der Hauptgrund, warum sich die Verfasser dieser »Klarstellungen« zu einer raschen Publikation entschlossen haben, die für den Wissenschaftler auch immer etwas Problematisches an sich hat. Dennoch ist es besser, der interessierten Öffentlichkeit eine schnelle Stellungnahme zu übergeben, die in Zukunft vielleicht noch zu ergänzen ist, als das Feld weitgehend dubiosen Behauptungen und Deutungen zu überlassen.

Der große Erfolg von Barbara Thierings Jesus-Darstellung in Australien und von »Verschlußsache Jesus« in Deutschland hat natürlich auch mit der geistigen Verfassung zu tun, in der sich weite Teile der westlichen Welt befinden. Was mit dem Anspruch der Enthüllung oder des Tabubruches auftritt, kann auf hohe Umsätze und Einschaltquoten hoffen. Der Rummel um das angebliche Vatikan-Komplott zur Unterdrückung der Qumran-Texte weist wie viele andere Erscheinungen auf eine tiefe Krise unserer Mediengesellschaft. Die Maßstäbe drohen vollends abhanden zu kommen, und zwar nicht erst bei weltanschaulich brisanten Fragen, sondern auch auf rein wissenschaftlichem Gebiet. Wenn große Verlage und einflußreiche Sendeanstalten es in Zukunft zulassen, daß mit wissenschaftlichem Anspruch alles behauptet werden kann, wird die Glaubwürdigkeitskrise der Wissenschaft auf Dauer noch größer werden, als sie ohnehin schon ist. Daß die Wissenschaftsgläubigkeit der ersten Hälfte unseres Jahrhunderts mittlerweile kritisch betrachtet wird, war eine notwendige Entwicklung. Aber ebenso falsch wäre es, Wissenschaftsgläubigkeit durch bloße Beliebigkeit zu ersetzen. Die Auseinandersetzung um die Qumran-Texte zeigt positiv, daß sich Forscher mit ganz verschiedener Weltanschauung (Juden, Atheisten und Christen) über sehr vieles verständigen können, weil Tatsachen nicht grenzenlos manipulierbar sind.

Die Kontroverse um die Qumran-Rollen ist nur ein Anzeichen unter vielen, in welcher tiefen Krise gegenwärtig die Großkirchen stecken. Sicher waren die wirklich Glaubenden auch in der Vergangenheit nur eine gesellschaftliche Minderheit. Aber es ist den Kirchen – und zwar nicht bloß durch Druck, sondern mit solider Information – früher in bemerkenswertem Ausmaß gelungen, weite Kreise der Bevölkerung zu überzeugen, daß die neutestamentliche Darstellung Jesu und des Urchristentums der geschichtlichen Wirklichkeit entspricht. Der Zweifel daran entstand zwar am Rand oder außerhalb der Kirchen, aber mittlerweile ist er tief in ihre Reihen eingedrungen. Es erweist sich nun als verhängnisvoll, daß eine einflußreiche Strömung der exegetischen Wissenschaft am historischen Charakter der neutestamentlichen Quellen desinteressiert war oder ihn sogar weitgehend verneinte. Hier wiederholt sich eine Erfahrung der ganzen Missionsgeschichte: Ohne ein anschauliches und glaubwürdiges Bild der Person und des Wirkens Jesu kann der Glaube an ihn nicht ausgebreitet werden. Schon der Apostel Paulus wußte das (Galaterbrief 3,1). Soweit sich die Öffentlichkeit für den christlichen Glauben interessiert, will sie ein Bild Jesu. Wenn sie es von der seriösen Wissenschaft nicht vermittelt bekommt, haben sensationell aufgebauschte Phantastereien Hochkonjunktur.

Sofern über Jesus und das Urchristentum falsche, ja verleumderische Thesen vertreten werden, ist das sicherlich zutiefst bedauerlich. Man kann aber auch die Sicht vertreten, daß der Streit um die Gestalt Jesu immer noch besser ist als die Friedhofsruhe völligen Desinteresses. Ganz offensichtlich kommt selbst die post-christliche westliche Gesellschaft nicht so einfach von Jesus los. Wenn man schon nicht an ihn glaubt, will man doch wenigstens beweisen, daß er entweder ganz in den Bereich der religiösen Legende gehört oder einer der vielen jüdischen Freiheitskämpfer gegen die Macht Roms war. Wo er nicht mehr der Gottessohn und Erlöser sein darf, da möchte man wenigstens noch einen sympathischen Menschen als Vorbild behalten. Wollte man früher unerreichbare Idealgestalten, soll es jetzt eine Leitfigur sein, die menschlich allzu menschlich war. Wenn gegen das Jahr 2000 in Deutschland wahrscheinlich jede zweite Ehe geschieden wird, ist es natürlich beruhigend, sich auf einen angeblich geschiedenen Jesus berufen zu können. Hinter vielen sogenannten Enthüllungen wird die Erleichterung sichtbar, nun endlich einen Grund zu haben, dem christlichen Glauben den Abschied zu geben. Oft meldet sich aber unterschwellig noch ein Rest schlechten Gewissens, ja sogar eine verborgene Sehnsucht, daß es mit Jesus doch so sein möchte, wie es das Neue Testament behauptet.

So bedeutet die scharfe Auseinandersetzung über Jesus und die Schriftrollen von Qumran keineswegs nur eine peinliche Verlegenheit, sondern auch eine große Chance. Im Licht der Qumran-Texte wird beides immer deutlicher, wie fest Jesus im Judentum seiner Zeit verankert war und welch unerhörten Anspruch er für seine Person stellte. Wie die Frommen von Qumran lebte er im Alten Testament. Aber er hat das Alte Testament in einer unmittelbaren göttlichen Vollmacht ausgelegt und auf sich bezogen, die das essenische Selbstbewußtsein, am Ende der Zeiten zu stehen, bei weitem übersteigt. Jesus war ein Jude und nicht der erste Christ, aber er war nicht irgendein Jude, sondern der Christus, der Messias Israels und der Erlöser der ganzen Welt.

Der Essenismus hat die Katastrophe des Jahres 70 nicht überlebt. Seine Art zu glauben war zwar in manchem eine Vorbereitung des Christentums, aber letzten Endes dazu bestimmt, unterzugehen. Das Christentum hat nicht bloß die Verfolgungszeiten der ersten Jahrhunderte überlebt, sondern auch die beiden antichristlichen Ideologien unseres Jahrhunderts überstanden, ja mit überwunden. Das weist darauf zurück, daß die Christen nicht aus der heroischen Nachahmung eines vergangenen Vorbilds leben, sondern aus der Kraft des Auferstandenen. Die Qumran-Gemeinde erwartete die Auferstehung der Toten, aber mit der Auferstehung Jesu hat diese mitten in der Geschichte schon begonnen. Das ist ein entscheidender Unterschied. Die Qumran-Texte machen das geschichtliche Bild Jesu anschaulicher, aber sie ebnen es nicht einfach in die Religionsgeschichte ein. Gerade auch im Licht der Schriftrollen vom Toten Meer bleibt es dabei, was ein frommer (vielleicht essener-naher) Jude über Jesus sagte (Lukasevangelium 2,34): »Siehe, dieser ist gesetzt zum Fall und Aufstehen vieler [nicht nur] in Israel und zu einem Zeichen, dem widersprochen wird.«

Deutschsprachige Veröffentlichungen zu Qumran

Diese kurz kommentierte Literaturliste enthält ausschließlich Titel, die sich noch auf dem Büchermarkt befinden. Auf wertvolle ältere Qumran-Arbeiten, die nur noch antiquarisch zu erwerben sind, wurde immer wieder in den Anmerkungen hingewiesen.

1. Die Qumran-Texte

E. LOHSE, Die Texte aus Qumran: Hebräisch und Deutsch, München ⁴1986 (Diese Auswahl enthält u.a. Gemeinderegel, Zusatz zur Gemeinderegel, Damaskusschrift, Loblieder, Kriegsrolle, den Habakuk- und Nahum-Kommentar, einen Kommentar zu Psalm 27 und einige messianische Texte wie Patriarchensegen, Testimonien und Florilegium).

J. MAIER – K. SCHUBERT, Die Qumran-Essener. Texte der Schriftrollen und Lebensbild der Gemeinde (UniTaschenbuch 224), München ²1991 (Neben den bei Eduard Lohse enthaltenen Texten bietet dieser Band Übersetzungen durch Johann Maier auch von Genesis-Apokryphon, Kommentaren zu Jesaja, Hosea und Micha, den Worten des Mose, vom Buch der Geheimnisse, einem Text über das Neue Jerusalem und weiteres. Eine ergänzte Neubearbeitung ist angekündigt).

J. MAIER, Die Tempelrolle vom Toten Meer. Übersetzt und erläutert (UniTaschenbuch 829), München 1978.

K. BEYER, Die aramäischen Texte vom Toten Meer, Göttingen ²1986, (Neben den oft sehr fragmentarischen Texten wird auch eine Übersetzung geboten u.a. von Abschiedsreden Josephs, Levis, Kahats und Amrams sowie der Henoch-Fragmente und außerbiblischen Daniel- und Noah-Überlieferungen).

C.K. Barrett – C.J. Thornton, Texte zur Umwelt des Neuen Testaments (Uni Taschenbuch 1591), Tübingen 1991 (abgedruckt sind Texte von Philo und Josephus über die jüdischen Religionsparteien sowie einige wichtige Abschnitte aus Qumran-Schriften, so auch aus dem ›Brief des Lehrers der Gerechtigkeit‹ [4QMMT], den Sabbatliedern und Pseudo-Ezechiel).

M. Krupp, Qumran-Texte zum Streit um Jesus und das Urchristentum – ausgewählt, erläutert und übersetzt (Gütersloher Taschenbuch 1304), Gütersloh 1993 (Für den Laien sehr brauchbare Übersetzungen u.a. der ganzen Gemeinderegel, größerer Abschnitte aus der Kriegsrolle, der Damaskus-Schrift und dem Habakuk-Kommentar sowie von messianischen Texten).

K. Berger, Psalmen aus Qumran, Stuttgart 1994 (Übersetzung von Psalmen, Hymnen und Segensworten).

A. Dupont-Sommer, Die essenischen Schriften vom Toten Meer, Tübingen 1960 (Neben einer ausführlichen Einleitung Übersetzungen von Kriegrolle, Hymnenrolle, Genesis-Apokryphon, Gemeinderegel mit ihren Zusätzen, Teilen der Damaskus-Schrift, Kommentaren zu Habakuk, Hosea, Jesaja, Nahum, Micha, Zephanja und Psalm 37 noch u.a. Buch der Geheimnisse, Engel-Liturgie, Florilegium, Patriarchensegen, Testimonia, Gebet des Nabonid und Reden des Mose. Noch erhältlich).

G. Molin – O. Betz – R. Riesner, Das Geheimnis von Qumran. Wiederentdeckte Lieder und Gebete, Freiburg 1994 (Neben einer Übersetzung der Hymnenrolle enthält der Band auch bis vor kurzem unveröffentlichte messianische Texte und Segenssprüche).

F. Garcia Martinez, The Dead Sea Scrolls Translated. The Qumran Texts in English, Leiden 1994 (Dieser englische Titel wird ausnahmsweise genannt, weil er die bisher vollständigste Übersetzung von Qumran-Texten bietet).

2. Die Essener

J. Maier – K. Schubert, Die Qumran-Essener (Siehe oben. Kurt Schubert behandelt die Siedlung Qumran und die Geschichte der

Essener. Allerdings handelt es sich um einen unveränderten Nachdruck der Ausgabe von 1958).

E. LOHSE, Umwelt des Neuen Testaments (Das Neue Testament
Deutsch, Erg. Bd. 1), Göttingen ⁸1989 (Erste kurze Information).

J. MAIER, Zwischen den Testamenten. Geschichte und Religion in der
Zeit des Zweiten Tempels (Die Neue Echter Bibel, Erg. Bd. 3), Würzburg 1990 (Der Verfasser betont mit Recht die Vielfalt der Religionsparteien vor 70 n. Chr. und die Breite der essenischen Bewegung).

G. STEMBERGER, Pharisäer, Sadduzäer, Essener (Stuttgarter Bibelstudien 144), Stuttgart 1991 (Der Autor führt in den neuesten Stand
der Diskussion ein, wobei er die antiken Quellen eher zu skeptisch
auswertet).

H. STEGEMANN, Die Essener, Qumran, Johannes der Täufer und Jesus.
Ein Sachbuch (Herder Spektrum), Freiburg 1993 (Der Verfasser arbeitet in Jerusalem seit Jahren an den unveröffentlichten Texten. Informationen über Fund- und Veröffentlichungsgeschichte sowie ein
umfassender Überblick über die vorhandenen Funde mit zum Teil
eingehenderen Beschreibungen. Die Verbindung zum Essenismus,
der als sehr breite jüdische Strömung erscheint, wird entschieden
festgehalten. Viele neue Detailvorschläge, auch beim Vergleich mit
dem Neuen Testament, werden zu kontroversen Diskussionen führen).

H. BURKHARDT u. a., Das Große Bibellexikon I-III, Wuppertal-Gie-
ßen ²1990 (Siehe Artikel wie Essener, Obergemach, Schriftenfunde
vom Toten Meer).

R. BERGMEIER, Die Essener-Berichte des Flavius Josephus. Quellenstudien zu den Essenertexten im Werk des Jüdischen Historiographen, Kampen 1993 (Der Verfasser betrachtet die antiken Essener-
Berichte als idealisierende Fiktion. Dabei verbindet er große Quel-
lenkenntnis, literarkritischen Überscharfsinn und ein weltfremdes
Verhältnis zur Geschichte).

O. KEEL – M. KÜCHLER, Orte und Landschaften der Bibel. Ein
Handbuch und Studien-Reiseführer zum Heiligen Land, Band 2:
Der Süden, Zürich – Göttingen 1982 (Auf den S. 455-471 findet man

eine immer noch brauchbare Darstellung des archäologischen Befundes von Qumran).

Bibel und Kirche 48/1 [1993] (Themenheft „Qumran" mit Beiträgen von J. Maier [Qumran und das Judentum], H. Stegemann [Verhältnis zum Neuen Testament], J.A. Fitzmyer [„Verschlußsache Jesus"], H.J. Fabry [Archäologie]).

Theologie und Glaube 84/2 [1994] (Vortragsreihe an der Theologischen Fakultät Paderborn: R. Riesner [„Verschlußsache Jesus"], E. Garhammer [Rolle der Medien], K. Berger [Verhältnis zum Neuen Testament], H. Stegemann [Stellung innerhalb des Judentums]).

3. Qumran und das Neue Testament

J. Maier – K. Schubert, Die Qumran-Essener (Siehe oben. Von Kurt Schubert stammt ein immer noch brauchbarer Überblick zum Thema, der allerdings um neue Erkenntnisse seit 1958 zu ergänzen ist).

O. Betz, Was wissen wir von Jesus?, Wuppertal ²1991 (Dieses Jesus-Buch zieht die Qumran-Texte stark heran).

B. Pixner, Wege des Messias und Stätten der Urkirche. Jesus und das Judenchristentum im Licht neuer archäologischer Erkenntnisse (SBAZ 2, Hrsg. R. Riesner), Gießen 1991 (2., erweiterte Auflage 1994. Das Thema wird von verschiedenen Zugängen her behandelt. Besondere Aufmerksamkeit gilt der Frage eines Jerusalemer Essener-Viertels).

B. Mayer (Hrsg.), Christen und Christliches in Qumran? (Eichstätter Studien NF 32), Regensburg 1992 (Berichtsband von einem Symposium im Jahr 1991, das den 7Q-Papyri und der Frage des Jerusalemer Essener-Viertels galt. Die meisten Beiträge können auch von interessierten Laien gelesen werden).

J. Finger, Jesus – Essener, Guru, Esoteriker? Neuen Evangelien und Apokryphen auf den Buchstaben gefühlt, Mainz – Stuttgart 1993 (Eine kritische Durchsicht esoterischer Literatur, die Jesus zum Essener macht).

K. Berger, Qumran und Jesus. Wahrheit unter Verschluß? Stuttgart ³1993. (Eine gute Kritik von »Verschlußsache Jesus« sowie eine nützliche Zusammenstellung von Parallelen zwischen Qumran-Texten und dem Neuen Testament. Nicht überzeugend ist die Abtrennung der Qumran-Gemeinschaft von der essenischen Bewegung).

W. Ekschmitt, Ugarít – Qumrán – Nag Hámmadi. Die großen Schriftfunde zur Bibel. Kulturgeschichte der alten Welt – Sonderband, Mainz 1993 (Als erste Information weitgehend brauchbar, wobei die Problematik von 7Q allerdings ohne tiefere Kenntnisse erörtert wird. Ausgezeichnet farbig und schwarzweiß illustriert).

J.A. Fitzmyer, Qumran: Die Antwort. 101 Fragen zu den Schriften vom Toten Meer, Stuttgarter Taschenbücher 18, Stuttgart 1993 (Trotz des etwas reißerischen Titels eine seriöse und sehr umfassende Information durch einen an vorderster Stelle beteiligten Forscher. Die Übersetzung ist leider zum Teil ungeschickt, die Bibliographie für deutsche Leser kaum brauchbar).

F.J. Ortkemper, Qumran. Zum Stand der Diskussion, Stuttgart ²1994 (Die Broschüre bietet eine kurze Kritik der fragwürdigen Bestseller. Mit Recht werden die Unterschiede zwischen Qumran und dem Urchristentum herausgestellt, die auch vorhandenen Berührungen bleiben ohne plausible Erklärung).

W. Schmithals, Die Schriftrollen vom Toten Meer. Die Essener von Qumran und das Urchristentum, Wissenswertes zur Bibel 11, Stuttgart 1993 (Diese kleine Broschüre enthält eine erste Orientierung, die aber zum Teil auf einem etwas veralteten Forschungsstand beruht).

H. Maass, Qumran. Texte kontra Phantasien, Stuttgart – Karlsruhe 1994 (gute Zusammenfassungen zu Geschichte und Lehre der Qumran-Texte sowie möglichen Beziehungen zum Neuen Testament).

D. Flusser, Das essenische Abenteuer. Die jüdische Gemeinde vom Toten Meer. Auffälligkeiten bei Jesus, Paulus, Didache und Martin Buber, Winterthur 1994 (ein Querschnitt durch die zahlreichen Publikationen des großen jüdischen Forschers zum Thema).

Abkürzungen

ANRW	Aufstieg und Niedergang der Römischen Welt
BA	Biblical Archaeologist
BARev	Biblical Archaeology Review
BASOR	Bulletin of the American School of Oriental Research
BZAW	Beihefte zur Zeitschrift für die alttestamentliche Wissenschaft
CBQ	Catholic Biblical Quarterly
DJD	Discoveries in the Judaean Desert (of Jordan)
GBL	Das Große Bibellexikon
JBL	Journal of Biblical Literature
JJS	Journal of Jewish Studies
RB	Revue Biblique
RQ	Revue de Qumrân
SBAZ	Studien zur biblischen Archäologie und Zeitgeschichte
WMANT	Wissenschaftliche Monographien zum Alten und Neuen Testament
WUNT	Wissenschaftliche Untersuchungen zum Neuen Testament
ZDPV	Zeitschrift des deutschen Palästina-Vereins
ZRGG	Zeitschrift für Religionswissenschaft und Geistesgeschichte

Anmerkungen

1. Hat der Vatikan die Veröffentlichung der Qumran-Rollen unterdrückt?

1 M. BAIGENT – R. LEIGH, Verschlußsache Jesus. Die Qumranrollen und die Wahrheit über das frühe Christentum, München (Droemer – Knaur) 1991.

2 Der Spiegel 47/1 (4.1.1993), 131.

3 Vgl. M. BURROWS, Die Schriftrollen vom Toten Meer, München 1957, 1ff. Eine spätere Version der Fundgeschichte findet man bei W.H. BROWNLEE, Muhammad ed-Deeb's Story of His Discovery, Journal of Near Eastern Studies 16 (1957), 236-239. Die beste aktualisierte Darstellung bei E.M. COOK, Solving the *Mysteries* of the Dead Sea Scrolls. New Light on the Bible, Grand Rapids 1993, 11-30.

4 Vgl. F. DE SAULCY, Voyage autour de la Mer Morte et dans les terres bibliques exécuté de Décembre 1850 à Avril 1851, Paris I, 164f; II, 155-167.

5 Einen packenden, dabei im wesentlichen auf zuverlässigen Informationen basierenden Bericht über die Ereignisse geben L. COLLINS – D. LAPIERRE, O Jerusalem, München 1972 (jetzt als Goldmann-Taschenbuch 6417).

6 Die Bibel – Die Heilige Schrift des Alten und Neuen Bundes mit den Erläuterungen der Jerusalemer Bibel, herausgegeben von D. ARENHOEVEL – A. DEISSLER – A. VÖGTLE, Freiburg 1968, ⁴1972.

7 L'archéologie et les manuscripts de la Mer Morte (Schweich Lectures 1959), London 1961.

8 W.H. BROWNLEE, The Jerusalem Habakuk Scroll, BASOR 112 (1948), 8-18; M. BURROWS, Variant Readings in the Isaiah Manuscript, BASOR 111 (1948) 16-24; J.C. TREVER, Preliminary Observations on the Jerusalem Scrolls, ebd., 3-16.

9 M. BURROWS – J.C. TREVER – W.H. BROWNLEE, The Dead Sea Scrolls of St. Mark's Monastery, I: The Isaiah Manuscript and the Habakuk Commentary, New Haven 1950; II/2: Plates and Transcriptions of the Manual of Discipline, ebd., 1951.

10 Ozar ha-megilloth ha-genuzoth sche-bide ha-universita ha-'ivrith [Sammlung der verborgenen Rollen im Besitz der Hebräischen Universität], Jerusalem 1954.

11 Megilloth genuzoth, Jerusalem I 1948, II 1950.

12 J.D. BARTHÉLEMY – J.T. MILIK, Qumran Cave I (DJD I), Oxford 1955.

13 Dix ans des découvertes dans le désert de Juda, Paris 1957 (Ten Years of discoveries in the Wilderness of Judaea, London 1959).

14 M. BAILLET – J.T. MILIK – R. DE VAUX, Les ›Petites Grottes‹ de Qumrân: Exploration de la falaise, Les grottes 2Q, 3Q, 5Q, 7Q à 10Q, Le rouleau de cuivre (DJD III), Oxford 1962.

15 J.A. SANDERS, The Psalms Scroll of Qumran Cave 11 (11QPsᵃ) [DJD IV], Oxford 1965.

16 J.M. ALLEGRO (mit A.A. ANDERSON), Qumran Cave 4,I (4Q158-4Q186) [DJD V], Oxford 1968.

17 J. Strugnell, Notes en marge du volume V des ›Discoveries in the Judaean Desert of Jordan‹, RQ 7 (1969/71), 163-276.

18 Die Handschriften und Editionen der außerbiblischen Qumranliteratur, in: J. Schreiner, Einführung in die Methoden der biblischen Exegese, Würzburg 1971, 303-310 (310).

19 J.T. Milik, Qumrân Grotte 4/II: Tefilim, Mezuzot et Targumim (4Q128-4Q157) [DJD VI], Oxford 1977; M. Baillet, Qumrân Grotte 4,III (4Q482-520) [DJD VII], Oxford 1982.

20 N. Avigad – Y. Yadin, A Genesis Apocryphon: A Scroll from the Wilderness of Judaea, Jerusalem 1956.

21 The Books of Enoch: Aramaic Fragments of Qumran Cave 4, Oxford 1976.

22 J.P.M. van der Ploeg – A.S. van der Woude (mit B. Jongeling), Le targum de Job de la grotte XI de Qumrân, Leiden 1971.

23 D.N. Freedman – K.A. Mathews (mit R.S. Hanson), The Paleo-Hebrew Leviticus Scroll (11QpaleoLev), Philadelphia 1985.

24 C. Newsom, Songs of the Sabbath Sacrifice: A Critical Edition, Atlanta 1985.

25 Megillat ha-miqdasch, Bd. I-III, Jerusalem 1977 (The Temple Scroll I-II, Jerusalem 1983). Über Auffindung, Inhalt und Bedeutung der Tempelrolle berichtete Y. Yadin, Die Tempelrolle. Die verborgene Thora vom Toten Meer, Hamburg-München 1985. Wie wenig man bei Verlagslektoren Sachkunde voraussetzen muß, zeigt sich daran, daß in der aktualisierten Literaturliste auch auf ein Werk des Fälschers Edmont B. Székely verwiesen wird (aaO., 279).

26 Vgl. Y. Yadin, The Temple Scroll – The Longest Dead Sea Scroll, in: H. Shanks, Understanding the Dead Sea Scrolls, Washington 1992, 87-112; H. Shanks, Intrigue and the Scroll, aaO., 116-125.

27 Einen Nachweis aller Textveröffentlichungen bis zum Jahr 1990 findet man bei J.A. Fitzmyer, The Dead Sea Scrolls. Major Publications and Tools for Study, Atlanta 1990, 9-76.

28 The Dead Sea Scrolls: Qumran in Perspective, London 1977, 23f.

29 Der Streit um die Rollen von Qumran, Zur Debatte. Themen der Katholischen Akademie in Bayern 22/5 (1992), 1-3 (2).

30 Vieles, was Eingeweihte schon lange wußten, wurde veröffentlicht von S. Rückert, Ans Licht der Welt, DIE ZEIT 53 (25.12.1992), 11-14. In sympathischer Ehrlichkeit bekannte sich John Strugnell selbst zu persönlichen Problemen, die zu Schwierigkeiten bei der Herausgabe der Texte führten. Vgl. H. Shanks, Ousted Chief Scroll Editor Makes His Case. An Interview with John Strugnell, BARev 20/4 (1994) 40-47. 57.

31 Christus als Pilz, Der Spiegel 24/27 (29.6.1970), 138f; Philologischer Pilz, aaO. 25/18 (26.4.1971), 175.

32 The Sacred Mushroom and the Cross, London 1970 (Der Geheimkult des heiligen Pilzes. Rauschgift als Ursprung unserer Religion, Wien 1971).

33 BA 55 (1992), 107.

34 Ancient Scrolls Found in Palestine, The Times 12.4.1948, 4.

35 Der erste von unzähligen Aufsätzen trug den Titel: Scholarship and

the Hoax of Recent Discoveries, Jewish Quarterly Review 39 (1948/49), 337-363.

36 Radiocarbon Dating, Chicago 1952, 72.

37 Ins Deutsche übersetzt wurde J.L. TEICHER, Die Schriftrollen vom Toten Meer – Dokumente der jüdisch-christlichen Sekte der Ebioniten, ZRGG 3 (1951), 153-209.

38 Handelt es sich wirklich um ebionitische Dokumente?, ZRGG 3 (1951), 322-336.

39 Mehr Klarheit über die Schriftrollen, München 1958, 1.

40 A Reporter at Large, The New Yorker 31/13 (14.5.1955), 45-121.

41 The Scrolls from the Dead Sea, New York 1955 (Die Schriftrollen vom Toten Meer, München 1956).

42 The Meaning of the Dead Sea Scrolls, New York 1956 (Der Fund von Qumran. Die Schriftrollen vom Toten Meer und die Bibel, Wiesbaden 1957).

43 Bibliographie zu den Handschriften vom Toten Meer (BZAW 76), Berlin 1957. Band II folgte 1965 (BZAW 89). Vgl. auch B. JONGELING, A Classified Bibliography of the Finds in the Desert of Judah, 1958-1969, Leiden 1971. Gegenwärtig erscheint eine laufende Bibliographie in der »Revue de Qumrân«.

44 Zum Beispiel K. G. KUHN, Die in Palästina gefundenen hebräischen Texte und das Neue Testament, Zeitschrift für Theologie und Kirche 47 (1950), 192-211.

45 Les manuscripts de la Mer Morte et les origines du Christianisme, Paris 1957 (Qumran und der Ursprung des Christentums, Mainz 1958).

46 Die Söhne des Lichtes. Zeit und Stellung der Handschriften vom Toten Meer, Wien – München 1954.

47 Die Gemeinde vom Toten Meer. Ihre Entstehung und ihre Lehren, München – Basel 1958.

48 Aperçus préliminaires sur les manuscripts de la Mer Morte, Paris 1950; Nouveaux aperçus sur les manuscripts de la Mer Morte, Paris 1953; Les écrits Esséniens découverts près de la Mer Morte, Paris 1959 (Die essenischen Schriften vom Toten Meer, Tübingen 1960).

49 The Dead Sea Scrolls, Harmondsworth 1956 (Die Botschaft vom Toten Meer, Frankfurt 1957).

50 The Treasure of the Copper Scroll, New York – London 1960.

51 Verschlußsache Jesus, 44.

52 Die Entlassung, Der Spiegel 11 (17.7.1957), 46-48.

53 Das folgende nach: Der Spiegel 20 (18.4.1966), 130.

54 Verschlußsache Jesus, 167-176.

55 Maccabees, Zadokites, Christians and Qumran, Leiden 1983; James the Just in the Habakkuk pesher, Leiden 1986.

56 JJS 37 (1986), 130f.

57 Scrolls and the Strugnell antisemitic mindset, Jerusalem Post (International Edition) 23.2.1991, 14.

58 Das Buch wurde unter anderem verrissen von L. FLAIG, Die schwierige Brautschau Jesu, Frankfurter Allgemeine Zeitung 217 (27.9.1984), 28.

59 Verschlußsache Jesus, 295.

60 Frieden ist möglich. Die Politik der Bergpredigt, München-Zürich 1983, 107f. Vgl. R. RIESNER, Neues Evangelium oder altes Gesetz? Zu Franz Alts Friedensbuch, Schritte 5/1984, 15f.

61 Vgl. dazu J. Finger, Jesus – Essener, Guru, Esoteriker? Neuen Evangelien und Apokryphen auf den Buchstaben gefühlt, Mainz – Stuttgart 1993, 33-36.
62 Der wirkliche Jesus. Das total andere Gottesbild (Vorwort von Franz Alt), Olten (Walter Verlag) ⁴1990, 214-264.
63 Jesus, der erste neue Mann, München – Zürich 1989, 55-57. Vgl. R. Riesner, Jesus der Jude zwischen Alt und Anti-Alt, in: C.P. Thiede, Christlicher Glaube und Literatur 5, Wuppertal 1991, 72-79.
64 Is the Vatican Suppressing the Dead Sea Scrolls?, BARev 17/6 (1991), 66-71 (68 »hogwash«). Wiederabdruck in: H. Shanks, Understanding the Dead Sea Scrolls, 275-290.
65 BA 55 (1992), 107f.
66 Zur Debatte 22/5 (1992), 1.

2. Welche Qumran-Texte sind heute noch unveröffentlicht?

1 Eine Sammlung dort erschienener Artikel in: H. Shanks, Understanding the Dead Sea Scrolls. A Reader from the Biblical Archaeology Review, Washington 1992.
1a Veröffentlicht in: Folia Orientalia 26 (1989), 229-231; The Qumran Chronicle 1 (1989), 10-12.
2 Vgl. A. Rabinovich, MKs [members of Knesset] consider making Scrolls available to all researchers, Jerusalem Post (International Edition) 26.10.1991, 6.
3 Das Interview erschien am 9.11.1990, die offizielle englische Version in BARev 17/1 (1991), 54-60. Vgl. A. Katzman, Interview with Chief Scroll Editor John Strugnell, in: H. Shanks, Understanding the Dead Sea Scrolls, 259-263.
4 B. Schwank, Die »Verschlußsache Jesus«. Die Qumranrollen und ihr »Geheimnis«, Erbe und Auftrag 68 (1992), 481-491 (484).
5 Scrolls editor fired for antisemitism, Jerusalem Post (International Edition) 22.12.1990, 6.
6 Scroll editing speeds up, Jerusalem Post (International Edition) 6.4.1991, 6. Vgl. A. Rabinovich, New Wind in the Scrollery, Jerusalem Post Magazine 11.10.1991, 12-15 (auch in: International Edition 26.10.1991, 10f).
7 A Preliminary Concordance of the Hebrew and Aramaic Fragments from Qumran Caves II to X (vertrieben von H. Stegemann, Universität Göttingen 1988).
8 Jesus, der Herr der Kirche. Aufsätze zur Biblischen Theologie II (WUNT I/52), Tübingen 1990.
9 B.Z. Wacholder – M.G. Abegg, A Preliminary Edition of the Unpublished Dead Sea Scrolls: The Hebrew and Aramaic Texts from Cave Four, Bd. I, Washington 1991. Inzwischen ist 1992 ein zweiter Band erschienen (vgl. J.A. Fitzmyer, BARev 19/1, 1993, 62f).
10 BARev 18/1 (1992), 70.
11 Vgl. J. Siemens, Computer entschlüsselt Text der Qumran-Rollen, Frankfurter Rundschau 207 (6.9.1991), 28; J. v. Uthmann, Die Monopolherren werden entthront, Frankfurter Allgemeine Zeitung 231 (5.10.1992), 29; B.Z. Wacholder,

Jerusalem Post (International Edition) 19.10.1992, 22.

12 Aus seiner Sicht beschreibt die Ereignisse H. SHANKS, in: Understanding the Dead Sea Scrolls, XXVIII-XXXIV; stärker der Sicht der israelischen Altertümerbehörde folgt A. RABINOVICH, Dead Sea Fever, Jerusalem Post (International Edition) 6.2.1993, 9-11.

13 J.N. WILFORD, Monopoly Over Dead Sea Scrolls Is Ended, New York Times 22.9.1991, 1.20.

14 Israelis und US-Forscher streiten um Copyright an Qumran-Rollen, epd Zentralausgabe 184 (24.9.1991), 8f; Zugänglich – Schriftrollen vom Toten Meer, Frankfurter Allgemeine Zeitung 224 (26.10.1991), 35; Altjüdische Schriftrollen nun jedermann zugänglich, Frankfurter Rundschau 251 (29.10.1991), 10.

15 Vgl. A. RABINOVICH, Antiquities dep't yields on Scrolls, Jerusalem Post (International Edition) 5, 10.1991, 2; Antiquities dept. denies giving up scrolls court case, ebd. 12.10.1991, 6.

16 N. HAMMOND, Israel opens access to Dead Sea Scrolls, The Times 64 (29.10.1991), 18; Streit um die Schriftrollen vom Toten Meer begraben, Frankfurter Rundschau 251 (29.10.1991), 24; Israelis geben Qumranrollen zur Erforschung frei, epd ZA 208 (29.10.1991), 5f; Schriftrollen-Freigabe, Frankfurter Allgemeine Zeitung 252 (30.10.1991), 33.

17 Vgl. A. RABINOVICH, Antiquities Dept. allows access to Scrolls, Jerusalem Post (International Edition) 9.11.1991, 6.

18 D. BAR-ILLAN, Scroll myths & Times' demons, Jerusalem Post (International Edition) 19.10.1991, 15.

19 Vgl. J. SCHACHTER, Last scrolls published, Jerusalem Post (International Edition) 30.11.1991, 3.

20 A Facsimile Edition of the Dead Sea Scrolls prepared with an Introduction and Index by R.H. EISENMAN – J.M. ROBINSON, Bd. I/II, Washington 1991, ²1992.

21 AaO., Bd. I, XI.

22 Vgl. J. v. UTHMANN, Die Monopolherren werden entthront, FAZ 231 (5.10.1991), 29.

23 Vgl. Z.J. KAPERA, Qumran Chronicle 1/2-3 (1990/91), 76.

24 Vgl. A. RABINOVICH, Court stops sale of Scrolls book, Jerusalem Post (International Edition) 1.2.1992, 24.

25 Vgl. A. RABINOVICH, Scholar sues ›pirates‹ over Scroll of righteousness, ebd. 8.2.1992, 16.

26 R. EISENMAN, Dead Sea Scrolls Lawsuit, Jerusalem Post (International Edition) 22.2.1992, 22.

27 Vgl. A. RABINOVICH, Scrolls case gets under way, Jerusalem Post (International Edition) 13.2.1993, 24; Scrolls decipherer awarded NIS 100.000 in copyright suit, ebd. 10.4.1993, 24.

28 Vgl. H. SHANKS Lawsuit Diary, BARev 19/3 (1993), 69-71.

29 A. RABINOVICH, Combat at the Conference, Jerusalem Post (International Edition) 6.2.1993, 11. Vgl. H. SHANKS, Blood on the Floor at New York Dead Sea Scroll Conference, BARev 19/2 (1993), 63-68. Der Titel ist nur metaphorisch gemeint!

30 Huntington Library, 1151 Oxford Road, San Marino, CA 91108, USA.

31 The Dead Sea Scrolls on Microfiche. A Comprehensive Facsimile Edi-

tion of the Texts from the Judean Desert, Leiden 1993.

32 E. Tov, The Unpublished Qumran Texts from Caves 4 and 11, JJS 43 (1992), 101-136 (auch in: BA 55, 1992, 94-104).

33 Dead Sea Scroll Inventory Project: Lists of Documents, Photographs and Museum Plates, bisher Faszikel 1-14, Ancient Biblical Manuscript Center, Claremont 1991/1992.

34 Graphic Concordance to the Dead Sea Scrolls, Tübingen – Louisville 1991. Weitere Bände dieses »Princeton Theological Seminary Dead Sea Scrolls Project« unter Leitung von James H. Charlesworth sind angekündigt.

35 Abgesehen werden darf hier von der Frage, ob sich Funde noch in den Händen arabischer Entdecker oder auch schon im Besitz finanzkräftiger Liebhaber befinden. Daß es solche Texte gibt, dafür existieren ernstzunehmende Indizien. Über Umfang und Charakter kann man natürlich nur spekulieren.

36 München (Bertelsmann) 1993.

37 AaO., 12.

38 AaO., 278-285.

39 Vgl. A. RABINOVICH, A Prayer for King Yonatan, Jerusalem Post Magazine 23.4.1992, 8-11 (auch in: International Edition 2.5.1992, 9.17).

40 Brother James's heirs?, Times Literary Supplement 4.12.1992, 6f.

41 Jesus und die Urchristen, 9-22.

42 Second-rate Scroll Scholars, Jerusalem Post (International Edition) 16.11.1991, 22.

43 Vgl. H.W. KUHN, Wie der Messias zu Bestsellern dient, Die Welt 24.12.1992, 9; R. RIESNER, Im Qumran-Fieber,

Idea Spektrum 3/1993 (20.1.1993), 15-17; R. DEINES, Jesus und der »vollkommene Lehrer«, Damals 3 (1993), 24-29; J.C. GREENFIELD, Scrolls book shunned by well-known presses, Jerusalem Post (International Edition) 20.3.1993, 20; H. LICHTENBERGER, Höhlenausgänge, Frankfurter Allgemeine Zeitung 84 (10.4.1993), 29.

44 A Critical Study of the Temple Scroll from Qumran Cave 11, Chicago 1990.

45 Ganz offen bzw. unklar drückt sich in bezug auf Datierung und Charakter der Qumran-Schriften aus M. WISE, Dead Sea Scrolls, in: J.B. GREEN – S. McKIGHT, Dictionary of Jesus and the Gospels, Downers Grove – Leicester 1992, 137-146 (besonders 146).

46 Vgl. R.N. OSTLING, Is Jesus in the Dead Sea Scrolls?, Time Magazine 14.9.1992, 50f.

47 Jerusalem Post (International Edition) 3.2.1993, 11.

48 J. KÖHLER, Die Akte Jesus, Der Stern 1/1992 (22.12.1991), 28-34.

49 G. PRAUSE, ... und machen Paulus zum Geheimagenten, DIE ZEIT 42 (11.10.1991), Literaturbeilage 36.

50 M. HENGEL, Welche Wahrheit bargen die Höhlen, Frankfurter Allgemeine Zeitung 8 (10.1.1992), 29. In erweiterter Form: Die Qumranrollen und der Umgang mit der Wahrheit, Theologische Beiträge 23 (1992), 233-237.

51 E. ENDRES, Die Machenschaften des Glaubens, Süddeutsche Zeitung 283 (9.12.1991), 31.

52 M. EMMRICH, Wer waren Jesus, Paulus und Jakobus wirklich?, Frankfurter Rundschau 297 (22.12.1992), 3.

53 Lebte Jesus 200 Jahre früher?, Samstag 41/29 (18.7.1992), 3.

54 AaO., 1.

55 A. Krause, Warum zensiert der Vatikan die neuesten Forschungen über Jesus?, TV – Hören und Sehen 23 (6.-12.6.1991), 6.

56 Längere Originalfassung: Der unbekannte Jesus. Neues vom Sohn Gottes, Bayern 3 am 20.8.1992 und 27.8.1992. Dieser Film kann über die Landesbildstellen angefordert werden.

57 Im Gespräch: Jesus und Qumran – keine Verschlußsache, Bayern 3 (11.3.1992).

58 Geist aus der Flasche, Der Spiegel 46/52 (23.12.1991), 184f; Gold im Grab [Kupferrolle], ebd. 47/1 (4.1.1993), 120f.

59 München (bei Bertelsmann!) 1972; ab 1974 ro-ro-ro Sachbuch.

60 Leben und Tod des Jesus von Nazareth, München 1965. Originell war bei diesem Buch lediglich, daß es genau so groß wie den Titel auf dem Schutzumschlag gleich seine These abdruckte: »... die Geschichte eines ›Königs der Juden‹, der sich des Tempels in Jerusalem mit Waffengewalt zu bemächtigen versuchte und als Aufrührer von den Römern zum Tode verurteilt und hingerichtet wurde«.

61 DIE ZEIT 53 (25.12.1992), 14.

62 Ebd., 11.

63 Gütersloher Verlagshaus, 12.1.1993, 10.

64 Jesus the Man. A New Interpretation from the Dead Sea Scrolls, Sydney – London 1992 (bzw. Jesus and the Riddle of the Dead Sea Scrolls, San Francisco 1992).

65 Did Jesus Really Die on the Cross?, BARev 18/5 (1992), 69f; Reply, BARev 19/1 (1993), 19.

66 H. Bardtke, Die Handschriftenfunde am Toten Meer, Berlin/Ost I ²1953, II 1958; G. Molin, Die Söhne des Lichtes, Wien 1954; Lob Gottes aus der Wüste, Freiburg – München 1957; M. Burrows, Die Schriftrollen vom Toten Meer, München 1956; Mehr Klarheit über die Schriftrollen, München 1958; J. Maier, Die Texte vom Toten Meer I/II, Basel 1960.

67 Bleibt die Wahrheit unter Verschluß?, Publik-Forum 19 (20.9.1991), 19f; War Jesus ein Essener?, ebd. 1 (17.1.1992), 20-23.

68 Jesus und die Essener, Publik-Forum 2 (19.1.1993), 29f (29).

69 Nachrichten aus Israel 3.10.1991, 118.

70 Ebd., 107.

71 R. Sörries, Deutsches Pfarrer-Blatt 92/12 (1992), 582-584.

72 E.C. Hirsch, Der Skandal blieb aus, Deutsches Allgemeines Sonntagsblatt 2 (8.1.1993), 17.

73 Evangelisches Gemeindeblatt für Württemberg 10 (8.3.1992), 10.

74 Eine rühmliche Ausnahme bildete hier die badische Landeskirche. In ihrer Kirchenzeitung veröffentlichte sie eine ganze Serie (H. Maass, Wahrheit oder Verwirrung? Die »Festung der Frommen« im Zwielicht, Aufbruch 11-14/1992, jeweils 12) und es erschien eine kritische Dokumentation (»Gegentexte«). Leider wurde die unglückselige Diskussion um »Verschlußsache Jesus« pauschal mit der angeblichen »Stasi-Hysterie« gleichgesetzt (Vorspann zu: Aufbruch 11/1992, 12). Auf katholischer Seite ist besonders K.S. Krieger mit diversen Veröffentlichungen zu nennen (Die seltsame Sekte am Toten Meer, Nürnberger Zeitung vom 6.6.1992, 3 usw.).

75 Schlagwortverzeichnis 1992/93, Bd. A-F, 1500f; Bd. O-Z, 4256.
76 Vgl. J. FINGER, Jesus – Essener, Guru, Esoteriker? Neuen Evangelien und Apokryphen auf den Buchstaben gefühlt, Mainz – Stuttgart 1993, 43-46.
77 J. MAIER – K. SCHUBERT, Die Qumran-Essener. Texte der Schriftrollen und Lebensbild der Gemeinde (UTB 224), München 1973, ²1991. Ursprünglich K. SCHUBERT, Die Gemeinde vom Toten Meer, München – Basel 1958; J. MAIER, Die Texte vom Toten Meer I/II, Basel 1960.

3. Wurden die Qumran-Schriften von Sadduzäern verfaßt?

1 Die Quellen sind Philo, Quod omnis probus liber sit §§ 75-91; Apologia pro Judaeis § 1 (bei Eusebius, Praeparatio Evangelica VIII 6-7); Plinius der Ältere, Naturalis historia V 17,4 (73 n. Chr.) und Josephus, Jüdischer Krieg I 78-80; II 113. 119-161. 567; III 11; V 145 (zwischen 75 und 81 n. Chr.); Jüdische Altertümer XIII 171-172; XV 371-379; XVIII 11.18-22 (93 n. Chr.); Vita 10-11 (93 n. Chr.). An ganzen oder teilweisen Übersetzungen der Texte sind zu nennen C.K. BARRETT – C.J. THORNTON, Texte zur Umwelt des Neuen Testaments (UTB 1591), Tübingen 1991, 187-191; H. CLEMENTZ, Des Flavius Josephus Jüdische Altertümer, Wiesbaden ⁸1989; Flavius Josephus: Geschichte des Jüdischen Krieges, Wiesbaden ⁹1991.
2 Die neueste Darstellung des Verfassers zu dieser Frage ist L.H. SCHIFFMAN, The Sadducean Origins of the Dead Sea Scrolls Sect, in: H. SHANKS, Understanding the Dead Sea Scrolls, New York 1992, 35-49. Vgl. weiter die dort (S. 293) in Anmerkung 12 aufgeführten zahlreichen Veröffentlichungen Schiffmans zu diesem Thema.
3 Vgl. die Berichte von M. BAILLET u.a., Le travail d'édition des fragments manuscrits de Qumrân, RB 73 (1956), 49-67, sowie von P. BENOIT, Editing the Manuscript Fragments from Qumran, BA 19 (1956), 75-96. Dort erfährt man von der Arbeit des Herausgeberteams in Jerusalem und von den Textfragmenten aus der Höhle 4.
4 J. STRUGNELL – E. QIMRON, An Unpublished Halakhic Letter from Qumran, in: A. BIRAN, Biblical Archaeology Today, Jerusalem 1985, 400-407.
4a E. QUIMRON – J. STRUGNELL (mit Y. SUSSMANN), Discoveries in the Judaean Desert X: Qumran Cave 4/V. Miqsat Ma'ase Ha-Torah, Oxford 1994.
5 Z.J. KAPERA (Hrsg.), Qumran Cave 4. Special Report on 4QMMT, Krakau 1991. In diesem Sammelband kommen Philipp R. Davies, Robert H. Eisenman und James C. Vanderkam zu Wort, die sich mit L.H. Schiffman kritisch auseinandersetzen. Besonders wichtig ist der Beitrag von J.C. VANDERKAM, The Qumran Residents: Essenes not Sadducees!, aaO., 105-108.
6 Nach R. EISENMAN – M. WISE, Jesus und die Urchristen, München 1993, 187ff, handelt es sich um zwei Briefe, etwa wie beim 1. und 2. Korintherbrief. Diese Zweiteilung beruft sich auf den Ausdruck *katabnu elecha* in C 10: »Wir haben dir (früher) geschrieben.« Aber das Wort

katabnu ist in der dem Verfasser (O. Betz) vorliegenden Textausgabe fast ganz ergänzt und darum unsicher.

7 Vgl. Mischna, Menachoth 1,3-4; Berachoth 1,1.

8 Vgl. Mischna, Para 3,7; Targum (aramäische Übersetzung) Pseudo-Jonathan zu 4. Mose 19,9. Das Thema von der Zubereitung der Asche der »Roten Kuh« ist ausführlich in dem von R. EISENMAN – M. WISE, Jesus und die Urchristen, 215-217, gebotenen Text 4Q276-277 behandelt.

9 Vgl. Tempelrolle (11QMiqd) 47,7-15; Mischna, Chullin 9,1.

10 Lawrence H. Schiffmans erstes Buch trug den Titel »The Halakhah at Qumran« (Leiden 1975). Er sprach darin von einer »Halakhic Terminology at Qumran« (aaO., 22-27).

11 Z.B. in Mischna, Jadajim 3-4; Tebul Jom; Para.

12 »Zu dieser Zeit (nämlich unter dem ersten hasmonäischen Hohenpriester Jonatan) gab es drei Religionsparteien bei den Juden... die Pharisäer, die Sadduzäer und als dritte die Essener.«

13 Vgl. O. BETZ, The Eschatological Interpretation of the Sinai-Tradition in Qumran and in the New Testament, in: Jesus – Der Herr der Kirche (WUNT I/52), Tübingen 1990, 66-87.

14 In seiner Schrift »Quod omnis probus liber sit« (§ 75): Der griechische Name *Essaioi* (= Essener), deren Zahl über viertausend beträgt, ist nach Philos Meinung – obwohl dies im Griechischen nicht etymologisch exakt sei – mit dem Wort »Frömmigkeit« *(hosiotes)* zu verbinden. Diese Frommen zählen für Philo zu den besonders guten Dienern Gottes.

15 Einen ausführlichen Vergleich mit positivem Ergebnis führte T.S. BEALL durch: Josephus' Description of the Essenes Illustrated by the Dead Sea Scrolls, Cambridge 1988.

16 Songs of the Sabbat Sacrifice: A Critical Edition, Atlanta 1985.

17 Vgl. dazu A.M. SCHWEMER, Gott als König und seine Königsherrschaft in den Sabbatliedern aus Qumran, in: M. HENGEL – A.M. SCHWEMER, Königsherrschaft Gottes und himmlischer Kult im Judentum, Urchristentum und in der hellenistischen Welt (WUNT I/55), Tübingen 1991, 45-108.

18 B.-Z. WACHOLDER – M.G. ABEGG, A Preliminary Edition of the Unpublished Dead Sea Scrolls, Fascicle One, Washington 1991.

19 Documents of Jewish Sectaries. Fragments of a Zadokite Work, Cambridge 1910.

20 Siehe dazu auch den Nahum-Kommentar (4QpNah 1,6ff) und Josephus, Jüdische Altertümer XIII 380. Vgl. O. BETZ, Probleme des Prozesses Jesu, ANRW II 25/1, Berlin – New York 1982, 565-647.

21 Anstelle von *miqzat ma'aseh hatorah* (C 28f) ist besser der Plural zu lesen. Es geht um einige Ausführungsbestimmungen (»Werke«) zum rechten Vollzug des Gesetzes.

22 Vgl. O. BETZ, Das Problem des »Kanons« in den Texten von Qumran, in: G. MAIER, Der Kanon der Bibel, Gießen – Wuppertal 1990, 70-82.

4. War Qumran eine Festung oder ein Essener-Kloster?

1 Archaeology and the Dead Sea Scrolls (The Schweich Lectures of the British Academy), London 1973. Eine deutsche Zusammenfassung der Grabungen bei O. KEEL – M. KÜCHLER, Orte und Landschaften der Bibel 2: Der Süden, Zürich 1982, 455-471; eine aktuelle Synthese J. MURPHY-O'CONNOR, Qumran, in: D.N. FREEDMAN, The Anchor Bible Dictionary V, New York 1992, 590-594.

2 Aktuelle Diskussionen der archäologischen Fragen bei P.R. CALLAWAY, The History of the Qumran Community. An Investigation, Sheffield 1988, 29-51; M . BROSHI, The Archaeology of Qumran – A Reconsideration, in: D. DIMANT – U. RAPPAPORT, The Dead Sea Scrolls. Forty Years of Research, Leiden 1992, 103-115.

3 Verschlußsache Jesus, 44.

4 Vgl. R. DONCEEL, Reprise des travaux de publication des fouilles au Khirbet Qumrân, RB 99 (1992), 557-573.

5 The Problem of Origin and Identification of the Dead Sea Scrolls, Proceedings of the American Philosophical Society 124 (1980), 1-24; Who Hid the Dead Sea Scrolls?, BA 28 (1978), 68-82, und zuletzt Qumran – Wer schrieb die Schriftrollen vom Toten Meer? (Hamburg 1994), amerikanische Ausgabe: Who Wrote The Dead Sea Scrolls? (New York 1994).

6 Viele Mythen, ein Machwerk und der Schatz der Rebellen, Die Welt 36

(12.2.1992), 21; Qumran Nowhere?, The Qumran Chronicle 2/1 (1992), 31-37. Vgl. R. RIESNER, Streit um die Essener, Die Welt 46 (24.2.1992), 23.

7 Hirbet Qumrân und die Bibliothek vom Toten Meer, Stuttgart 1960.

8 Vgl. E. Tov, The Unpublished Qumran Texts from Caves 4 and 11, JJS 43 (1992), 101-136 (119).

9 Vgl. S. GORANSON, Further Qumran Archaeology Publications in Progress, BA 54 (1991), 110f; An Inkwell from Qumran, Michmanim (University of Haifa Museum) 6 (1992), 37*-40* [Dankenswerterweise machte der Verfasser diesen schwer erhältlichen Artikel zugänglich]. Zum Tintenfaß aus dem ›Burnt House‹ in Jerusalem vgl. N. AVIGAD, Discovering Jerusalem, Nashville 1983, 127.

10 Die neueste Interpretation, die allerdings noch sehr kritisch zu diskutieren ist, sieht in den Lehmstücken Überreste von Bänken aus einem Privatschlafzimmer (Pauline Donceel – Voûte). Vgl. Z.J. KAPERA, Qumran Chronicle 2/2 (1993), 78. An der These von Frau Donceel, daß Qumran keine Essenersiedlung, sondern eine Landvilla war, wurde auf dem New Yorker Qumran-Kongreß von Dezember 1992 heftige Kritik geübt. Vgl. H. SHANKS, BARev 19/2 (1993), 65-68; 19/3 (1993), 62-65; H. STEGEMANN, Die Essener, Qumran, Johannes der Täufer und Jesus. Ein Sachbuch (Herder Spektrum 4128), Freiburg 1993, 58-63.

11 Vgl. R. DE VAUX, Archaeology of the Dead Sea Scrolls, 29-33.

12 AaO. 103. Die Scherbe mit dem Alphabet ist abgebildet in RB 61 (1954), Taf. XXa.

13 Zur weiteren Kritik an Golbs Thesen vgl. F. GARCIA MARTINEZ – A.S. VAN DER WOUDE, A ›Groningen‹ Hypothesis of Qumran Origins and Early History, RQ 14 (1990), 521-541.

14 Verschlußsache Jesus, 202f.

15 Archaeology and the Dead Sea Scrolls, 28.

16 Die antike Bibliothek von Qumran und die moderne biblische Wissenschaft, Neukirchen/Vluyn 1967, 77.

17 Verschlußsache Jesus, 203.

18 Vgl. weiter G.J. BROOKE, The Temple Scroll and the Archaeology of Qumran, 'Ain Feshkha and Masada, RQ 13 (1988), 225-237.

19 Vgl. A. STROBEL, Die Wasseranlagen der Hirbet Qumran, ZDPV 88 (1972), 55-86; B.G. WOOD, To Dip or Sprinkle? The Qumran Cisterns in Perspective, BASOR 256 (1984), 45-60.

20 Vgl. R. RIESNER, Jesus als Lehrer. Eine Untersuchung zum Ursprung der Evangelien-Überlieferung (WUNT II/7), Tübingen ³1988, 135.

21 Vgl. R. DE VAUX, Archaeology and the Dead Sea Scrolls, 11-14.

22 Vgl. R. DE VAUX, Une hachette Essénienne?, Vetus Testamentum 9 (1959), 399-407.

23 Vgl. G.J. BROOKE, RQ 13 (1988), 229f.

24 Archaeology and the Dead Sea Scrolls, 45-48.

25 Vgl. M. BROSHI in: D. DIMANT – U. RAPPAPORT, The Dead Sea Scrolls, 112.

26 Text bei J. MAIER, Die Tempelrolle vom Toten Meer (UTB 829), München 1978, 55.

27 Vgl. O. KEEL – M. KÜCHLER, Orte und Landschaften der Bibel 2, 451-455.

28 Vgl. R. RIESNER, Begräbnis- und Trauersitten, GBL I, Wuppertal – Gießen ²1990, 173-178.

29 P. BENOIT – J.T. MILIK – R. DE VAUX, Les grottes de Murabba'at (DJD II), Oxford 1961, 163f.

30 Vgl. O. KEEL – M. KÜCHLER, Orte und Landschaften der Bibel 2, 461.

31 Vgl. M. HENGEL, Judentum und Hellenismus (WUNT I/10), Tübingen ³1988, 319-323.

32 Vgl. nur zuletzt S. GORANSON, Sectarianism, Geography, and the Copper Scroll, JJS 43 (1992), 282-287 (Literatur).

33 Vgl. B. PIXNER, Unravelling the Copper Scroll Code: A Study on the Topography of 3 Q 15, RQ 11 (1983), 323-365; Die Kupferrolle von Qumran, in: Wege des Messias und Stätten der Urkirche. Jesus und das Judenchristentum im Licht neuer archäologischer Erkenntnisse, Hrsg. R. Riesner (SBAZ 2), Gießen ²1994, 149-158.

34 Vgl. P.R. CALLAWAY, Qumran Origins: From the Doresh to the Moreh, RQ 14 (1990), 637-650 (644).

35 Vgl. O. KEEL – M. KÜCHLER, Orte und Landschaften der Bibel 2, 451f.

36 Cajus Plinius Secundus: Naturgeschichte (übers. C.F.L. STRACK), Darmstadt 1968, 225.

37 Der Lehrer der Gerechtigkeit (Studien zur Umwelt des Neuen Testaments 2), Göttingen 1963.

38 Vgl. J.J. COLLINS, Dead Sea Scrolls, in: D.N. FREEDMAN, The Anchor Bible Dictionary II, New York 1992, 85-101.

39 The Early History of the Qumran Community, in: D.N. FREEDMAN – J.C. GREENFIELD, New Directions in Biblical Archaeology, Garden City 1971, 77.

40 Implications for the History of Judaism and Christianity, in: H. SHANKS, The Dead Sea Scrolls After Forty Years, Washington 1991, 19-36 (26).

41 Eine knappe und dabei umfassende Formulierung des Essener-Konsensus gibt J.H. CHARLESWORTH, Qumran Scrolls and a Critical Consensus, in: Jesus and the Dead Sea Scrolls, New York 1993, XXXI-XXXVII.

42 Ein Mensch namens Jesus, München (Droemer Knaur) 1989. Kritische Stellungnahmen von Harmut Rosenau, Hans F. Bayer und Carsten Peter Thiede in: C.P. THIEDE (Hrsg.), Christlicher Glaube und Literatur 5: Jesus-Interpretationen in der modernen Literatur, Wuppertal 1991.

43 Ein Mensch namens Jesus, 708: »Dennoch möchte ich an dieser Stelle betonen, und sei es auch nur für all jene Leser, die Wert auf wissenschaftlich fundierte Arbeit legen, daß ich meiner Phantasie beim Schreiben dieses Buches keineswegs freien Lauf gelassen habe. Alle wesentlichen Aussagen basieren auf historischen Analysen, Folgerungen und Rekonstruktionen. Ich bin sicher, daß viele Leser, würden sie sich jahrelang mit Lektüre dieser Art auseinandersetzen, zu den gleichen Schlußfolgerungen kämen wie ich.«

44 Les manuscripts de la mer Morte et les origines du christianisme, Paris 1957, ²1974 (Qumran und der Ursprung des Christentums, Mainz 1958).

45 Ein Mensch namens Jesus, 709.

46 AaO., 708.

47 AaO., 712.

48 Vgl. R. RIESNER, Nazareth, GBL II, Wuppertal – Gießen ²1990, 1031-1037.

49 Ein Mensch namens Jesus, 744.

50 Vgl. nur J.A. FITZMYER, Aramaic *Kepha'* and Peter's Name in the New Testament, in: To Advance the Gospel, New York 1981, 112-124; O. BETZ, Felsenmann und Felsengemeinde, in: Jesus – Der Messias Israels (WUNT I/42), Tübingen 1987, 99-126.

51 Ein Mann namens Saulus, München 1992, 521.

52 Jesus und die Urchristen. Die Qumran-Rollen entschlüsselt, München 1993, 71f.

53 Ein Mensch namens Jesus, 709. Das Nachwort zur französischen Ausgabe (L'homme qui devint Dieu, Paris 1988), in dem sich diese Behauptung findet, war 1987 abgeschlossen (aaO., 744).

54 Ein Mensch namens Jesus, 733.

55 Eine gründliche Widerlegung der indologischen Phantastereien von Kersten geschah durch einen Fachmann, den Leiter der Orientsammlung der Bayerischen Staatsbibliothek München, G. GRÖNBOLD, Jesus in Indien. Das Ende einer Legende, München 1985.

56 Vgl. W. BULST, Betrug am Turiner Grabtuch. Der manipulierte Carbontest, Frankfurt 1990; O. PETROSILLO – E. MARINELLI, La Sindone. Un enigma alla prova della scienza, Mailand 1990.

57 Vgl. C. REICHEL, Mr. Tite hat seinen Preis, Die Welt 272 (21.11.1992) G 5.

58 E.R. GRUBER, Die Geheimnisse von Golgatha, in: H. KERSTEN – E.R. GRUBER, Das Jesus-Komplott. Die Wahrheit über das »Turiner Grabtuch«, München (diesmal Langen-Müller) 1992, 273-329. Vgl. R. RIESNER, Idea Spektrum 47/1992, 26.

59 AaO., 287.

60 Geschichte der Leben-Jesu-Forschung, Tübingen 1913, 38-44.

61 Die Essener in der wissenschaftlichen Diskussion vom Ausgang des 18. bis zum Beginn des 20. Jahrhunderts (BZAW 79), Berlin 1960.

62 Das Jesus-Komplott, 405-408.

63 Rundbrief vom 20.9.1992.

64 Das Jesus-Komplott, 339.

65 Vgl. J. KÖHLER, »Krise ungeahnten Ausmaßes«, Der Stern 43/1992, 124f.

66 Kriminalfall Golgatha. Der Vatikan, das Turiner Grabtuch und der wirkliche Jesus, Düsseldorf 1992.

67 Lapide kontra Eisenman: Ist Paulus der »Lügenmann«?, epd (Zentralausgabe) 13 (20.1.1993), 6-8.

68 Paulus zwischen Damaskus und Qumran. Fehldeutungen und Übersetzungsfehler, Gütersloher TB 1425, Gütersloh 1993. Höchstens ein Sechstel des Buches beschäftigt sich überhaupt mit dem Thema »Paulus und Qumran«.

69 Ist die Bibel richtig übersetzt? (Gütersloher Taschenbücher 1415), Gütersloh 1986. Vgl. dazu kritisch J. LANGE, Fehler in der Jesus-Überlieferung?, bibelreport 2/1987, 4-5.

70 So faßte P. LAPIDE, Die Nachbarn der Urgemeinde. Erkenntnisse aus der Tempelrolle der Essener von Qumran, Lutherische Monatshefte 17 (1978), 273-275, die These einer Nähe von Essener-Viertel und Urgemeinde in Jerusalem (teilweise fehlerhaft) zusammen, ohne ihren Urheber Bargil Pixner zu nennen. Für den uneingeweihten Leser mußte der Eindruck entstehen, es handle sich um genuine Einsichten von Lapide.

71 Begründet hat diese These der katalanische Augustiner S. SABUGAL, Análisis exegética sobre la conversion de San Pablo, Barcelona 1976; La mención neotestamentaria de Damasco (Gál. 1,17; 2Cor 11,32; Act 9,2-3.8.10par.19.22.27par). Ciudad de Siria o región de Qumrân?, in: M. BAILLET, Qumrân. Sa piété, sa théologie et son milieu, Paris – Leuven 1978, 403-413, den Lapide auch wiederum nicht nennt.

72 Vgl. dazu R. RIESNER, Die Frühzeit des Apostels Paulus. Studien zur Chronologie, Missionsstrategie und Theologie (WUNT I/71), Tübingen 1994, 66-79.

73 Beim Wort genommen: War Jesus ein Essener?, SWF 3 (13.6.1992).

74 4Q372 1: A Text about Joseph, RQ 14 (1990), 349-376; The Psalm of 4Q372 1 Within the Context of Second Temple Prayer, CBQ 54 (1992), 67-79.

75 Zur Frage der Gottesanrede »Vater« im Judentum vgl. weiter J. JEREMIAS, ABBA, in: Abba. Studien zur neutestamentlichen Theologie und Zeitgeschichte, Göttingen 1966, 15-67; Neutestamentliche Theologie I: Die Verkündigung Jesu, Gütersloh [4]1988, 67-73.

76 Vgl. É. PUECH, Un hymne essé-

nien en partie retrouvé et les Béatitudes. 1QH V 12 – VI 18 (= col. XIII-XIV 7) et 4QBéat, RQ 13 (1988), 59-88; 4Q525 et les péricopes des Béatitudes en Ben Sira et Matthieu, RB 98 (1991), 80-106.
77 Rom und die Juden, Freiburg 1967 (The last three popes and the Jews, London 1967).

5. Verbirgt sich hinter dem »Lehrer der Gerechtigkeit« der Herrenbruder Jakobus?

1 So M. BAIGENT – R. LEIGH, Verschlußsache Jesus, München 1991, 20.
2 Von R. EISENMAN liegen vor: Eine Studie zum islamischen Recht im Staat Israel (1978), dann die Darstellung seiner Thesen über Qumran und das Christentum im Buch »Maccabees, Zadokites, Christians and Qumran« (Leiden 1983), die ähnlich in der Schrift »James the Just in the Habakkuk *Pesher*« (Cosenza 1984) vorgetragen werden (1986 auch in Leiden erschienen). Eine Zusammenfassung von Eisenmans Thesen findet sich in dem unten in Anm. 21 genannten Aufsatz.
3 In der deutschen Ausgabe Teil III: »Die Schriftrollen vom Toten Meer«. Dieser Teil wirkt wie ein Nachtrag zur These über den Betrug mit den Qumran-Rollen (vgl. den englischen Titel des Buches »The Dead Sea Scrolls Deception«) in den Teilen I und II.

4 Vgl. D. WALKER – R.H. EISENMAN, The 1990 Survey of Qumran Caves, Qumran Chronicle 2/1 (1992), 45-49.
5 A Facsimile Edition of the Dead Sea Scrolls. Prepared with an Introduction and Index by ROBERT H. EISENMAN and JAMES M. ROBINSON, Washington 1991. Der Titel dieses Buches ist genauso irreführend wie der des zweiten, zusammen mit M. WISE herausgegebenen Buches: The Dead Sea Scrolls Uncovered (Dorset 1992). Denn in diesen Werken handelt es sich nicht um die Schriftrollen vom Toten Meer insgesamt, von denen 80 Prozent längst herausgegeben sind. Vielmehr werden einige Fragmente aus der Höhle 4 »veröffentlicht«, d.h. vor ihrer eigentlichen Veröffentlichung durch die dafür bestimmten Fachgelehrten ans Licht der Öffentlichkeit gebracht.
6 R. EISENMAN – M. WISE, Jesus und die Urchristen. Die Qumran-Rollen entschlüsselt, München 1993, 131.
7 AaO., 129. 131.
8 AaO., 131.
9 So beschreibt sein Vorgehen R. EISENMAN, Jesus und die Urchristen, 15.
10 Zu den Qumran-Parallelen (1QS 8,7f; 9,3; 1QH 6,25-27) von Matthäus 16,18f vgl. O. BETZ, Was wissen wir von Jesus?, Wuppertal ²1991, 143, Anm. 88.
11 Vgl. dazu O. BETZ, Kontakte zwischen Christen und Essenern, in: B. MAYER, Christen und Christliches in Qumran, Regensburg 1992, 157-176, besonders 170f.
12 Die Zeloten. Untersuchungen zur jüdischen Freiheitsbewegung von

Herodes I. bis 70 n. Chr., Leiden
²1976.

13 The Historical Background of the Dead Sea Scrolls, Oxford 1958.

14 The Judaean Scrolls. The Problem and a Solution, Oxford 1964.

15 Jesus und die Urchristen, 17.

16 Vgl. dazu O. BETZ, Der fleischliche Mensch und das geistliche Gesetz, in: Jesus, der Herr der Kirche (WUNT I/52), Tübingen 1990, 129-196.

17 Jesus und die Urchristen, 19. Näher »begründet« wird diese Ablehnung in: M. BAIGENT – R. LEIGH, Verschlußsache Jesus, 192-208. Diese Ausführungen verdienen mit Recht das Urteil, »Laien zu verwirren«.

18 Vgl. G. BONANI – M. BROSHI – I. CARMI – S. IVY – J. STRUGNELL – W. WÖLFLI, Radiocarbon Dating of the Dead Sea Scrolls, ʿAtiqot XX, Jerusalem 1991, 27-32. Vgl. dazu ferner G.A. RODLEY, An Assessment of the Radiocarbon Dating of the Dead Sea Scrolls, Radiocarbon 35 (1993), 335-338.

19 Jesus und die Urchristen, 19.

20 Brother James's Heirs?, Times Literary Supplement, 4.12.1992, 6f.

21 Playing on and Transmuting Words. Interpreting Abeit-Galuto in the Habakuk-Pesher, in: Z.J. KAPERA, Papers on the Dead Sea Scrolls in Memory of Jean Carmignac, Krakau 1991, 177-196.

22 Diese Behauptung klingt befremdlich, wenn man an den Angriff seiner Propagandisten Baigent und Leigh in »Verschlußsache Jesus« (Teil I und II) denkt: Er ist gegen den angeblich vom Vatikan mitbestimmten »Konsens« der Gelehrten über die vorchristliche Herkunft der essenischen Qumran-Texte gerichtet.

23 Gemeint ist das von Josephus erwähnte kometenartige Unheilszeichen über Jerusalem (Jüdischer Krieg VI 288-300), aber auch die von 4. Mose 24,17 bestimmte Weissagung vom Aufgang des messianischen Sterns (d.h. Herrschers; vgl. CD 7; 4QTestimonia), die von Josephus (ebd. VI 312f) und Tacitus auf Vespasian bezogen ist.

24 Vgl. Jesaja 40,3, das in der Gemeinderegel von Qumran (1QS 8,14) und in Markusevangelium 1,2f und Parallelen (für Johannes den Täufer) angeführt wird.

25 Man hat sie in Qumran (1QS 4,20-22) und in den Kreisen Johannes' des Täufers (Markusevangelium 1,8; Apostelgeschichte 19,1-6) als endzeitliches Ereignis erwartet.

26 Für die Wegbereitung werden 1QS 9,13 und 10,18ff zitiert (richtig ist 8,14), für die Geisttaufe 1QS 2,1-4,26 (genannt wird sie nur in 4,21; vgl. 8,12ff).

27 In: Z.J. KAPERA, Papers on the Dead Sea Scrolls, 178.

28 AaO., 184.

29 In der Doppelbedeutung »wegführen – offenbaren« ist *galah* in der Damaskusschrift gebraucht (CD 7,14f). Für »verstecken« verwendete man in Qumran das Verbum *satar, histir*.

30 In: Z.J. KAPERA, Mogilany 1989 II (s. Anm. 21), 184.

31 AaO., 181f.

32 AaO., 184-187.

33 AaO., 183: 1. Mose 32,6; Amos 1,11 zu 1QpHab 9,5. Auf solche Weise werden die Idumäer des Josephus (Esau-Edom) ins Spiel gebracht,

freilich unpassend: die Idumäer haben ja den »Gottlosen Priester« umgebracht!

34 In: Z.J. Kapera, Papers on the Dead Sea Scrolls, 184. 188. 189. 191. Richtig dagegen erstaunlicherweise bei M. Baigent – R. Leigh, Verschlußsache Jesus, 242.

35 In diesem Falle ist das Suffix der 3. Person (-o) auf den »Gottlosen Priester« zu beziehen: »Sein (schlimmer) Gerichtshof«.

36 In: Z.J. Kapera, Papers on the Dead Sea Scrolls, 187.

37 AaO., 191.

38 AaO., 196.

39 Vgl. M. Baigent – R. Leigh, Verschlußsache Jesus, 225-227.

40 AaO., 228-231.

41 AaO., 248.

42 AaO., 275-279.

43 Bei M. Baigent – R. Leigh, Verschlußsache Jesus, 231.

44 Vgl. dazu O. Betz, Fleischliche und geistliche Christuserkenntnis nach 2. Korintherbrief 5,16, in: Jesus, der Herr der Kirche (WUNT I/52), Tübingen 1990, 114-128.

45 Vgl. M. Baigent – R. Leigh, Verschlußsache Jesus, 235-246.

46 Vgl. M. Hengel, Zur urchristlichen Geschichtsschreibung, Stuttgart ²1984; C.J. Thornton, Der Zeuge des Zeugen. Lukas als Historiker der Paulus-Reisen (WUNT I/56), Tübingen 1991.

6. Spricht ein Qumran-Text vom gekreuzigten Messias?

1 The New York Times International, 8.11.1991; The Times (London) 9.11.1991.

2 Vgl. Katholische Nachrichten-Agentur 263 (13.11.1991): »Ankündigung oder Bericht von der Hinrichtung Jesu.«

3 Brief vom Dezember 1955 (nach M. Baigent – R. Leigh, Verschlußsache Jesus, München 1991, 72).

4 Crucifixion Before Christ, The Time Magazine 67/6 (6.2.1956), 88.

5 R. de Vaux – J.T. Milik – P. Skehan – J. Starcky – J. Strugnell, (Letter concerning) Certain Broadcast Statements of Mr. J. Allegro, The Times 16.3.1956, 11.

6 Verschlußsache Jesus, 76.

7 In der Handkonkordanz trägt er die Bezeichnung BM 5, (1-6), d.h., er gehörte zu den von Józef T. Milik bearbeiteten Texten. Unter den Photos aus der Huntington Library findet er sich in: A Facsimile Edition of the Dead Sea Scrolls (hrsg. R.H. Eisenman – J.M. Robinson), Washington 1991, Bd. II, Nr. 1352.

8 Kontakte zwischen Christen und Essenern, in: B. Mayer, Christen und Christliches in Qumran? (Eichstätter Studien NF 32), Regensburg 1992, 157-175 (172).

9 München 1993, 30-36.

10 Man kann ergänzen: »... und es werden gefällt die dichten Bestände des Waldes mit einer Axt, und der Libanon wird durch einen Mächtigen fallen«. Dieser Text aus Jesaja 10,34 geht Jesaja 11 vorauf. Eisenman

bietet den Text 4Q285 in: Jesus und die Urchristen, 30-36.

11 Eisenmans Wiedergabe des hebräischen Textes und seine Übersetzung sind nicht ganz korrekt. Er spricht von einem »Schößling aus der Pflanzung *(matt'a)* Jesse«. Richtig ist aber der Text *mig-geza'* (aus dem Stumpf) Jesses.

12 Der hebräische Ausdruck *nesi' ha-'edah* heißt »Fürst der Gemeinde«, nicht »Führer«, wie Eisenman meint. Es ist ein den Qumran-Schriften eigener Titel für den Messias aus dem Geschlecht Davids, wie die Damaskusschrift (CD 7,20) und die Kriegsrolle (1QM 5,1) zeigen.

13 The Oxford Forum for Qumran Research. Seminar on the Rule of War from Cave 4 (4Q285), JJS 43 (1992), 85-94 (88).

14 A Slain Messiah in 4Q Serekh Milchamah (4Q285)?, Tyndale Bulletin 43/1 (1992), 155-169 (159).

15 Jesus und die Urchristen, 30f.

16 AaO., 36.

17 Nach 4QpJes^a (J.M. ALLEGRO, Qumran Cave Four, DJD V, Oxford 1968, 13-15) wird »der Messias über alle Völker herrschen und Magog ..., und alle Völker wird sein Schwert richten« (Zeile 20f).

18 Vgl. R.H. EISENMAN – M. WISE, Jesus und die Urchristen, 33. Der gewöhnliche Titel für den Hohenpriester ist *hak-kohen hag-gadol* (der große Priester) oder *kohen ha-rosch* (der Haupt-Priester), nicht *hak-kohen* (so Eisenman). Diese determinierte Form meint nur selten »Hoherpriester«.

19 AaO., 33.

20 Vgl. O. BETZ, Die Übersetzungen von Jes 53 (LXX, Targum) und die Theologia Crucis des Paulus, in: Jesus – Der Herr der Kirche (WUNT I/52), Tübingen 1990, 197-216.

21 Vgl. W. GRIMM, Die Verkündigung Jesu und Deuterojesaja, Frankfurt – Bern ²1981.

22 Jesus und die Urchristen, 33.

23 AaO., 25. Der Text war ursprünglich überschrieben »Über die Auferstehung« und wird von den offiziellen Herausgebern als »Messianische Apokalypse« bezeichnet.

24 Jesus und die Urchristen, 33.

25 AaO., 26.

26 Ähnlich M. WISE – J. TABOR, The Messiah at Qumran, BARev 18/6 (1992), 60f: Wie Jesus werde er als kosmischer Messias bezeichnet.

27 R.H. EISENMAN – M. WISE, Jesus und die Urchristen, 43-45, haben einen aramäischen Text (4Q529) veröffentlicht, den sie »Die Worte des Michael« überschreiben. Er beginnt mit der Auffahrt Michaels zum »höchsten Himmel« (Zeile 1).

28 Vgl. O. BETZ, Jesus in Nazareth, in: Jesus – Der Messias Israels (WUNT I/42), Tübingen 1987, 301-317.

29 Vgl. O. BETZ, Jesu Evangelium vom Gottesreich, aaO., 232-254.

30 Jesus und die Urchristen, 74-77. Früher war die Bezeichnung »4Q Pseudo-Daniel« üblich.

31 Vgl. J.A. FITZMYER, The Contribution of Qumran Aramaic to the Study of the New Testament, New Testament Studies 20 (1974), 382-401 (391-394).

32 O. GILLIE, Scroll fragment challenges basic tenet of Christianity, The Independent 1.9.1992.

33 Fragment d'une Apocalypse en Araméen (4Q 246 = pseudo-Dan) et le »Royaume de Dieu«, RB 99 (1992), 98-131.

34 So versteht den Text G. VERMES, Qumran Forum Miscellanea I, JJS 43 (1992), 299-305 (301-303).

35 An eine endzeitliche Heilsgestalt (Michael, Melchisedek) denkt auch F. GARCIA MARTINEZ, Qumran and Apocalyptic. Studies on the Aramaic Texts from Qumran, Leiden 1992, 162-179. Zur Verbindung Menschensohn-Gottessohn vgl. S. KIM, The »›Son of Man‹ as the Son of God« (WUNT I/30), Tübingen 1983.

36 Vgl. dazu O. BETZ, Was wissen wir von Jesus?, Wuppertal ²1991, 101-106. 109-114.

37 Vgl. G.J. BROOKE, The Messiah of Aaron in the Damascus Document, RQ 15 (1991), 215-230.

7. Kritisieren die Qumran-Schriften Jesus als »Gottlosen Priester«?

1 Can the Hasmonean Dating of the Teacher of Righteousness be sustained?, in: Z.J. KAPERA, Mogilany 1989. Papers on the Dead Sea Scrolls II, Krakau 1991, 99-117 (100). Den diesem Aufsatz zugrundeliegenden Vortrag, den Frau Thiering 1989 in Mogilany hielt, hat der Verfasser (O. Betz) als Teilnehmer des Kolloquiums gehört.

2 Am nächsten kommt Frau Thierings Theorie der in den fünfziger Jahren von Jacob L. Teicher (Cambridge) vertretenen These, die Rollen vom Toten Meer seien von Judenchristen verfaßt (S. 30).

3 Inner and Outer Cleansing at Qumran as a Background to New Testament Baptism, New Testament Studies 26 (1980), 266-277; Qumran Initiation and New Testament Baptism, ebd. 27 (1981), 615-631.

4 Hatte Jesus drei Kinder, war er geschieden?, Bild 169 (22.7.1992), 7.

5 In: Z.J. KAPERA, Papers on the Dead Sea Scrolls II, 100-108.

6 Die antike Bibliothek von Qumran und die moderne biblische Wissenschaft, Neukirchen-Vluyn 1967.

7 In: Z.J. KAPERA, Papers on the Dead Sea Scrolls II, 108.

8 Jesus und die Urchristen. Die Qumran-Rollen entschlüsselt, München 1993, 129-131.

9 In: Z.J. KAPERA, Papers on the Dead Sea Scrolls II, 107.

10 Vgl. M. DELCOR, Is the Temple Scroll a Source for the Herodian Temple?, in: G.J. BROOKE, Temple Scroll Studies, Sheffield 1989, 67-89.

11 In: Z.J. KAPERA, Papers on the Dead Sea Scrolls II, 108.

12 Die von nun an in Klammern angegebenen Seitenzahlen beziehen sich auf B. THIERING, Jesus and the Riddle of the Dead Sea Scrolls, San Francisco 1992.

13 Vgl. O. BETZ, Kontakte zwischen Essenern und Christen, in: B. MAYER, Christen und Christliches in Qumran? (Eichstätter Studien NF 32), Regensburg 1992, 157-175 (159-164).

14 Nach B. Thiering fand Jesus die »Zwölf Apostel« als ein schon bestehendes Gremium bedeutender Persönlichkeiten in der Wüstengemeinde vor. Die wichtigsten unter ihnen seien nicht etwa Petrus und die

beiden Söhne des Zebedäus gewesen, sondern die in den Evangelien erst an zweiter Stelle genannten Judas Iskariot, Simon der Zelot – der identisch ist mit dem Gnostiker Simon Magus in Apostelgeschichte 8 – dann Thaddäus, Jakobus, der Sohn des Alphäus, Thomas und Matthäus (Thiering 85). Der »Lieblingsjünger« im 4. Evangelium müsse Johannes Markus gewesen sein; aber auch mit Simon Magus, dem Nachfolger Johannes' des Täufers, der nach Frau Thiering auch den armen Lazarus von Lk 16 und den Lazarus in Betanien von Joh 11 verkörpert, sei Jesus eng befreundet gewesen. Durch die Gleichsetzung neutestamentlicher Gestalten, die sich angeblich durch Pescherexegese erreichen und rechtfertigen läßt, ergeben sich manche unangenehmen Aha-Erlebnisse für den Leser.

15 Zu diesen Probe-Ehen der Essener des zweiten Ordens vgl. Josephus, Jüdischer Krieg II, 160f. Die Eheschließung wurde mit der Sorge um Nachkommenschaft (diadoche) begründet. Während dreier Jahre wurde die zukünftige Gattin daraufhin erprobt, ob sie Kinder gebären konnte; war dies der Fall, konnte die Eheschließung erfolgen. »Während der Schwangerschaft ihrer Frau enthalten sie sich des ehelichen Verkehrs, ein Beweis dafür, daß sie nicht um der Lust, sondern um der Kinder willen heiraten« (Josephus, ebd., II, 161). Auch Jesu Ehe mit Maria Magdalena und die seines Vaters Josef mit Maria gehört nach Frau Thiering in diese essenische Kategorie (Thiering 44f); von daher ließe sich auch die

Jungfrauengeburt auf natürliche Weise erklären (ebd., 45f). Maria Magdalena habe bei ihrer Verlobung mit Jesus das übliche Heiratsalter schon weit überschritten gehabt; vielleicht sei sie schon einmal verheiratet gewesen (ebd., 89.149).

16 Das ist übrigens eine längst bekannte, schon in den Leben-Jesu-Büchern der Aufklärungszeit benutzte Konstruktion. Sie wird immer wieder vorgetragen, so z.B. von H. Schonfield, The Passover-Plot, London 1965 (Planziel Golgatha, Aldingen 1969), jetzt durch H. Kersten – E.R. Gruber, Das Jesus-Komplott, München 1992 (S. 83-85).

17 Diese zweite Ehe habe Paulus, der ehemalige Pharisäer, gebilligt (vgl. 1. Korinther 7,15); sie werde aber in der Damaskusschrift scharf kritisiert: Es ist verboten, eine zweite Frau zu nehmen, solange die erste lebt (CD 4,19-5,6 [Thiering 148. 427]).

18 L. Star, The Dead Sea Scrolls. The Riddle Debated, ABC Enterprises 1991.

19 Hamburger Abendblatt 169 (22.7.1992), 1-2.

20 Jesus war nicht der erste Christ, Quick 52/1992, 48-51.

21 BARev 18/5 (1992), 69f (70).

8. Wurden in Qumran-Höhlen neutestamentliche Handschriften gefunden?

1 R.E. Marley, Undeciphered Dead Sea Scroll May Reveal Gospel of Luke, Jerusalem Christian Review 7/6 (1992), 1.7.

2 Jesus und die Urchristen, München 1993, 74-77.

3 J.A. FITZMYER, Qumran Aramaic Literary Parallels to the New Testament, in: A Wandering Aramean. Collected Essays, Missoula 1979, 97-113 (92f) [Nachdruck eines Artikels von 1973].

4 P.W. SKEHAN – E. ULRICH – J.E. SANDERSON – P.J. PARSONS, Qumran Cave IV 4 (DJD IX), Oxford 1992.

5 Zur Sprachsituation in Palästina vgl. R. RIESNER, Jesus als Lehrer. Eine Untersuchung zum Ursprung der Evangelien-Überlieferung (WUNT II/7), ³1988, 382-387, und jetzt besonders auch J.A. LUND, The Language of Jesus, Mishkan 17-18 (1992/93), 139-155 (neueste Literatur).

6 M. BAILLET – J.T. MILIK – R. DE VAUX, Discoveries in the Judaean Desert III: Les ›Petites Grottes‹ de Qumrân, Oxford 1962, 142f.

7 Papiros neotestamentarios en la cueva 7 de Qumrân?, Biblica 53 (1972), 91-100 (autorisierte englische Übersetzung von W.L. Holladay als Supplement zu JBL 91/2 [1972], 1-14). Weiterführungen seiner Vorschläge vor allem bei J. O'CALLAGHAN, Los papiros griegos de la cueva 7 de Qumrân, Madrid 1974; The Identifications of 7Q, Aegyptus 56 (1976), 287-294. Weitere Literatur bei J.A. FITZMYER, The Dead Sea Scrolls. Major Publications and Tools for Study, Atlanta 1990, 168-172.

8 Man vgl. nur das Standardwerk von W.G. KÜMMEL, Einleitung in das Neue Testament, Heidelberg ²¹1983, 119.153f.383.

9 Vgl. M. HENGEL, Entstehungszeit und Situation des Markusevangeliums, in: H. CANCIK, Markus-Philologie (WUNT I/33), Tübingen 1984, 1-46; R.A. GUELICH, Mark 1 – 8:26 (Word Biblical Commentary 34A), Waco 1989, XXXI-XXXII.

10 C.H. ROBERTS in: DJD III, 144.

11 Wann entstand das Neue Testament, Wuppertal – Paderborn 1986, 116-126.

12 Could One Small Fragment Shake the World?, Eternity 23/6 (1972), 1-14.

13 Neue neutestamentliche Papyri III, NTS 20 (1974), 357-381 (362f); Über die Möglichkeit der Identifikation kleiner Fragmente neutestamentlicher Handschriften mit Hilfe des Computers, in: J.K. ELLIOTT, Studies in the New Testament Language and Text [Festschrift für G.D. Kilpatrick], Leiden 1976, 14-38 (21f). Unveränderter Nachdruck in: K. ALAND, Supplementa zu den neutestamentlichen und kirchengeschichtlichen Entwürfen (hrsg. B. KÖSTER u.a.), Berlin – New York 1990, 142-157. 117-141.

14 Novum Testamentum Graece post Eberhard Nestle et Erwin Nestle communiter ediderunt K. ALAND – M. BLACK – C.M. MARTINI – B.M. METZGER – A.P. WIKGREN, Stuttgart ²⁶1979.

15 Zum Beispiel C.J. HEMER, New Testament Fragments at Qumran, Tyndale Bulletin 23 (1972), 125-128; G.D. FEE, Some Dissenting Notes on 7Q5 = Mark 6:52-53, JBL 92 (1973), 109-112.

16 D. Estrada – W. White, The First New Testament, Nashville 1978, 93-102; W.N. Pickering, The Identity of the New Testament Text, Nashville – New York ²1980, 155-158. 233-234. Der letztgenannte Autor gehört zu den Anhängern des sogenannten »Mehrheitstextes«. D.h., er sieht in den mittelalterlichen griechischen Handschriften die beste Textform des Neuen Testaments und betrachtet alle älteren Handschriften (etwa auch den durch Constantin von Tischendorf entdeckten Codex Sinaiticus aus dem 4. Jahrhundert) als korrupte Abschriften. Entgegen den eigenen Voraussetzungen (7Q5 bietet zwei Varianten gegen den Mehrheitstext) akzeptiert Pickering die Identifizierung.

17 7Q – Eine Rückkehr zu den neutestamentlichen Papyrusfragmenten in der siebten Höhle von Qumran, Biblica 65 (1984), 538-559; 66 (1985), 21f.

18 Wuppertal 1986, ³1992 (erweitert). Neueste aktualisierte Fassung: Die älteste Evangelien-Handschrift? Ein Qumran-Fragment wird entschlüsselt, Wuppertal 1994.

19 Zum Beispiel bei B. Schwank, Wann wurden die Evangelien abgefaßt? Müssen wir umdenken?, Erbe und Auftrag 63 (1986), 54-56; H. Burgmann, Die essenischen Gemeinden von Qumrân und Damaskus in der Zeit der Hasmonäer und Herodier (130 ante 68 post), Frankfurt 1988, 429-437; H. Hunger, Tyche 2 (1988), 278-280.

20 Vor allem durch H.U. Rosenbaum, Cave 7Q5! Gegen die erneute Inanspruchnahme des Qumranfragmens 7Q5 als Bruchstück der ältesten Evangelien-Handschrift, Biblische Zeitschrift 31 (1987), 189-205.

21 Das Qumranfragment 7Q5, Novum Testamentum 30 (1988), 97-99.

22 Markus in Qumran? Eine Auseinandersetzung mit den Argumenten für und gegen das Fragment 7Q5 mit Hilfe des methodischen Fallibilismusprinzips, Wuppertal – Zürich 1990.

23 Christen und Christliches in Qumran? (Eichstätter Studien, Neue Folge 32), Regensburg 1992.

24 C.P. Thiede, Bericht über die kriminaltechnische Untersuchung des Fragments 7Q5 in Jerusalem, aaO., 239-245.

25 An Unpublished Fragment of the Fourth Gospel in the John Rylands Library, Manchester 1935.

26 Vgl. J. O'Callaghan, El cambio d > t en los papiros biblicos, Biblica 54 (1973), 415-416; C.P. Thiede in: B. Mayer, Christen und Christliches in Qumran?, 71f.

27 Vgl. C.P. Thiede, Die älteste Evangelien-Handschrift?, 25f; ders. in: B. Mayer, Christen und Christliches in Qumran?, 60f.

28 Einige neuere Vertreter bei D.J. Moo, The Letter of James, Leicester 1985, 34, Anm. 1.

28a Vgl. R. Riesner, Jesus, Qumran und der Vatikan, Theologie und Glaube 84 (1994), 139-150 (148).

29 Die Höhle »7« war kein Einzelfall!, in: B. Mayer, Christen und Christliches in Qumran?, 227-236.

30 So besonders E. Ruckstuhl, Zur Frage einer Essenergemeinde in Jeru-

salem und zum Fundort von 7Q5, aaO., 131-137.

31 Brief vom 12.11.1991 (aaO., 249).

32 Ein neues Bild des Judentums zur Zeit Jesu? Zum gegenwärtigen Stand der Qumran- und Essener-Forschung, Herder-Korrespondenz 4/1992, 175-180 (180) und Brief an R. Riesner vom 20.1.1993.

33 G. DE NANTES, Le »7Q5«, fragment de Saint Marc – Don royal de Jésus à son Église, La Contre-Réforme catholique aux XXe siècle 275 (1991), 1-12; Die Datierung der Evangelien – Unglaublich, aber wahr!, Rom-Kurier 9/1992, 1-8 (unterschrieben mit »Ein Exeget«); B. BONNET-EYMARD, Ein christlicher Schatz, SAKA-Informationen 17 (1992), 121-122.

34 4Q525 et les péricopes des Béatitudes en Ben Sira et Matthieu, RB 98 (1991), 80-106 (81).

35 Streit um die Rollen von Qumran, Zur Debatte 22/5 (1992), 1-3 (2).

36 Das Qumranfragment 7Q5 als Beleg einer Frühdatierung des Markusevangeliums?, Christophorus 37 (1992), 117-125 (124).

9. Was bedeuten die Qumran-Texte für das Verständnis Jesu von Nazaret?

1 Vgl. dazu O. BETZ, Was John the Baptist an Essene? in: H. SHANKS, Understanding the Dead Sea Scrolls, New York 1992, 205-216.

2 Darüber berichtete beim Qumran-Symposium in Mogilany/Polen seine Frau L.N. GLUSKINA, The Teacher of Righteousness in Joseph Amusin's Studies, in: Z.J. KAPERA, Mogilany 1989 – Papers on the Dead Sea Scrolls II, Krakau 1991, 7-22. Vgl. auch M. ULMAN, Obituary: Prof. Joseph Amusin, The Times 61 (18.7.1984), 12.

3 Vgl. M. HENGEL, Judentum und Hellenismus (WUNT I/10), Tübingen ³1988, 394-453.

4 Wichtige Pseudepigraphen sind in deutscher Übersetzung veröffentlicht innerhalb der Reihe »Jüdische Schriften aus hellenistisch-römischer Zeit«. Eine praktische Handausgabe ist trotz ihres Alters immer noch P. RIESSLER, Altjüdisches Schrifttum außerhalb der Bibel, Heidelberg ⁴1982 (1928). Rießler sah lange vor Entdeckung der Qumran-Schriften den essenischen Einschlag vieler Pseudepigraphen. Eine moderne Textedition, die ebenfalls mit starkem Einfluß des Essenismus rechnet, ist A.M. DUPONT-SOMMER – M. PHILONENKO, La Bible: Écrits intertestamentaires, Paris 1987.

5 Vgl. G. JEREMIAS, Der Lehrer der Gerechtigkeit (Studien zur Umwelt des Neuen Testaments 2), Göttingen 1963, 168-267.

6 Vgl. Y. YADIN, The Temple Scroll I: Introduction, Jerusalem 1983.

7 Vgl. R. RIESNER, Jesus als Lehrer. Eine Untersuchung zum Ursprung der Evangelien-Überlieferung (WUNT II/7), Tübingen ³1988.

8 Vgl. O. BETZ, Bergpredigt und Sinaitradition, in: Jesus – der Messias Israels (WUNT I/42), Tübingen 1987, 333-384; The Eschatological Inter-

pretation of the Sinai-Tradition in Qumran and in the New Testament, in: Jesus – der Herr der Kirche (WUNT I/52), Tübingen 1990, 66-87.
9 Vgl. O. BETZ, Jesu Heiliger Krieg, in: Jesus – der Messias Israels, 77-98.
10 Vgl. R. RIESNER, Formen gemeinsamen Lebens im Neuen Testament und heute (Theologie und Dienst 11), Gießen ²1984, 7-25.
11 Vgl. dazu B. PIXNER, Wege des Messias und Stätten der Urkirche, Gießen ²1994, 208-218.
12 Vgl. O. BETZ, Kontakte zwischen Essenern und Christen, in: B. MAYER, Christen und Christliches in Qumran? (Eichstätter Studien NF 32), Regensburg 1992, 157-176 (169-171).
13 Die amerikanische Sendung trug den Titel »The Saga of the Dead Sea Scrolls«, die deutsche Fassung wurde von Frau Jutta Emcke bearbeitet.
14 Vgl. O. BETZ, Das Problem der Gnosis seit der Entdeckung der Texte von Nag Hammadi, in: Jesus – der Herr der Kirche, 361-394.
15 Vgl. O. BETZ, Probleme des Prozesses Jesu, ANRW II 25/1, Berlin – New York 1982, 566-644; Jesus and the Temple Scroll, in: J.H. CHARLESWORTH, Jesus and the Dead Sea Scrolls, New York 1993, 75-103.
16 Vgl. O. BETZ, Was wissen wir von Jesus?, Wuppertal ²1991, 101-106.
17 Vgl. weiter A. STROBEL, Die Stunde der Wahrheit. Untersuchungen zum Strafverfahren gegen Jesus (WUNT I/21), Tübingen 1980; P. STUHLMACHER, Jesus von Nazareth – Christus des Glaubens, Stuttgart 1988, 47-64.
18 Vgl. O. BETZ, Die Bedeutuung der Qumranschriften für die Evangelien des Neuen Testaments, in: Jesus – der Messias Israels, 318-332.
19 Leipzig 1892.
20 Vgl. O. BETZ, Die Frage nach dem messianischen Bewußtsein Jesu, in: Jesus – der Messias Israels, 140-168.

10. Haben sich Essener zu Jesus als dem Messias bekehrt?

1 Düsseldorf (bei Econ) 1970. Dazu kritisch R. SCHNACKENBURG – K. MÜLLER – G. DAUTZENBERG, Rabbi J. Eine Auseinandersetzung mit Johannes Lehmanns Jesus-Report, Würzburg ³1970.
2 Verschlußsache Jesus, München 1991, 167-176.
3 Ein herausragendes Beispiel war der katholische Exeget G. GRAYSTONE, The Dead Sea Scrolls and the Originality of Christ, London – New York 1956. Eher zurückhaltend äußerte sich von ganz anderen nicht-apologetischen theologischen Voraussetzungen her über die Ähnlichkeiten der Protestant H. BRAUN, Qumran und das Neue Testament I/II, Tübingen 1966 (die besprochene Literatur reicht im wesentlichen bis 1959). Vgl. dazu kritisch J. DANIÉLOU, Recherche de Science Religieuse 56 (1968) 110-115.
4 K. STENDAHL (Hrsg.), The Dead Sea Scrolls and the New Testament, New York 1957 (Neuauflage 1992); J.H. CHARLESWORTH (Hrsg.), John and the Dead Sea Scrolls, New York 1990; M. BLACK, The Scrolls and Christian Origins. Studies in the Jewis Background of

228

the New Testament, Chico ²1983; J. Murphy-O'Connor – J.H. Charlesworth (Hrsg.), Paul and the Dead Sea Scrolls, New York ²1990; J.H. Charlesworth (Hrsg.), Jesus and the Dead Sea Scrolls, New York 1993.

5 Evangelisch: G. Molin, Die Söhne des Lichtes. Zeit und Stellung der Handschriften vom Toten Meer, Wien – München 1954; M. Burrows, Die Schriftrollen vom Toten Meer, München 1957, 269-287; Mehr Klarheit über die Schriftrollen, München 1958, 31-115; F.F. Bruce, Die Handschriftenfunde am Toten Meer, München 1957; H. Bardtke, Die Handschriftenfunde am Toten Meer: Die Sekte von Qumran, Berlin/Ost 1958, 198-211; F.M. Cross, Die antike Bibliothek von Qumran und die moderne biblische Wissenschaft, Neukirchen-Vluyn 1967, 180-218. Katholisch: J. Daniélou, Qumran und der Ursprung des Christentums, Mainz 1958; R. Mayer – J. Reuss, Die Qumran-Funde und die Bibel, Regensburg 1959; J. van der Ploeg, Funde in der Wüste Juda. Die Schriftrollen vom Toten Meer und die Bruderschaft von Qumran, Köln 1959; J. Maier – K. Schubert, Die Qumran-Essener. Texte der Schriftrollen und Lebensbild der Gemeinde (UTB 224), München – Basel ²1991 (1958 bzw. 1960).

6 The Dead Sea Scrolls, Jerusalem Post (International Edition) 9.11.1991, 22.

7 Vgl. R. Riesner, Jesus als Lehrer. Eine Untersuchung zum Ursprung der Evangelien-Überlieferung (WUNT II/7), Tübingen ³1988, 126ff. 159ff.

8 Theologie und Eschatologie (WMANT 2), Neukirchen-Vluyn 1959.

9 Vgl. A. Gelin, Les pauvres de Yahvé, Paris ³1956 (Die Armen – sein Volk, Mainz 1958).

10 Vgl. H. Stegemann, Die Entstehung der Qumrangemeinde, Dissertation Bonn 1970; J. Murphy-O'Connor, The Essenes and their History, RB 81 (1974), 215-244. Eine gute Zusammenfassung der Problematik bei H. Shanks, Essene Origins – Palestine or Babylonia?, in: Understanding the Dead Sea Scrolls, Washington 1992, 79-84.

11 Vgl. S. Safrai, The Sons of Yehonadav ben Rekhav and the Essenes, Bar Ilan Journal 16-17 (1978), 37-58.

12 Vgl. J. Maier, Zwischen den Testamenten. Geschichte und Religion in der Zeit des Zweiten Tempels, Würzburg 1990, 260-283.

13 Vgl. B. Pixner, Wege des Messias und Stätten der Urkirche. Jesus und das Judenchristentum im Licht neuer archäologischer Erkenntnisse (SBAZ 2, Hrsg. R. Riesner), Gießen ²1994, 149-179.

14 Vgl. besonders auch C.H.H. Scobie, John the Baptist, London 1964, 32-48 und jetzt C.A. Evans, Noncanonical Writings and New Testament Interpretation, Peabody 1992, 67f.

15 Vgl. S.L. Davies, John the Baptist and Essene Kashruth, New Testament Studies 29 (1983), 569-571.

16 Vgl. R. Riesner, »Bethany Beyond the Jordan« (John 1:28). Topography, Theology and History in the Fourth Gospel, Tyndale Bulletin 38 (1987), 29-63.

17 Vgl. R.E. Brown, Die Schriftrol-

len von Qumran und das Johannesevangelium und die Johannesbriefe,
in: K.H. RENGSTORF, Johannes und
sein Evangelium (Wege der Forschung 82), Darmstadt 1973, 486-
528 und auch O. CULLMANN, Der
johanneische Kreis. Zum Ursprung
des Johannesevangeliums, Tübingen
1975.
18 Vgl. O. BETZ, Kontakte zwischen
Christen und Essenern, in: B.
MAYER, Christen und Christliches in
Qumran? (Eichstätter Studien NF
32), Regensburg 1992, 157-175 (170),
und das wertvolle Werk von R.J.
BAUCKHAM, Jude and the Relatives
of Jesus in the Early Church, Edin-
burgh 1990.
19 Vgl. R. RIESNER, Prägung und Herkunft der lukanischen Sonderüberlieferung, Theologische Beiträge 24
(1993), 228-248; James' Speech (Acts
15:13-21), Simeon's Hym (Luke
2:29-32), and Luke's Sources, in: J.B.
GREEN – M. TURNER, Jesus of Nazareth: Lord and Christ. Essays on the
Historical Jesus and New Testament
Christology [Festschrift für Howard
Marshall], Grand Rapids 1994, 263-
278.
20 Für weitere Belege vgl. J.A. FITZ-
MYER, Peace upon earth among men
of his good will, in: Essays on the Se-
mitic Background of the New Testament, London 1971, 101-104.
21 Vgl. H. SCHÜRMANN, Das Lukasevangelium I (Herders Theologi-
scher Kommentar III/1), Freiburg
²1981, 114f; F. BOVON, Das Evangelium nach Lukas I (Evangelisch-
katholischer Kommentar III/1),
Zürich – Neukirchen-Vluyn 1989,
128f.

22 Lexikon zur Bibel, Wuppertal
1960, 546.
23 Die Qumran-Funde und die Bibel, Regensburg 1959, 130.
24 Unter den Arbeiten zu dieser
Stelle ist besonders hervorzuheben
C. SPICQ, L'épître aux Hébreux,
Apollos, Jean-Baptiste, les Helléni-
stes et Qumrân, RQ 1 (1958/59),
365-390. Vgl. weiter die Autoren bei
H. BRAUN, Qumran und das Neue
Testament I, 153f.
25 Die wichtigsten Traditionszeug-
nisse sind gesammelt bei D. BALDI,
Enchiridion Locorum Sanctorum.
Documenta S. Evangelii Loca Respi-
cientia, Jerusalem ³1982, 473ff.
26 Vgl. R. RIESNER, Der christliche
Zion: vor- oder nachkonstanti-
nisch?, in: F. MANNS – E. ALLIATA,
Early Christianity in Context – Mo-
numents and Documents [Fest-
schrift für Emmanuele Testa], Jerusalem 1993, 85-90; Abendmahlssaal
und Kirchbauten auf dem Zionsberg
[im Erscheinen].
27 B. PIXNER – D. CHEN – S. MARGA-
LIT, Mount Zion: The »Gate of the
Essenes« Re-excavated, Zeitschrift
des Deutschen Palästina-Vereins 105
(1989), 85-95 und Tafeln 6-16; B. PIX-
NER, Wege des Messias, 180-207; Archäologische Beobachtungen zum
Jerusalemer Essener-Viertel und zur
Urgemeinde, in: B. MAYER, Christen
und Christliches in Qumran?, 89-113.
28 Saint Paul's Epistle to the Colos-
sians and to Philemon, London 1875,
94, Anm. 2.
29 Vgl. R. RIESNER, Essener und Urkirche in Jerusalem, Bibel und Kirche 40 (1985), 64-76; Das Jerusalemer Essenerviertel – Antwort auf

230

einige Einwände, in: Z.J. KAPERA, Intertestamental Essays in Honour of Józef Tadeusz Milik Vol. I (Qumranica Mogilanensia 6), Krakau 1992, 179-186; Jesus, the Primitive Community, and the Essene Quarter of Jerusalem, in: J.H. CHARLESWORTH, Jesus and the Dead Sea Scrolls, New York 1993, 198-234.

30 Vgl. B. PIXNER, Wege des Messias, 180-207.

31 Vgl. R. DE VAUX, Archaeology and the Dead Sea Scrolls, London 1973, 21-23. Doch vgl. S. 187f.

32 So schon H. KOSMALA, Hebräer – Essener – Christen. Studien zur Vorgeschichte der christlichen Verkündigung, Leiden 1959, 297f.

33 Vgl. C. GRAPPE, À la jonction entre Inter et Nouveau Testament: le récit de la Pentecôte, Foi et Vie 89 (1990), 19-27; M. DELCOR, À propos de l'emplacement de la porte des Esséniens, in: Z.J. KAPERA, Intertestamental Essays I, 25-44.

34 Vgl. R. RIESNER, Essener und Urgemeinde in Jerusalem, in: B. MAYER, Christen und Christliches in Qumran?, Regensburg 1992, 139-155.

35 Theologie und Geschichte des Judenchristentums, Tübingen 1949.

36 Vgl. O. CULLMANN, Die neuentdeckten Qumrantexte und das Judenchristentum der Pseudoklementinen, in: Vorträge und Aufsätze 1925-1962, Tübingen – Zürich 1966, 241-259 (ursprünglich in der Festschrift für Rudolf Bultmann von 1954).

37 Vgl. den Bericht bei H. FELD, Der Hebräerbrief (Erträge der Forschung 228), Darmstadt 1985, 35-38.

38 The Theology of Jewish Christianity, London – Philadelphia 1964, 55-64.

39 Die Geschichte der synoptischen Tradition, Göttingen ²1931.

40 Die Formgeschichte des Evangeliums, Tübingen ³1933.

41 Vgl. O. BETZ, Offenbarung und Schriftforschung in der Qumransekte (WUNT I/6), Tübingen 1960.

42 Vgl. J. SCHMITT, Prédication apostolique, Dictionnaire Biblique Supplément VIII, Paris 1972, 246-273; Qumrân et découvertes au désert de Juda VI D, ebd. IX, Paris 1979, 1011-1014.

43 Das Evangelium der Urgemeinde (Herder TB 678), Freiburg 1979.

44 Lokalkolorit und Zeitgeschichte in den Evangelien. Ein Beitrag zur Geschichte der synoptischen Tradition, Freiburg/Schweiz – Göttingen 1989.

45 Vgl. R. RIESNER, Jesus as Preacher and Teacher, in: H. WANSBROUGH, Jesus and the Oral Gospel Tradition, Sheffield 1991, 183-210 (193-195. 205-207).

11. Nachtrag: Die Qumran-Forschung geht weiter

1 J. TREBOLLE BARRERA – L. VEGAS MONTANER (Hrsg.), The Madrid Qumran Congress. Proceedings of the International Congress on the Dead Sea Scrolls, Madrid, 18-21 March 1991, I/II (Studies on the Texts of the Desert of Judah XI/1-2), Leiden 1992.

2 Abstracts of Papers, The Qumran Chronicle 3/1-3 (1993), 38-75.

3 B. MAYER (Hrsg.), Christen und Christliches in Qumran? (Eichstätter Studien NF 32), Regensburg 1992.

4 Abstracts of the Qumranological Papers from the AAR/SBL Annual Meetings in New Orleans (1990) and Kansas City, MO (1991), The Qumran Chronicle 3/1-3 (1993), 77-91.

5 Vgl. U. DAHMEN, Kongreß der „International Organization for Qumran Studies" (IOQS) in Paris, 18.-19. Juli 1992. Ein Kurzbericht, Bibel und Kirche 48 (1993), 28-31.

6 M.O. WISE (Hrsg.), Methods of Investigation of the Dead Sea Scrolls and the Khirbet Qumran Site: Present Realities and Future Prospects, New York 1994.

7 J.B. BAUER – J. FINK – H.D. GALTER (Hrsg.), Qumran. Ein Symposion (Grazer Theologische Studien 15), Graz 1993.

8 Vgl. B.W.W. DOMBROWSKI, The Fourth International Colloquium on the Dead Sea Scrolls in Cracow-Swoszowice 1993. General Remarks, The Qumran Chronicle 3/1-3 (1993), 7-8.

9 Vgl. Z.J. KAPERA, Qumran Sessions at the International SBL Meeting in Münster (July 25-28, 1993), aaO., 9-13.

10 Vgl. O. BETZ, Report on the Symposium on the Dead Sea Scrolls at Austin Texas (February 23-25, 1994), Qumran Chronicle 3/4 [im Erscheinen].

11 A. SUSMAN – R. PELED, Scrolls from the Dead Sea. An Exhibition of Scrolls and Archaeological Artifacts from the Collections of the Israel Antiquities Authority, Washington 1993. Wir danken Herrn Alexander Schick (Westerland/Sylt) für die Beschaffung dieses prächtigen Ausstellungskataloges. Vgl. auch G. LAMOLINARA, Scrolls from the Dead Sea: The Library's Exhibition Opens, Library of Congress Information Bulletin 52/8 (19.4.1993), 152-167.

12 Frankfurter Allgemeine Zeitung 119 (25.5.1994), 39.

13 Symptomatisch ist W. [nicht H.!] STEGEMANN, Qumran, Jesus und das Urchristentum. Bestseller und Anti-Bestseller, Theologische Literaturzeitung 119 (1994), 388-408.

14 N.A. SILBERMAN, The Hidden Scrolls: Christianity, Judaism and the War for the Dead Sea Scrolls, Putnam 1994 wird für den Lübbe Verlag (Hamburg) übersetzt.

15 „Die großen Rätsel", WDR 12.11.1994. Vgl. A. SCHICK, Widerlegtes aufgewärmt, Idea Spektrum 47 (23.11.1994) 25.

16 Sie kann angefordert werden bei Alexander Schick, Friedrichstr. 19, 25980 Westerland/Sylt.

17 Vgl. H.J. FABRY, Chirbet Qumran – ein Stiefkind der Archäologie, Bibel und Kirche 48 (1993), 31-34.

18 Vgl. Z.J. KAPERA, Khirbet Qumran No More a Monastic Settlement, The Qumran Chronicle 2/2 (1993), 73-84.

19 BARev 19/2 (1993), 67.

20 A.D. CROWN – L. CANSDALE, Qumran. Was It an Essene Settlement?, BARev 20/5 (1994) 25-35. 73-77.

21 Qumran. Wer schrieb die Schriftrollen vom Toten Meer?, Hamburg 1994. Vgl. zuletzt kritisch J.C. VANDERKAM, The Dead Sea Scrolls Today, Grand Rapids 1994, 23-27.

22 Der Spiegel 47 (21.11.1994), 212.

23 Burial Practices at Qumran, RQ 16 (1993), 247-276.

24 J.B. HUMBERT – A. CHAMBON, Fouilles de Khirbet Qumrân et de Aïn Feshkha I: Album des photographies, Répertoire du fonds photographique, Synthèses des notes de chantier du Père Roland de Vaux OSB, Göttingen – Freiburg/Schweiz 1994.

25 L'espace sacré à Qumrân. Proposition pour l'archéologie, RB 101 (1994), 161-214.

26 Khirbet Qumrân: un site énigmatique, Le Monde de la Bible 86 (1994), 14-21.

27 Vgl. M. BROSHI, The Archeology of Qumran – A Reconsideration, in: D. DIMANT – U. RAPPAPORT, The Dead Sea Scrolls. Forty Years of Research (Studies on the Texts of the Desert of Judah 10), Leiden 1992, 103-115.

28 Vgl. J. MURPHY-O'CONNOR, Qumran, in: D.N. FREEDMAN, The Anchor Bible Dictionary V, New York 1992, 590-594; F.M. CROSS, Some Notes on a Generation of Qumran Studies, in: J. TREBOLLE BARRERA – L. VEGAS MONTANER, The Madrid Qumran Congress I, 1-14 (11).

29 The Qumran Sect in Relation to the Temple of Leontopolis, RQ 6 (1967), 55-71.

30 Vgl. T.S. BEALL, Josephus' description of the Essenes illustrated by the Dead Sea Scrolls (SNTS.MS 58), Cambridge 1988, 115-119.

31 Pharisäer, Sadduzäer, Essener (Stuttgarter Bibelstudien 144), Stuttgart 1991, 124-128.

32 Vgl. A. RABINOVICH, Operation Scroll unfolding well in Judean desert, Jerusalem Post (International Edition) 4.12.1993, 9.

33 Vgl. A. RABINOVICH, Operation Scroll. Recent revelations about Qumran promise to shake up Dead Sea Scrolls scholarship, Jerusalem Post (International Edition) 21.5.1994, 9.12.14.

34 B. SCHWANK, Erbe und Auftrag 69 (1993), 346.

35 Eine ausführliche Begründung bei R. RIESNER, Das Jerusalemer Essenerviertel und die Urgemeinde. Josephus, Bellum Judaicum V 145; 11QMiqdasch 45,13-16; Apostelgeschichte 1-6 und die Archäologie, ANRW II 26.2, Berlin – New York [Erscheinen des Bandes noch für 1994 vorgesehen].

36 A. KLONER – Y. GAT, Burial Caves in East Talpiyot [Neuhebräisch], 'Atiqot 8 (1982), 74-76 (76).

37 Das essenische Abenteuer. Die jüdische Gemeinde vom Toten Meer, Winterthur 1994, 23.

38 D'un temple à l'autre. Pierre et l'Église primitive de Jérusalem (Études d'histoire et de philosophie religieuses 71), Paris 1992, 51-68.

39 Die Essener—Berichte des Flavius Josephus. Quellenstudien zu den Essenertexten im Werk des Jüdischen Historiographen, Kampen 1993, 56.

40 Die Essener, Qumran, Johannes der Täufer und Jesus, Freiburg 1993, 198-227.

41 Vgl. Z.J. KAPERA (Hrsg.), Qumran Cave Four. Special Report, Krakau 1991.

42 Solving the *Mysteries* of the Dead Sea Scrolls. New Light on the Bible, Grand Rapids 1993, 122f.

43 Vgl. F.S. MAAYEN, Quailbe (ancienne Abila), RB 67 (1960), 229.

44 Die Batanäa als jüdisches Siedlungsgebiet, in: Wege des Messias und Stätten der Urkirche. Jesus und das Judenchristentum im Licht neuer archäologischer Erkenntnisse [Hrsg. R. RIESNER] (SBAZ 2), Gießen ²1994, 159-165.

45 Early Christianity in Transjordan, Tyndale Bulletin 45 (1994), 97-117.

46 Die Essener, Qumran, Johannes der Täufer und Jesus, 267-274.

47 Vgl. J.M. BAUMGARTEN, The Qumran-Essene Restraints on Marriage, in: L.H. SCHIFFMAN, Archaeology and History in the Dead Sea Scrolls, Sheffield 1990, 13-24.

48 Vgl. E. QIMRON, Celibacy in the Dead Sea Scrolls and the Two Kinds of Sectarians, in: J. TREBOLLE BARRERA — L. VEGAS MONTANER, The Madrid Qumran Congress I, 287-294.

49 Vgl. A. GUILLAUMONT, A propos du célibat des Esséniens, in: Hommages à André Dupont-Sommer, Paris 1971, 395-404.

50 La croyance des Esséniens en la vie future: immortalité, résurrection, vie éternelle? Histoire d'une croyance dans le Judaisme ancien, I: La résurrection des morts et le contexte scripturaire; II: Les données Qumraniennes et classiques, Paris 1993.

51 La croyance des Esséniens en la vie future II, 703-762.

52 Beide Texte bei G. VERMES — M.D. GOODMAN, The Essenes According to the Classical Sources, Sheffield 1989, 46f. 72f.

53 Vgl. M. HENGEL, Die johanneische Frage. Ein Lösungsversuch (WUNT I/67), Tübingen 1993.

54 Als ein Urteil sei zitiert J. LUST, Ephemerides Theologiae Lovanienses 79 (1993), 417 : „The book as a whole offers a valuable synthesis of Qumran research, and efficient answers to misleading sensation."

55 Bibel und Kirche 48 (1993), 237.

56 Die Qumranwelle rollt und rollt und rollt, Frankfurter Allgemeine Zeitung 263 (11.11.1993), 10; Qumran und das Neue Testament, Theologie und Glaube 84 (1994), 159-174 (162f).

57 Wir verweisen hier besonders auf den Sammelband von P. STUHLMACHER, Versöhnung, Gesetz und Gerechtigkeit. Aufsätze zur biblischen Theologie, Göttingen 1981.

58 Vgl. M.A. SEIFRID, Justification by Faith: the Origin and Development of a Central Pauline Theme (Novum Testamentum Supplementum 68), Leiden 1992.

59 Theologie und Glaube 84 (1994), 173.

60 Theologische Literaturzeitung 119 (1994), 405.

61 AaO. 397.

62 O. BETZ — R. RIESNER, Jesus, Qumran, and the Vatican. Clarifications, London 1994 (übers. J. BOWDEN).

1 Luftaufnahme der Siedlung Qumran (Sonia Halliday).

2 *Großes Ritualbad in Qumran*
(Christoph Schilling).

3 *Höhle 1Q von außen.*
Die obere Öffnung war der
ursprüngliche Eingang
(Christoph Schilling).

4 *Höhle 1Q von innen:*
Später angelegter Eingang
(Christoph Schilling).

5 *Höhlen um 4Q*
(Garo, Brunnen-Archiv).

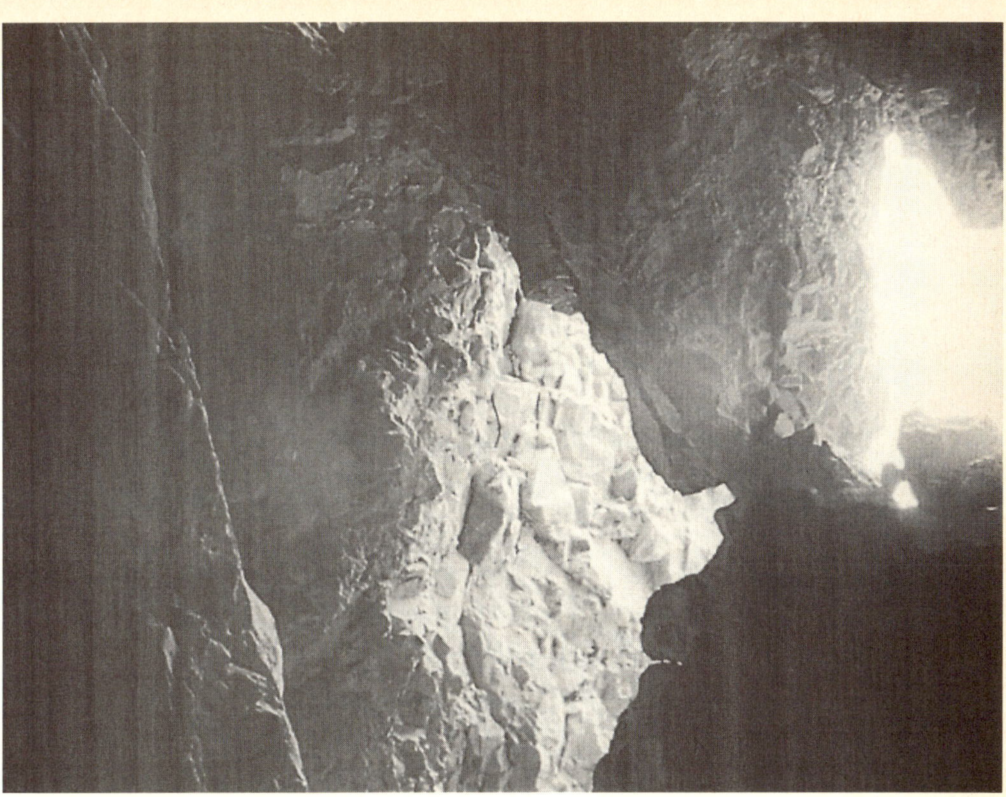

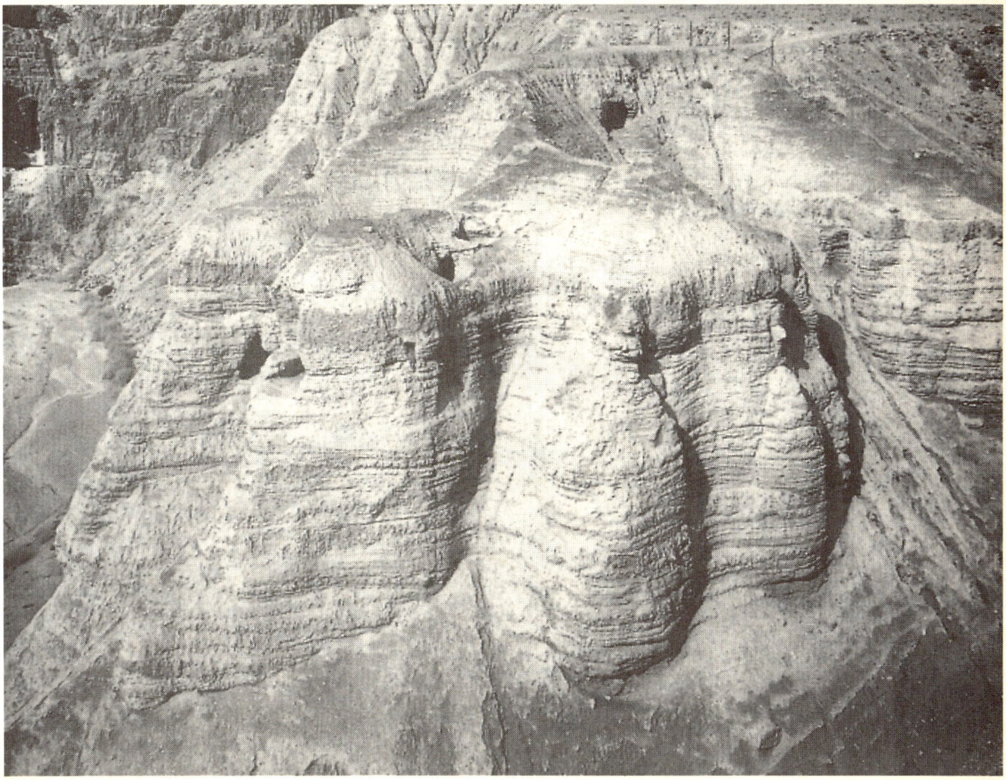

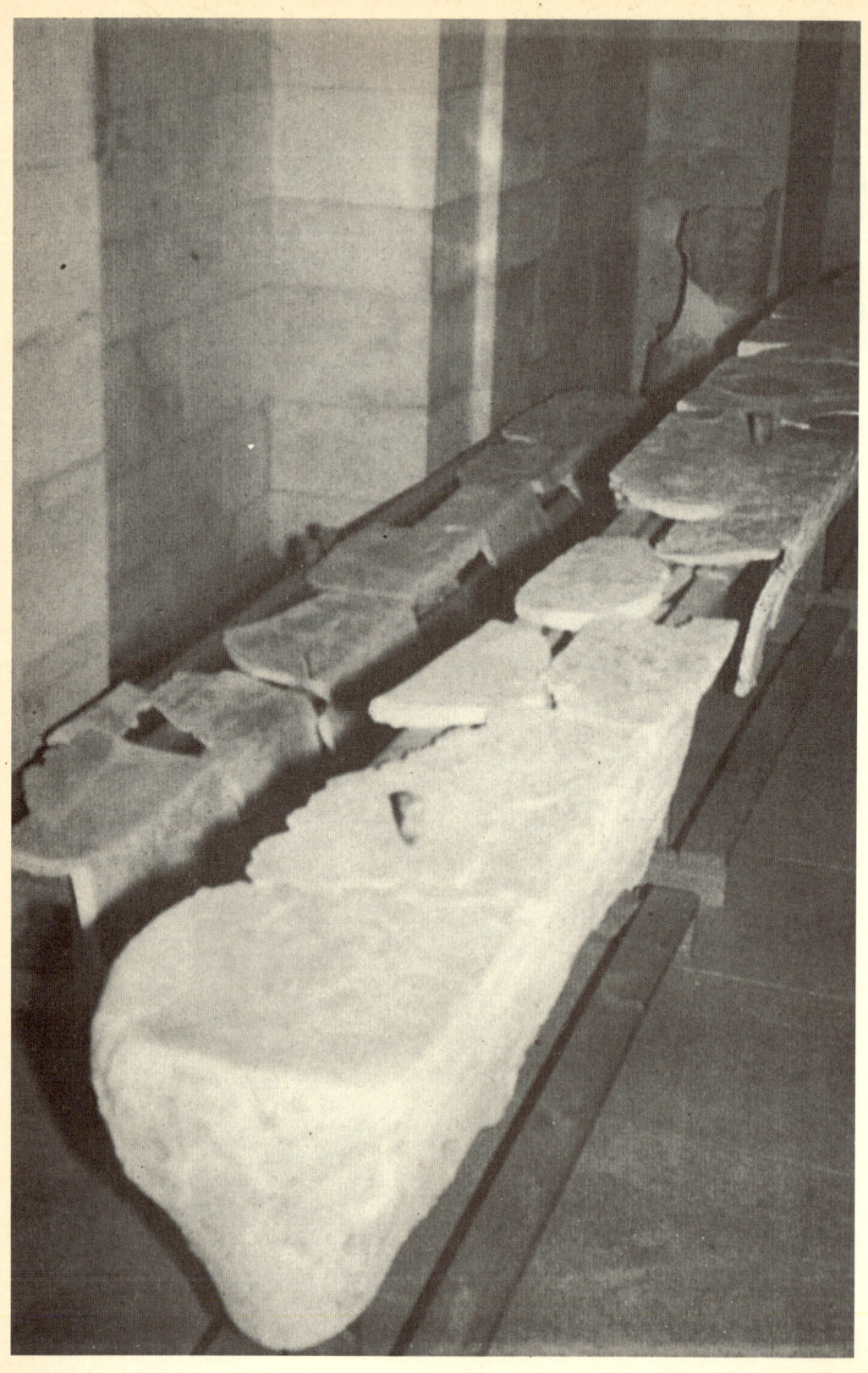

6 Schreibbänke (?) aus Qumran im Rockefeller-Museum (R. Riesner).

7 Die große Jesaja-Rolle (1QIs^a) aus Qumran in Höhle 1. Die älteste bekannte vollständige Rolle eines alttestamentlichen Buches (2. Jh. v. Chr.). Leder, 26 cm x 7,34 m. Abgebildet: Jesaja 38,8 – 40,28.

8 Die Kupferrollen nach ihrer Auffindung in 3Q. Sie enthalten detaillierte Beschreibungen von Schatzverstecken innerhalb und außerhalb Jerusalems bis in die Gegend von Damaskus.

9 *Papyrus 52: Vorderseite (recto) und Rückseite (verso).*

10 *Das Fragment 7Q5 (ein Evangelien-Fragment? = Markus 6, 52–53?).*

11 Zionsberg/Jerusalem.
Das Essener-Tor. Unter den
großen Schwellensteinen des
byzantinischen Tores sieht man die
Pflasterplatten der herodianischen
Straße, links innerhalb der Stadt
den frühherodianischen
Abwasserkanal (R. Riesner).

12 Zionsberg/Jerusalem.
Großes Ritualbad (R. Riesner).

Personen- und Sachregister

Moderne Autoren u.ä.

Nachweis der Abbildungen

Nachweis der Fotos

Die Autoren eröffnen Ihnen völlig neue Chancen, Ihr Leben in Einklang mit dem Mond zu organisieren und wichtige Entscheidungen zu treffen – denn vieles geht leichter, wenn Sie in Harmonie mit dem Mond leben.

Aljoscha A. Schwarz, Ronald P. Schweppe
Die Macht des Mondes
Sein Einfluß auf unser Leben

252 Seiten, Hardcover

Stefan Högl

Leben nach dem Tod?

Menschen berichten
von ihren Nahtod-
Erfahrungen

MOEWIG

Der Religionswissenschaftler Stefan Högl berichtet in diesem spannenden Buch, was uns die Mythen der Völker und die Erfahrungen der Menschen, die das Jenseits gestreift haben, über das Leben nach dem Tod verraten.

Stefan Högl
Leben nach dem Tod?
Menschen berichten von ihren
Nahtod - Erfahrungen

252 Seiten, Hardcover

JANET UND COLIN BORD

Der amerikanische

YETI

**Auf den Spuren
des geheimnisvollen
Bigfoot**

MOEWIG

Augenzeugen berichten!

Auch in Amerika soll es einen Yeti geben: zweieinhalb Meter groß, affenähnlich, zottelig und scheu. Die Bestsellerautoren Janet und Colin Bord erzählen die Geschichte des Bigfoot, des amerikanischen Yeti, und bewerten die Theorien und Sichtungen.

Janet und Colin Bord
Der amerikanische Yeti

288 Seiten, Hardcover
mit zahlreichen Fotos